Hans Richtscheid
Die Wahrheit ist persönlich

Vom gleichen Autor:

Philosophieren tut not
Philosophische Exerzitien
Gespräche mit ›Sokrates‹
Das Vermächtnis des ›Sokrates‹
Die Philosophie in der Welt
der Macher

Verlag C.H.Beck

HANS RICHTSCHEID

Die Wahrheit
ist persönlich

VERLAG C.H.BECK
MÜNCHEN

CIP-Kurztitelaufnahme der Deutschen Bibliothek

Richtscheid, Hans:
Die Wahrheit ist persönlich / Hans Richtscheid. –
München: Beck, 1984.
 ISBN 3 406 09794 4

ISBN 3 406 09794 4

Umschlagentwurf von Walter Kraus, München
© C. H. Beck'sche Verlagsbuchhandlung (Oscar Beck), München 1984
Gesamtherstellung: C. H. Beck'sche Buchdruckerei, Nördlingen
Printed in Germany

INHALT

VORWORT

Jeder spielt das Spiel des Lebens und das Leben spielt ihm mit, wohl oder übel. Aber wir haben Sprache, stellen in Frage, geben Ant-wort und ver-antworten das Spiel. Fragen wir radikal, dann nach dem Sinn des Spiels, ob es gut ist oder böse. Das ist, in Dialogen oder Monologen, die alte Frage nach der Wahrheit.

Mit ‚Sokratischen‘ Gesprächen beginnt das Buch. ‚Sokrates‘ ist Spielfigur, exemplarisch, stellvertretend. Deshalb ist zunächst zu lesen, wer ‚Sokrates‘ gewesen, ein Mensch in unserer Zeit. Von ihm handeln bereits meine Bücher ,,Gespräche mit ‚Sokrates‘‘‘ und ,,Das Vermächtnis des ‚Sokrates‘‘‘. Für den, der sie nicht kennt oder nicht genügend kennt, werden deshalb im Abschnitt ,,Über ‚Sokrates‘‘‘ (I. 1) einige Seiten aus dem letztgenannten Buch wiederholt, die dort überschrieben sind: ,,‚Sokrates‘ und der Bankrott des Geistes – Das Problem des Einzelnen‘‘. Darin ist die Rede vom ,,biographischen Epos‘‘. Ihm sind das Tagebuch des Zweiten Teils und die ausgewählten Tagebuch-Kapitel des Dritten Teils zuzurechnen; hier ist der Autor unmittelbar die Spielfigur.

Dem schnellen Leser sind das erste und das letzte Kapitel zu empfehlen. Der langsame Leser wird auch lesen, was dazwischen steht, zumal er selbst dazwischen steht. Der Titel meint den Weg zur Wahrheit, nicht den Besitz.

,,Das unsichtbare Kommerzium der Geister und Herzen ist die einzige und größte Wohltat der Buchdruckerei, die sonst den schriftstellerischen Nationen ebenso viel Schaden als Nutzen gebracht hätte. Der Verfasser dachte sich in den Kreis derer, die wirklich ein Interesse daran finden, worüber er schrieb, und bei denen er also ihre teilnehmenden, ihre besseren Gedanken hervorlocken wollte. Dies ist der schönste Wert der Schriftstellerei. Der da schrieb, war Mensch, und du bist Mensch, der du liesest." (Herder, Ideen zur Philosophie der Geschichte der Menschheit, Vorrede)

I.
AUS DEN ‚SOKRATISCHEN‘ GESPRÄCHEN

1. Über ‚Sokrates‘

Nennen wir den Menschen, den wir allesamt verkörpern, dennoch nicht mehr mögen, den „bürgerlichen Menschen“, so heißt es Selbsterforschung treiben, wenn wir nach seinem Wesen fragen. Dieses Wesen ist erschöpfend kaum zu definieren, denn es entfaltet sich geschichtlich und zeigt nach Ländern, Völkern und sogar nach Klassen verschiedene Variationen. Deshalb seien nur solche Wesenszüge hier hervorgehoben, die von Bedeutung sind, um ‚Sokrates‘ zu charakterisieren. Denn er war „unbürgerlich“, wenngleich vielleicht „verirrter“ Bürger (Kleinbürger), oder auch fallierter Bürger. „Falliert“, das heißt: er war zu Zahlungen nicht, oder nicht mehr, fähig. Der Bürger aber will Besitz, Mehr-Besitz, und feste Werte. ‚Sokrates‘ besaß materiell gesehen wenig, geistig viel. Doch stand sein geistiger Besitz, mag er auch durch Jahrtausende und durch Jahrhunderte gerettet und überliefert worden sein, nicht mehr fest. Was als Wert noch feststand, war etwa Liebe, Glaube, Hoffnung, in Verbindung mit der redlichen Vernunft. Doch das waren Werte, die man nicht berechnen konnte, vom Standpunkte des Bürgers her gesehen mithin nicht wert, daß ein Mensch dafür die Existenz auf Spiel setzt. Weshalb auch ‚Sokrates‘ sich immer wieder fragen lassen mußte (und auch sich selber fragte, um die Abwehr zu verstärken): Was kommt dabei heraus? – Keine Zahlung; kein Resultat wie bei der Wissenschaft und Technik, kein Fortschritt in der Wirtschaft, keine Glaubenssicherheit, kein’ feste Burg mit festem Gott. Also Bankrott?

Bürgerlich gesehen gibt es keine größere Schande als ein Bankrotteur zu sein. Der Besitztrieb eines Bürgers ist so stark, daß er nicht nur materiell die Sicherheit erstrebt (der Produktion und des Konsums), sondern auch noch Garantie im Bereich des Geistes: im Wißbaren wie Nichtwißbaren, jedoch Erhofften. Wir erinnern uns, daß ,Sokrates' bereits am Anfang der Gespräche, die ich mit ihm hatte, gesagt hat: ,,Garantien gibt's hier nicht, es gibt nur Wagnis." Das heißt, als Abenteurer existieren. Ob er das Herz hatte dazu und vielleicht auch Glück, war nicht im voraus zu entscheiden – genug, er war genötigt, es zu tun: auf einem schmalen Grat allein zu wandern, um ein neues Ziel zu suchen, ähnlich Zarathustra. Er hatte keine Werte ,,an sich" mehr im Gepäck und ließ nur das noch gelten, wofür einer auch eintrat in Person – sei es selbst ironisch (mit ernster Ironie), sei es auch gläubig. Der allgemeine Gott, der allgemeine Geist und ,,Weltgeist", die Konvention, Institution, die Tradition an sich, der allgemeine Mensch mit seinen allgemeinen Idealen, die Parteien und Programme, die Klassen, Gruppen, ,,Strömungen" und ,,Ismen" hatten für ihn keine Tragkraft mehr, halfen ihm nicht weiter, konnten weder zeugen noch überzeugen. Er forderte die Zuspitzung auf Existenz. Seine ganze Hoffnung setzte er also auf *Einzelne,* ob sie nun ,,klein" zu nennen waren oder ,,groß", ob es nur wenige noch waren oder viele. In diesem Sinne schrieb auch Nietzsche seinen Zarathustra ,,für Alle und Keinen". Mit solchem Paradox versuchte er den Einzelnen zu treffen, der ,,dazwischen" ist, zuerst sich selbst. ,,Dazwischen" aber ist auch ,,Gott" – als Ebenbild des Einzelnen einsamer Gott. Der Mensch das unbekannte Wesen, unbekannt mit sich; und Gott das unbekannte Wesen, vielleicht auch unbekannt mit sich. Womöglich braucht der Gott den Menschen, um bekannt zu werden? Womöglich steht Gott jenseits selbst von Gut und Böse und braucht er einen Menschen, um gut zu werden oder böse? Denn das steht nicht fest, es sei denn allgemein. Und was kann es mir in meinem Falle nützen, wenn es allgemein nur feststeht?

So denkend wurde ‚Sokrates‘, bürgerlich gesehen, zu einer Art von Bankrotteur des Geistes und der Religion, zumal er nicht einmal materielle Werte, Ansehen oder Ruhm dagegen aufzuwiegen hatte. Er war bekanntlich in vieler Hinsicht eine Ausnahme von der natürlich-bürgerlichen Regel. *Erstens* war er unverheiratet; und die Ehe – ganz davon abgesehen, daß sie, in der Hauptsache oder nur nebenbei, der Fortpflanzung der Gattung nach dem Willen der Natur dient – ist doch die „Zelle“ der Gesellschaft und des Staates. *Zweitens* hing er zwar mit ganzem Herzen an seiner Heimat, doch ein guter Staatsbürger war er gewiß nicht; denn er erachtete die Macht an sich (Machtgier, Machtdünkel) als böse, urteilte mehr kosmopolitisch als nationalpolitisch, und stand den Deutschen wie dem Deutschen kritisch gegenüber, zumal er, wie die alten Humanisten, auch anderswo noch Heimat hatte. *Drittens:* da er kleinbürgerlicher Herkunft war, so konnte man ihn soziologisch als „bürgerlich“ noch kaum klassifizieren, er war weit eher Proletarier zu nennen, zumal wenn man bedachte, wo und mit wem er wohnte. *Viertens:* er gehörte nicht mehr der Kirche an, er war womöglich gar ein Atheist – für diejenigen insbesondere, die den „wahren“ Gott und „wahren“ Glauben hatten. Zwar sprach er oft von Gott, doch war nicht zu ermitteln, wen er damit meinte; und überdies sprach er anscheinend in Verehrung auch noch von Göttern, also Geschöpfen einer längst veralteten Mythologie. *Fünftens:* er war ein Schulprofessor und Pädagoge von Beruf, stand aber auch in dieser Hinsicht in zweifelhaftem Ruf, weil er das Schulsystem andauernd heftig kritisierte und, ihm zum Trotze, „nebenbei“ erzog. *Sechstens:* er war ein Philosoph, ob er dafür gelten wollte oder nicht. Und Philosophen, die sich nicht dem Staat, der Kirche und der Schule unterordnen, die nicht der Wissenschaft und Wirtschaft dienen wollen, vielmehr – wie Nietzsche von sich sagte – „auf ihren eigenen Kredit hin existieren“, droht von Anfang an der Schierlingsbecher, was immer aus- und eingegossen wird. *Siebtens,* da wir beim Gießen sind, warf man ihm vor, er sei ein Säufer. Das war zwar übertrieben, doch man erzählte sich die folgende Anekdote: In einer Mainzer Carnevalssitzung sei er einmal als Büttenredner aufgetreten – als Diogenes im Faß. Sodaß der Sitzungspräsident nicht mehr gerufen hätte: „Wóllemern eróilasse", sondern „Wóllemern eróirolle?" Daraufhin hätte man ihn mit Narrhallamarsch und unterm Jubel aller Narrhallesen hereingerollt, er hätte aus dem Faß heraus philosophiert. Dabei war er, sagte man, noch voller als das Faß. Er hätte diesen Zustand am nächsten Tage so interpretiert: „Das Faß war doppelt voll." Seitdem ging das Rätsel um: „Wie ist es möglich, daß ein Weinfaß doppelt voll ist?" – „Wenn ,Sokrates' drin sitzt und selber voll ist."

Durch diese sieben „Sünden", oder Tugenden, wurde ,Sokrates' zur Ausnahme von der gutbürgerlichen Regel; so daß man beinahe sagen konnte: er schätzte an dem Bürgertum nur noch die bürgerliche Küche. Er wehrte sich dagegen, Ausnahme zu sein, aus guten Gründen; doch wenn ich ihn im Rückblick sehe, erkenne ich, daß er es gleichwohl war – aus Gründen, die noch tiefer liegen: in jener Schicht etwa, in der die Gründe lagen für Kierkegaards und Nietzsches Existenz. Der „Weltgeist" war bankrott geworden und warf die Trümmer an den Strand; und es galt zu suchen, ob wiederum ein Ganzes daraus würde, das glaubwürdig war. ,Sokrates' war ein Einzelner. „Die Einzelnen sind es, welche die Leiden der Zeit leiden und die Gedanken der Zeit denken!" So beginnt ein Essay des siebzehnjährigen Hofmannsthal. Der Satz birgt Wahrheit in dem Sinne, daß Geschichte, wenngleich sie die Geschichte aller und des *Man* ist, am intensivsten doch geschieht als die des Einzelnen, wenn er nicht seiner Einzelheit entflieht. Hier differenziert sich die Geschichte, hier wird sie feiner, reicher, tiefer, hier ist sie wirklicher und wahrer, wenn ihre Wahrheit auch nicht eingeht in die Historie, sondern allenfalls in Dichtung. Zwar folgt auch die Historie den Spuren des Individuellen. Doch was erkennt sie, was beschreibt sie? Das Individuum, das *Macht* hat und deshalb für sie „Größe", – den Helden der Geschichte. Sie fragt ihn ab nach Weg und Wirkung, Erfolg und Opfer für das Allgemeine:

für die Gesellschaft und den Staat. Beim Menschen wie er für sich selbst ist, beim Menschen in der *Ohnmacht,* kann sie nicht verweilen. Das ist kein Held, das ist für sie im Sinne Hegels nur „faule Existenz", die durchfällt; das Netz der Wissenschaft faßt nicht die Existenz und will sie auch nicht fassen. So muß die Dichtung, als philosophische besonders, die Wissenschaft jeweils „ergänzen", das heißt nach Möglichkeit das Dasein zu einem Ganzen machen, gespiegelt in dem „Wort" kraft der Phantasie.

Die Leiden und Gedanken eines Einzelnen, als Leiden und Gedanken auch der Zeit – welche Form der Dichtung faßt sie auf? Wenn die Historie dem Weg der „Größe" folgt, dem Weg der Völker und der Massen, so kümmert sich die Dichtung um die unscheinbaren „Kleinen", die wir jeweils selbst sind. Hier findet Ausdruck, geht ins Wort-Bild, in Klang und Rhythmus ein, was von dem Ursprung her nicht allgemein ist, wenngleich es allgemein verstanden und mißverstanden werden kann. Doch welche Ausdrucksmöglichkeiten gibt es für diese „faule Existenz" außer Schrei und Aufschrei? Lyrik, Roman und Drama (Komödie der Selbstbehauptung, Tragödie des Scheiterns). Das *biographische Epos* aber kommt hinzu. Nannte doch ein Goethe alle seine Werke – die Summe seines Dichtens, seines Denkens – „Bruchstücke einer großen Konfession". War also nicht selbst Goethe „faule Existenz", nur höchsten Ranges, als er sich selbst zum Ausdruck brachte: gültig, beispielhaft, vielleicht vorbildlich? Wenn andere in ihrer Qual verstummten, gab ihm ein Gott zu sagen, was er litt. Doch seine Leiden hat die Historie nicht miterfassen können oder wollen, zumal sie nicht examinierbar sind. Das Wesen deckt sich nicht mit der Wissenschaft vom Wesen.

Wenngleich die Existenz im Ausdruck ihrer Leiden und Gedanken nicht isoliert ist, sondern kraft des Wortes bedeutsam werden kann für andere Existenz, befindet sie sich doch in einer Gegenströmung zur Historie aller Art, die von ihr abstrahiert. Dies beweist auch, soweit es zu beweisen ist, des jungen Nietzsche Betrachtung über den Nutzen und Nachteil der Historie für das Leben. Der Weisheit letzter Schluß ist nicht die Wissenschaft, sondern eine Form der Liebe, – nicht die Erkenntnis, die exakt ist, sondern das Bekenntnis, – nicht das Lehrbuch, sondern das Gespräch, das noch offen ist. Hier liegt das Schwergewicht des Ausdrucks und Verstehens, das Schwere aller Kunst, zumal der Dichtkunst, einschließlich der Philosophie. Als Ausdrucksform der Philosophie scheint deshalb, wie bei Platon, der Dialog am besten angemessen. Doch kann ein Monolog, wie im Bericht, im Brief, auch dialogisch sein. Ich möchte deshalb sagen, es komme darauf an, *sprechend zu schreiben,* und nicht dozierend, – *appellierend,* nicht beweisend. Es ist dann die Rhetorik, die der Stilistik die Gesetze gibt: die Kunst zu überzeugen und zu zeugen – womit schon angedeutet ist, daß wiederum Erotik bestimmend ist für die Rhetorik. Doch die Erotik hat, mag sie auch noch so stark von Schönheit und von Güte (im Sinne etwa der Antike) affiziert sein, als letztes Ziel die Wahrheit, die geschaut wird in der weiten Ferne. Sie zeigt als absolute sich erst am Ende dieses Katarakts der *philosophia perennis,* – was wörtlich übersetzt heißt: das ganze Jahr durch dauernd. Wie soll die Philosophie als dialektisches und dialogisches Philosophieren auch schon zu Ende sein, da wir noch gar nicht Mensch geworden sind, sondern immer noch Kentauren gleichen – halb Tier, halb Mensch –, die aus dem Sumpf, dem Flusse sich erhebend ruhelos in Wildnis ihre Heimat suchen? Zwar unser Leib ist nicht mehr Pferdeleib, getrieben durch die Pferdekräfte, wir haben einen Panzer, der technisch funktioniert. Aber ist deshalb das Tier schon Mensch? Ist es vielleicht nicht nur gefährlicheres Tier geworden?

Wie wird der Mensch zum Menschen? ist offenbar das Hauptproblem der Philosophie. Es hat durch die Entwicklung der Wissenschaft und Technik, die sich um Einzelne als solche nicht bekümmert, ja sie überrundet oder überfährt (im Verein auch mit der Wirtschaft und der Politik), an Dringlichkeit nur noch gewonnen. Es ist das vordringlichste der Probleme, die wir haben. Wir könnten als Kentauren es sehr viel weiter bringen als bisher („bis an die Sterne weit") und uns Titanen nennen, titanisch gegenseitig auch bekämpfen und vielleicht zugrunderichten. Könnten wir dann sagen, wir seien Mensch geworden, wahrhaft menschlich?

Es ist bereits absurd geworden, wenn ein Einzelner die Frage nach der Menschwerdung des Menschen erstens überhaupt und zweitens von dem Einzelnen her stellt, indem er sich auch wendet an den Einzelnen. Das ist Nonkonformismus, Widerstand, und Trotz der Selbstbehauptung. Wenn alle laufen und mitlaufen, wenn selbst die Lauen und die Unentschlossenen laufen und es laufen lassen, wird der, der stehen bleibt und denkt, zum Saboteur. Und wenn er sich gar noch in Sabotage übt (Übung heißt auf griechisch áskesis, als Leistung der Athleten), wird er gesellschaftsfeindlich, staats- und wirtschaftsfeindlich. Er geht nicht, läuft nicht mit der Zeit, er leidet an der Zeit. Ist er nicht selbst schuld, wenn er leidet? Hat er nicht sich selbst entfremdet, isoliert, indem er anfing, selbst zu denken, – hat er sich aus diesem Kreislauf der Gesellschaft nicht herausphilosophiert mit dem ungewissen Ziel, inmitten „aller" selbst zu sein, das heißt nicht einfach Mensch zu sein, sondern menschlicher zu werden? Ist das nicht Utopie, Romantik, und wenn man's psychologisch nimmt, ewige Pubertät? Ist es nicht, übersetzt in unsere Zeit, das Schicksal Hamlets? Die Requisiten haben sich geändert, doch der vom Schicksal aufgezwungene Wahnsinn und der Wahnsinn, der gespielt wird mit Methode, blieb. Eine ausweglose Situation; deshalb war sie tragisch, deshalb mußte Hamlet sterben.

Es scheint, schon Hamlet war erkrankt an Existenzphilosophie, und die Moderne hatte damals schon begonnen. Es fehlte nicht an klugen Ratgebern: dem König und der Königin, Rosenkranz und Güldenstern. Zerrieben von den Mächten, war seine Ohnmacht scheinbar Schuld. Doch er hatte Mut, die Rolle durchzuspielen, als deren Rest das Schweigen blieb – nicht das kleine, sondern das unendlich große, das sich tragisch offenbart.

Hatte ihm denn keiner dazu geraten, sich als ein Philosoph an einer Wissensanstalt zu habilitieren? Dort hätte er vielleicht die Wahrheit finden können, mit der sich leben läßt. Aber Hamlet als Professor, das ist nicht weniger absurd, als vom Standpunkte der Staatsräson gesehen Hamlet als Hamlet. Und es zeigt sich also, daß der Geist, subjektiv verkörpert, nicht nur objektiv, *im Widerstande existiert* – in Freiheit als Freiwild und vogelfrei, vielleicht auch narrenfrei, der Materie jeder Art zum Trotz. Er ist, vom Standpunkt der Materie her gesehen, die ihren festen Platz hat (und deshalb haben alle, die ihr dienen, ihre festen Plätze), *Utopie* – das Wirkliche und Wirkende, das Gegenwart nur hat aus der Vergangenheit und Zukunft.

Je dichter und gewichtiger nun die „Materie" wird (durch Fortschritte der Wissenschaft und Technik), desto flüchtiger das Element des Geistes. Denn „Element" im Sinne des Ursprünglichen, Urkräftigen kann nicht identisch sein mit dem, was aufbewahrt wird im Museums- und im Kirchenschatz, – was wir im Lehrbuch getrost nach Hause tragen, – was wir gar messen, zählen, registrieren. Der Geist als Leben und als Leiden des Einzelnen wird Leidenschaft, die ihren Ausdruck sucht ohne zu fragen, wann, wo und wie er Eindruck macht. Der Geist als Selbstzweck, nicht als Mittel, weil auch der Mensch und Mitmensch Selbstzweck ist, nicht Mittel. Der Geist als Leben, nicht als Lebensmittel, Handelsware, Inventar. Der Geist nicht sachlich, sondern ganz persönlich, also existentiell, – ein Gespräch mit Fragezeichen zwischen Mensch und Mensch, weil eben jeder Mensch ein Fragezeichen ist, das seine Antwort sucht.

In diesem Sinne, scheint mir, tut Philosophieren not. Es schien von jeher lächerlich als ein ohnmächtiges Unterfangen, das deshalb weltfremd wirkte. Es schien noch lächerlicher – merkwürdigerweise – als das Theologisieren, Nachdenken über Gott. Doch heute ist das eine wie das andere höchst lächerlich geworden. Warum nur? Weil die Selbstbehauptung des Menschen als des Einzelnen angesichts des Apparats höchst lächerlich geworden ist. Der Mensch als dessen Funktionär ist durchaus respektabel. Aber ein Sonderling – heißt das nicht Sand sein im Getriebe? und Philosophieren: heißt es nicht sich üben, ein Sonderling zu sein, der stehen bleibt und selbst denkt, der sich die Muße nimmt, mehr Mensch zu werden jenseits der Geschäfte, – dessen Hauptgeschäft die Menschlichkeit des Menschen ist? Aber hinkt das Gleichnis nicht? Kann denn einer stehen bleiben? Ist nicht jedermann schon angeschmiedet an des Fortschritts Kette, die den Herrn zum Knecht macht, mit und gegen seinen Willen? Wer hat noch Zeit als „seine" Zeit? Und „Herr" ist doch, wer Zeit hat, nicht wer Geld hat. Hegel, im Zusammenhang mit seinem Weltgeist, spricht von der *List der Vernunft* (eben dieses Weltgeistes), „daß sie die Leidenschaften für sich wirken läßt, wobei das, durch was sie sich in Existenz setzt, einbüßt und Schaden leidet. Denn das Partikulare ist meistens zu gering gegen das Allgemeine, die Individuen werden aufgeopfert und preisgegeben". Dieser Weltgeist ist seit langem schon nicht Geist mehr von dem Geiste Hegels. Er ist jetzt Geist der technologischen Gesellschaft. Aber auch die technisch sich entwickelnde „Vernunft" hat ihre List; sie opfert ebenfalls die Existenz auf ihrer „Schlachtbank" auf, auch sie ist nicht der „Boden des Glücks". Philosophieren wäre deshalb der Versuch des Einzelnen, seinerseits mit List *(der List der Existenz)* die „Vernunft" zu überlisten, um wahrhaft fortzuschreiten zur Menschlichkeit und Freiheit. Und ob er gleich vielleicht nicht frei wird von der Kette, ist er doch mehr Mensch schon, wenn er *im Widerstande* denkt. Was soll er denken? – Wie er frei wird, – wie er Herr wird, – wie er im höchsten, nicht gemeinen Sinn sein Glück macht. Das ist nun freilich eine Utopie. Doch tut es not, gemäß der Utopie zu existieren, neuen Maximen oder einer Taktik der Existenzbehauptung folgend, die noch zu suchen sind.

2. Über Wahrheit und Wirklichkeit

Ich war zu jung, um schon zu wissen, das heißt nicht nur, um zu erfahren, sondern auch beurteilen zu können, ob ‚Sokrates‘ in unserer Stadt der einzige Philosoph war (er selbst kam sich nur als Karikatur des Philosophen vor), oder ob es mehrere Philosophen gab, solche, die sich selbst so nannten oder die andere so nannten, wobei die Frage offen blieb, ob sie echt, ob unecht waren. Doch gab es eine große Zahl Sophisten. Es schien so schwierig zu erkennen, wer ein Sophist war, wie wer ein Philosoph war, zumal sich die Sophisten auch Philosophen nannten und viele Leute, eingeschüchtert oder höflich, besonders dann, wenn sie nicht urteilsfähig waren, sie dafür gelten ließen. Denn die Sophisten hatten Geld und Macht. Wie die Sophisten zur Zeit des alten Sokrates, lehrten sie für Geld, und die bei ihnen hörten und sich für Geld belehren ließen, strebten zwar nach Aufklärung, jedoch zugleich nach positivem Wissen, das nützlich ist, Geld zu gewinnen. Denn die Gesellschaft war Erwerbsgesellschaft. Das Wissen, das wir euch verkaufen, sagten manche der Sophisten, gibt euch die Macht, nicht nur im Daseinskampf euch in gerechter Weise zu behaupten, sondern auch das Unrecht derart zu frisieren, daß es als Recht erscheint. Viele andere Sophisten sagten das aber nicht. Sie waren vornehm-vorsichtig, und sprachen weder von dem Geld, das sie erhielten, noch von dem Nutzen ihrer Lehre, mit dem die Hörer rechneten. Die Macht des Geldes und des Wissens war die Vertragsvoraussetzung, die unberedet blieb. Sie sprachen nicht von Nutzen, sondern von Erkenntnis um der Erkenntnis willen.

‚Sokrates‘ war als ein Schulprofessor bekanntlich auch besoldet und nicht arm, obgleich er, wie er es als Sohn des Schmieds von Kindheit an gewohnt war, „in bescheidenen Verhältnissen“ lebte. Wäre er arm gewesen (freilich ist die Armut in vieler Hinsicht eine relative Größe, und absolut arm ist, wer tot ist), dann hätte man ihn in der Bourgeoisie, in der er lebte, zwar noch leben lassen, jedoch nicht weiter ernst genommen. „Weisheit ist besser als Stärke; doch die Weisheit des Armen ist verachtet, und auf seine Worte hört man nicht" (Prediger 9, 16). Was hätte es ihm dann geholfen, wenn er, wie Sokrates der alte, zum Beweis der Redlichkeit seiner Philosophie sich darauf berufen hätte, daß er „wegen dieses Dienstes, den er dem Gott geleistet, in unendlicher Armut lebte"? Das wäre doch nur ein Beweis gewesen für seine Lebensuntauglichkeit, auch für die Untauglichkeit seiner Philosophie, und die Sophisten, die sich Philosophen nannten, hätten heller noch geglänzt als die der alten Zeit. Wenn nicht als Philosoph, so konnte ‚Sokrates' als Schulprofessor sich gerade noch behaupten; das war seine Basis, auch in der Gesellschaft, von dieser Basis ging er aus ins Offene – das fraglich und fragwürdig war – um Wahrheit zu gewinnen. Weil er sie suchte, nicht gefunden hatte, hielt er es für angemessen, sich Philosoph zu nennen, während mancher meinte, er gliche eher Don Quijote. Weil er die Wahrheit nicht gefunden hatte, war er auch nicht imstande, zu definieren, was „die Wahrheit" ist, er vermochte nicht einmal zu sagen, was er unter „Wahrheit" suchte, und wurde dadurch lächerlich.

„Was ist Wahrheit?" sagte einer. „Es gibt gar keine Wahrheit außer dieser, daß es keine Wahrheit gibt." Der das behauptete, war ein gelehrter und angesehener Sophist in hoher Position, der eines reichen Beifalls sich erfreute. Was aber ‚Sokrates' nicht irritierte, so daß er auch alsbald ruhig zu fragen anfing (natürlich wieder an dem Stammtisch in dem Weinhaus).

‚S': Lieber Herr Kollege, gestatten Sie mir etwas zu bemerken?

Bei der Anrede „Kollege" (den ich mit K. bezeichne) zuckten des Hochschulprofessors Augenbrauen, weil ‚Sokrates' nur Schulprofessor war, doch er sagte wohlwollend: Bitte, bemerken Sie, ich bin ganz Ohr.

‚S': Sind Sie der Meinung, daß es auch im Sinn der Logik oder Mathematik keine Wahrheit gibt? Es wäre dann nicht unwahr, wenn ich sagte: es gibt hölzernes Eisen, oder: zwei mal zwei ist fünf?

K: Natürlich ist das unwahr. Denn was Eisen ist, kann definitionsgemäß nicht Holz sein, und was Holz ist, kann definitionsgemäß nicht Eisen sein. Ebenso hat unser Zahlensystem sein Gesetz, ich kann nicht rechnen oder rechne falsch, wenn ich ihm nicht folge.

‚S‘: Wenn jene Aussagen unwahr sind, so gibt es also doch Wahrheit?

K (etwas ungeduldig): Gewiß gibt’s Wahrheit, aber nur als logische oder mathematische.

‚S‘: Und wenn ich sage, daß Sie mir gegenübersitzen, so ist das keine Wahrheit, sondern was?

Während ich mit Spannung das Gespräch verfolgte, fingen einige der Umsitzenden an zu lächeln – ich weiß nicht über welchen der beiden Professoren – und andere wurden unruhig.

Nun antwortete aber K: Sie stellen fest und sagen aus, daß ich Ihnen gegenübersitze. Wie wollen Sie beweisen, daß das ,,wahr“ ist? Sie wissen doch kaum, wer das Ich ist!

‚S‘: Zumindest weiß ich, daß Sie sitzen und fest sitzen, daß Sie in Wirklichkeit wer sind, wenn auch vielleicht nur irgendwer.

Nun, immerhin nicht gerade irgendwer, antwortete ihm K. etwas verstimmt, aber daß Ihr Urteil, daß ich hier sitze, übereinstimmt mit der Wirklichkeit, dies zu beweisen dürfte wohl unmöglich sein.

Jetzt brach der ganze Stammtisch in kaum verhaltenes Lachen aus, und K., zwar sichtbar ärgerlich, jedoch mit einem Rest Humor, fuhr fort:

Meine Herren, Ihr Lachen scheint mir zu beweisen, daß Sie über das Problem der Wahrheit noch nicht oder nicht genügend nachgedacht haben. Der Standpunkt, den Sie haben, ist offenbar naiv.

Ich muß bekennen, lieber Herr Kollege, sagte ,S‘, daß auch

ich naiv genug bin zu vermeinen, daß Sie in Wirklichkeit mir gegenübersitzen.

Gerade dies, rief K. nun aus, ist ein naiver Standpunkt: an Wirklichkeit zu glauben. Es gibt gar keine Wirklichkeit für wissenschaftlich Denkende als die des Urteils nach den Denkgesetzen, seien sie selbst hypothetisch. Ihre Wirklichkeit ist philosophisch, metaphysisch, als naive längst schon nicht mehr brauchbar, sie ist alter Mist, auch wenn Sie – bitte um Verzeihung – noch daran glauben.

Wenn ich daran gezweifelt hätte, antwortete ihm ‚S‘, daß Sie in Wirklichkeit mir gegenübersitzen, wüßte ich es jetzt bestimmt. Denn Wirklichkeit ist nicht durch Denken zu erkennen, sondern durch *Widerstand*. Erinnern Sie sich an Kants Beispiel von den hundert Talern: in *Gedanken* waren es nicht weniger als in der Tasche; doch für die hundert Taler, die er in der Tasche hatte, konnte er sich etwas kaufen, für die gedachten Taler aber nichts.

Dann sind Sie also, sagte K., Materialist?

‚S‘, erstaunt: Wieso?

K: Ihr Begriff von Wahrheit ist der alte, scholastische und überholte der Übereinstimmung, der adaequatio, des Denkens und des Satzes mit der Sache: der sogenannten Wirklichkeit. Im Beispiel von den hundert Talern ist Ihr Kriterium der Übereinstimmung, daß Sie sich für die hundert Taler etwas kaufen können, sonst hätten Sie von ihnen gleichsam nur geträumt. Das nenne ich Materialismus.

‚S‘: Ich will das vorerst gelten lassen, wenn Sie mir zugestehen, daß wir noch nicht wissen, was Materie und Materialismus als Kriterium der sogenannten Wahrheit ist. Ich würde also sagen: die Wahrheit meines Urteils, daß Sie mir gegenübersitzen, liegt darin, daß Sie in Materie mir gegenübersitzen, nicht bloß geträumt.

K: Entschuldigen Sie, wenn ich dagegen protestiere, daß Sie mit Materie mich verwechseln. Ich bin auch Geist.

‚S‘: Und woran soll ich das erkennen?

K: Das müssen Sie doch spüren.

‚S‘: Ich hoffe, daß Sie's mir nicht übelnehmen werden, wenn ich sage: ich habe bisher nichts davon gespürt, deshalb auch nicht gesagt, daß Sie als Geist mir gegenübersitzen, sondern in Wirklichkeit, wobei für mich noch *offen* blieb, was Wirklichkeit bedeutet, während Sie die Türe schlossen, indem Sie sagten, für mich sei Wirklichkeit Materie und ich sei Materialist.

Jetzt mischte sich ein anderer ins Gespräch, der aber weder Schulprofessor noch Hochschulprofessor war, sondern Pfarrer in des ‚Sokrates‘ Pfarrei, der er bekanntlich seit vielen Jahren nicht mehr angehörte, nachdem er aus der Kirche ausgetreten war. Mit ‚Sokrates‘ verband ihn eng nicht nur ein philosophisches Interesse, sondern auch Interesse an dem Wein, er war ein Weinkenner von Gottes Gnaden, wie ‚Sokrates‘ bisweilen sagte – nicht ohne etwas Neid, so schien es mir, daß er von Gott nicht gleichermaßen hoch begnadet war, obgleich er als ein Liebhaber des Weines viel vom Wein verstand.

Der Pfarrer meinte: Lassen Sie doch den Begriff des Materialismus aus dem Spiele, damit kommen Sie nicht weiter, da er ungeklärt und vorbelastet ist. Sprechen Sie weiterhin von Wirklichkeit. Was ist Wirklichkeit und was will es besagen, daß die Wahrheit eines Urteils auf Übereinstimmung mit Wirklichkeit beruht?

Sie haben recht, Herr Pfarrer, antwortete ihm ‚Sokrates‘. Sind auch Sie, Kollege, damit einverstanden?

K: Ja, doch ich wiederhole: mit dem Begriff von Wahrheit, den Sie haben, ist nichts mehr anzufangen.

‚S‘: Da Sie aber selber sagten, es gebe Wahrheit als logische und mathematische, schlage ich vor, daß wir diese als Richtigkeit bezeichnen, und den Begriff der Wahrheit (falls es ein Begriff ist) jenen Sätzen vorbehalten, die nicht nur logisch oder mathematisch sind, wenngleich sie den Gesetzen der Logik und der Mathematik noch unterstehen, – die also, sagen wir, „materiale" Feststellungen treffen, nicht nur formale; wobei „material" nicht „materialistisch" heißt, sondern die Wirklichkeit bedeutet, von der wir noch nicht wissen, was sie ist und wie wir „Übereinstimmung" erkennen.

K: Wie Wirklichkeit zu definieren ist, werden Sie nie wissen; weshalb Sie den Begriff der Wahrheit als Übereinstimmung mit dieser Wirklichkeit redlicherweise nicht gebrauchen können.

‚S': Würden Sie behaupten wollen, daß es die Wirklichkeit nicht gibt, da man sie doch nicht definieren kann?

K: Das ist Sophisterei. Natürlich gibt es Wirklichkeit: Sie sind wirklich, ich bin wirklich.

‚S': Deshalb habe ich ja auch gesagt, es sei wahr, daß Sie in Wirklichkeit mir gegenübersitzen. Nur wissen wir noch nicht, *wer* Sie sind in Wirklichkeit (Sie nannten sich „auch Geist"), noch wie wir, wenn wir es zu wissen meinen, es überdies beweisen können, daß Sie existieren. Bedenken Sie die hundert Taler Kants – einmal in Gedanken, und dann als Inhalt seiner Tasche.

K: Dieses Beispiel zeigt, was unter Wirklichkeit verstanden werden könnte. Ich möchte sagen: wofür man sich was kaufen kann, das ist wirklich. Die Wahrheit eines Urteils, das material ist, zeigt sich in der Praxis.

‚S': Das ist ein trefflicher Gedanke, der, obgleich er grob ist, uns doch weiterführen könnte.

K: Wieso denn grob?

‚S': Weil dann das Kriterium der Wahrheit meines Satzes, daß Sie mir wirklich gegenübersitzen, darin läge, daß man mit Ihnen, sozusagen, sich was kaufen kann, – daß Sie nicht in Gedanken nur, sondern in der Praxis brauchbar sind. Wobei wir freilich offen lassen müssen, zu was Sie brauchbar sind.

K: Das ist sehr freundlich von Ihnen und human.

‚S': Sie sagen, man könne Wirklichkeit nicht definieren, und das mag richtig sein, sogar was Ihre eigene Wirklichkeit betrifft. Sollten wir in Umwandlung des Verses, den wir einmal in der Schule lernten, sagen: „Was man nicht definieren kann, das sieht man als ein Neutrum an"?

K: Das würde in diesem Fall bedeuten: lassen wir beim Denken die sogenannte Wirklichkeit doch aus dem Spiel, und ebenso die Wahrheit, die sich stützt auf Wirklichkeit.

‚S‘: Nur gäbe es dann eine Schwierigkeit, bei der ich nicht absehe, wie sie zu überwinden wäre.

K: Welche?

‚S‘: Daß wir für „Wirklichkeit" das Wörtchen „Sein" gebrauchen. Werfen wir die Wirklichkeit hinaus, dann kommt als Sein sie wiederum herein. Schließt nicht jeder Satz, der etwas aussagt, dieses Sein ein, ausdrücklich oder schweigend?

K: Allerdings. Doch kommt es darauf an, was er aussagt, und ob es sich in Wahrheit so verhält.

‚S‘: Ach so – aber Sie meinten doch, mit dem Begriff der Wahrheit sei nichts mehr anzufangen.

K., unwillig, leicht errötend, da alle ringsum wieder lachten: Das ist halt eine Redensart, die man nicht los wird, so wie viele nicht an Gott mehr glauben und dennoch sagen: „Grüß Gott" und „Gott sei Dank".

Pfarrer: Ganz richtig. Aber sollte die Verlegenheit, in der wir dadurch uns befinden, auch wenn sie eine leichte ist, nicht tiefe Gründe haben?

K., erstaunt: Welche?

Pf.: Vielleicht ähnliche wie für die Schwierigkeit im Umgang mit der Wirklichkeit und Wahrheit.

K., ärgerlich: Das geht zu weit. Nun fangen Sie doch nur nicht wieder mit dem Mittelalter an. Haben wir doch schon die Neuzeit überwunden!

Pf., ironisch: Ja, ich weiß, wir sind jetzt in der neuesten Zeit. Doch was steht dann noch bevor, vielleicht die allerneueste? Ich glaube, wir täten besser, uns nicht nach der Zeit zu richten, sondern nach der Wahrheit. Allerdings vorausgesetzt, daß wir sie haben; doch haben wir ja Zeit um sie zu suchen, und schon das Suchen richtet.

K: Ich wünsche Ihnen Glück dazu. Es ist sehr witzig, daß bei diesem Suchen der Theologe und der Philosoph anscheinend in der gleichen Richtung gehn. Hoffentlich kommen Sie auch an und werden nicht enttäuscht, wenn das Haus leer ist.

Pf.: Und Sie selbst, verehrter Herr Professor, glauben sich schon im Besitze eines vollen Hauses?

‚S‘ zu K: Ich würde es, wenn Sie gestatten, lieber Herr Kollege, das Haus der Technik nennen.

K: Nennen Sie es wie Sie wollen: fest steht, es ist kein Gotteshaus und auch kein Kartenhaus. Denn ohne Zweifel ist es, auf welchem Grund es immer steht, exakt und zuverlässig konstruiert, und seine Konstruktion wird dank den Fortschritten der Wissenschaft nur immer besser werden. Schon heute können weder Sie noch ich darauf verzichten, darin zu wohnen und es wohnlicher zu machen. Wer darin nicht wohnen kann, ist gleichsam ohne Heimat.

Er hatte derart mitreißend gesprochen, daß der ganze Stammtisch betroffen schwieg. Selbst ‚Sokrates‘ und der Pfarrer äußerten zunächst sich nicht. Mir schien, als hätte K. wie ein Prophet gesprochen, nur eben, daß er nicht, wie frühere Propheten, im Dienste eines Gottes stand, sondern im Dienst der Wissenschaft und Technik. Aber diese Macht schien fast so viel Gewicht zu haben wie einst die Macht der Götter, und K. umblickte auch die Runde, als sei er selbst ein Gott und hätte seinen Blitz geschleudert, dem nun erschreckend Donner folgte. ‚Sokrates‘ und der Pfarrer sahen einander an als warte einer auf den anderen, ob er noch was zu sagen hätte, – zu sagen wagen dürfte, und setzten beide dann das Weinglas an, um keineswegs verlegen, sondern wie in Andacht daraus zu trinken. Dann strich sich ‚Sokrates‘ den Bart und sagte:

Ihre Ausführungen, Herr Kollege, haben offensichtlich alle überwältigt. Ob sie auch überzeugten, wäre jetzt zu untersuchen. Vielleicht äußert sich in unserer Runde der eine oder andere noch dazu, falls er nicht gewillt ist, der Autorität der Wissenschaft und Technik, die ohne Zweifel uns beherrschen, fraglos sich zu fügen wie die frommen Juden ihrem Gott, Hiob ausgenommen, obwohl auch er fromm war. Ich meinerseits, wenn ich den Anfang machen darf, meine Meinung zu bekennen – ob es wahre Meinung ist, das mag noch offen bleiben –, möchte zunächst feststellen: was Sie uns sagten, ist ohne Zweifel richtig. Ich sage also nicht, daß es auch wahr ist, weil Sie ja den Begriff der Wahrheit für Ihre Aussagen nicht mehr verwenden möchten, es sei denn noch als Redensart. Und wenn Sie einen Hinblick gestatten auf die Wirklichkeit, so zeigt die Praxis, daß die Konstruktion gut funktioniert; selbst die Pannen und die Katastrophen, die, wenn ich so sagen darf, in der Natur der Sache wie des Menschen liegen, tragen dazu bei, die Technik zu verbessern; wenn sie auch nie vollkommen werden wird, weil sie das Ganze doch nicht faßt.

K: Lassen Sie das Ganze aus dem Spiel, damit ist garnichts anzufangen!

‚S‘: Ich weiß, ich weiß, mein lieber Herr Kollege, daß Sie als Wissenschaftler dieses Ganze stört. Doch das ist nicht meine Schuld, ich habe es ja nicht geschaffen, ich werde seiner ebenfalls nicht mächtig, es bringt sich selbst ins Spiel, und deshalb bringe ich's ins Spiel, wenn ich philosophiere.

K: Aber diese Philosophie kann ich als Wissenschaftler nicht gebrauchen.

‚S‘: Gewiß, sie trägt nichts bei zu Ihrer Konstruktion, zur Richtigkeit der Konstruktion. Doch wäre sie vielleicht der Grund.

K: Der Grund – was soll das heißen?

‚S‘: Sie sagten doch, das Haus der Technik sei exakt und zuverlässig konstruiert, ,,auf welchem Grund es immer steht‘‘.

Jetzt platzte K. heraus: Das ist, entschuldigen Sie bitte, doch der Gipfel der Sophisterei. Ich gebrauche eine Redensart, und Sie machen daraus eine Metaphysik, um sie mir in den Mund zu legen. Es fehlt nur noch, daß mir der Pfarrer sagt, mit dem Sie offenbar in gleicher Richtung gehn, der Grund sei Gott.

Es kommt mir jetzt auf Gott nicht an und auch nicht auf den Weg des Pfarrers, antwortete ‚Sokrates‘ (der Pfarrer lächelte voll Nachsicht), sondern auf jenen Grund.

K., ärgerlich: Meinetwegen nennen Sie den Grund doch Sand.

,S': Ein solches Gleichnis würde mich im Hinblick auf das Haus der Technik pessimistisch stimmen. Was hilft die beste Konstruktion, wenn sie auf Sand gebaut ist? Sagen wir: auf Sein, ob die Techniker das hören wollen oder nicht.

K: Was meinen Sie mit „Sein"? Holen Sie jetzt wieder Ihre hundert Taler aus der Tasche?

Einer der Zuhörer bemerkte: Am besten um den Wein, den wir hier trinken, zu bezahlen. Denn wahrscheinlich liegt im Wein die Wahrheit, die die Philosophen vielleicht vergeblich suchen.

Darauf Pröstchen, sagte ihm sein Nachbar, und wir tranken alle mit, schon um die Pause gut zu nutzen.

,S': Auf Wein reimt sich das Sein. Ob sich Kants hundert Taler, wenn ich sie in der Tasche hätte, darauf noch reimen würden, läßt sich nur schwer ermitteln. Doch unsere Frage war, wie es mit diesem Sein steht. Ist es nicht jenes Ganze, das der Herr Kollege meint, als er zu mir sagte: Lassen Sie es aus dem Spiel? Aber selbst mein Herr Kollege ist Opfer schon des Spiels geworden, als er die Redensart gebrauchte, das Haus der Technik sei auf Grund gebaut, ohne doch zu wissen, welch ein Grund das ist (darauf, daß es Sand ist, wird er wohl nicht mehr bestehen). Immerzu gebrauchen wir das Sein als Zeitwort, Hilfszeitwort, indem wir sagen: „dies oder jenes ist, oder es ist so, nicht so", und wenn gefragt wird, was das Sein denn ist, auf das wir in der Sprache uns beziehen, dann werden wir verlegen, verwirrt und ärgerlich. Ähnlich verhält es sich mit Wahrheit – ich meine jetzt nicht die formale der Logik und der Mathematik, also deren Richtigkeit, sondern die materiale, auf die wir ständig uns berufen. Denn wenn ich frage, was unter Wahrheit zu verstehen sei, woran man sie erkennt, dann zeigt sich ebenfalls Verlegenheit, Verwirrung, Ärger, und es ist nicht verwunderlich, daß diejenigen, die dergleichen Grundfragen stellen, in der Gesellschaft unserer Zeit so unbequem sind wie einst Sokrates in der Gesellschaft seiner Zeit. Was sich von selbst versteht,

versteht man meistens nicht, und so ließe sich auch sagen: es ist die Aufgabe der Philosophen oder auch der Menschen, die philosophieren, daß sie das Selbstverständliche in Frage stellen, – besonders dann, wenn alle spüren, jedoch nicht zu erkennen wagen, daß manches, was schon lange Zeit als selbstverständlich galt, aufhört es zu sein.

Das ist ja beinahe schon eine Predigt, sagte K. zu seinem Nachbarn, und ‚Sokrates‘, der es hörte, entgegnete: Eine Predigt wäre es nur dann, wenn Sie es glaubten, ohne nachzudenken. Lassen Sie mich deshalb Ihr Denken in Bewegung setzen.

Und er fuhr fort, indem er sich besonders zu dem Pfarrer wandte: Die dritte Selbstverständlichkeit ist für die meisten Gott. Ich sehe ab von jenen, die zwar Atheisten sind, aber selbstverständlich der Kirche angehören und Kirchensteuer zahlen. Ich greife auch nicht die an, die denken und glauben, glauben und denken, also dauernd zweifeln, gar verzweifeln. Für sie ist Gott nicht selbstverständlich, ihr Zweifel ist Gebet. Ich meine die Gewohnheitschristen, der Kirche Burg und Bollwerk. Und ich vermute, daß die drei Probleme: Sein, Wahrheit, Gott, wenn auch nicht auf der Oberfläche, so doch in der Tiefe eng zusammenhängen. Wenn aber diese drei Probleme – und vielleicht dergleichen mehr – im Haus der Technik, lieber Herr Kollege, deplaciert erscheinen, muß ich mich fragen, ob diese neue Heimat *wirklich* Heimat sein kann, das heißt, um unseres Beispiels zu gedenken, ob ich mir „etwas dafür kaufen“ kann, was mir im Dasein Freude macht und es erfüllt.

Als ‚Sokrates‘ geendet hatte, war wiederum zunächst ein allgemeines Schweigen, das dann der Pfarrer brach, indem er zu ‚Sokrates‘ sagte:

Sie haben, lieber Herr Professor, ein wahres Wort gesprochen, gleichsam ein Schlüsselwort. Denn wirklich kommt es darauf an, ob und wie der Mensch – homo viator – in seinem Dasein Heimat hat, ja indem er sucht, hat er sie gefunden. Wir wandern aus dem Morgen in den Abend, in die Nacht. Die

Emmausjünger sagten: „Herr, bleibe bei uns, denn es will Abend werden". Das ist für mich kein Wort des Wissens, sondern Wort des Glaubens. Auch der Grund der Heimat und des Heimatsuchens ist dem Wissen nicht erreichbar, sondern nur dem Glauben, der Liebe und der Hoffnung.

Ich stimme Ihnen, lieber Pfarrer, durchaus zu, antwortete ihm ‚Sokrates', nur möchte ich den Glauben nicht ganz der Kirche überlassen, sondern auch die Philosophen können ihn in Anspruch nehmen; wir können ja noch untersuchen, was Ihnen zukommt und was mir zukommt, vielleicht ergänzen wir einander.

Da fuhr K. dazwischen: Nun aber reicht's!

Es wurde an dem Stammtisch weiter nicht verübelt, wenn einer manchmal derb auftrat, und so konnte K. sich's leisten, fortzufahren: Die feindlichen Brüder haben sich vereinigt und ziehen Arm in Arm des Wegs, um die alte Litanei gemeinsam abzusingen, wenn auch, vom Weine trunken, etwas schwankend. In welcher Zeit leben wir eigentlich? Da redet ihr nostalgisch von Heimat, Liebe, Hoffnung, – glaubt, statt zu wissen, oder glaubt zu wissen, und vergeßt, daß wir nicht mehr im Zeitalter des Glaubens leben, sondern der Kybernetik.

Also in der gesteuerten Welt, warf ‚Sokrates' dazwischen.

K: Meinetwegen, wenn Sie das Fremdwort übersetzen wollen.

‚S': Ich will damit nur stärker noch betonen, daß sich die Welt verändert hat und weiterhin verändert.

K: Gut, und ich sage, daß der Mensch dieser Welt sich anzupassen hat, ganz und gar, in seinem sogenannten Wesen, das mithin auch nicht ewig ist, sondern zeitbedingt. Sie und der Pfarrer aber leben noch im Gestern, in Vorstellungen, die antik und antiquiert sind. Die Menschheit kann doch nicht, wenn es darum geht, das Wachstum der Bevölkerung zu steuern, also die Empfängnisverhütung und die Abtreibung zu regeln, nachschlagen bei Matthäus, Markus, Lukas und Johannes, um von diesen zu erfahren, wie sie sich verhalten soll, und sich danach zu richten; sondern sie muß *rechnen*, wieviele Kinder sie sich leisten kann.

‚S‘: Ganz richtig, die Evangelisten haben nicht gerechnet. Darin liegt der Unterschied zwischen Wissen und Glaube, Liebe, Hoffnung, oder, sagen wir noch schärfer: der modernen Wissenschaft und jener Welt, die, gleichsam als naive, nach Ihrer Meinung antiquiert ist.

K: Sie wollen also den naiven Menschen retten? Da gehen Sie doch besser in die Heilsarmee.

Zur Erheiterung aller öffnete sich in diesem Augenblick die Tür, und der altbekannte Josef, Soldat der Heilsarmee, trat ein in dunkelblauer Uniform, um seinen „Kriegsruf" zu verkaufen. Ich nahm den sanften Menschen, der etwas älter war als ich, wie stets mit Rührung wahr, zumal er manchmal auch mit der Gitarre kam, um, wenn es geduldet wurde, sein Lied zu singen: „Jesus, meine Zuversicht, mein Steuermann bist du". Ich konnte denn auch, mich zu ‚Sokrates‘ hinwendend, die Bemerkung nicht unterdrücken: „Jesus, meine Zuversicht, mein Kybernetiker bist du". Ein jeder gab dem Josef etwas Geld, sogar Professor K., und Josef ging hinaus, mild lächelnd wie er eingetreten war. Einer sagte – ich weiß nicht mehr, vielleicht war es der Pfarrer: „Der ist vielen überlegen, auch wenn sie besser rechnen können", worauf jedoch Professor K. nur die Schultern hochzog.

Das gab nun ‚Sokrates‘ Gelegenheit, seinerseits zu äußern: Es ist meine Überzeugung, daß, wer naiv glaubt, liebt und hofft, stets überlegen ist, nur eben nicht im Sinne des Erfolgs. Er ist im Grunde unterlegen, doch gerade deshalb überlegen, weil er des Grunds gewiß ist. Sie werden, lieber Herr K., das wiederum sophistisch nennen; lassen Sie mich deshalb daran erinnern, daß wir bereits vom Grunde sprachen, ohne ihn zu definieren. Sie hielten es sogar für möglich, daß das Haus der Technik darauf stehen könnte, vorausgesetzt, der Grund wäre nicht gerade Sand. Nun möchte ich behaupten: der Grund ist nicht die *neue* Heimat, sondern die *uralte*, nur daß die meisten sie verloren haben, wahrscheinlich deshalb, weil sie von der „Kybernetik", dem Steuern und Gesteuertwerden, derart geblendet, gefesselt und besessen sind, daß sie den alten Grund nicht mehr gewahren, nicht mehr den Zugang zu ihm suchen oder finden. Da haben Sie die Fortsetzung der Predigt; doch ich wiederhole meine Bitte, über sie nachzudenken, damit sie keine Predigt bleibt, sondern sich verwandelt in Philosophie, als die sie auch gemeint ist. Denn die Naivität, von der ich sprach, ist für mich keine dumme, sondern sie muß kritisch sein – höchst kritisch, da es, wie Sie schon vermuteten, um des Menschen Rettung geht. Der Mensch muß sich besinnen auf sich selbst, auf den Grund des Daseins, auf das Sein. Besinnen kann er sich nur, wenn er stehen bleibt und denkt, nachdenkt, andenkt, auch im Sinne *Ihrer* Andacht (so sagte er, sich zu dem Pfarrer neigend), weshalb dies Denken nicht wissenschaftlich kybernetisch ist.

Aber, antwortete ihm K., wie wollen Sie im Zeitalter der Technik denn die Probleme lösen ohne Wissenschaft und Technik? Denken genügt nicht, man muß auch wissen, exakt wissen, und Wissen hilft nicht ohne Tun. Modern gesprochen heißt Tun Steuern, auf griechisch Kybernetik, und es ist freilich witzig, daß wir jener toten Sprache uns bedienen, um ein völlig neues Handeln zu bezeichnen, das uns allein in Zukunft retten kann.

‚S': Sie denken also ebenfalls an Rettung, an die Notwendigkeit der Rettung?

K: Ja, denn die Menschheit ist in äußerster Gefahr, und wir müssen durch fortschrittliches, nicht durch rückschrittliches Denken der Gefahr begegnen, in der Hoffnung, daß wir uns retten können.

‚S': Mit der Maxime: Rette sich wer kann? Wer untergeht ist schwächer, im Kampf ums Dasein unterlegen, geht mit Recht zu Grunde?

K: Ich halte es im Hinblick auf die Menschheit nicht für geschickte Politik, die Situation derart direkt und hart zu charakterisieren, zumal es immer Übergänge, Umwege, weiche Stellen gibt, und der eine oder andere findet auch noch einen

Schleichweg. Tatsache aber ist wohl, daß die Quellen der modernen Technik langsam sich erschöpfen, wenn nicht ein Wunder sich ereignet (Oh, rief ‚Sokrates‘, daß Sie das sagen, ist bereits ein Wunder!), – wenn es uns nicht gelingt, neue Quellen zu erfinden. Das ist umso bedauerlicher, als unsere Technik noch nicht alt ist. Ihre Möglichkeiten scheinen sich allmählich in der Praxis zu begrenzen. Und doch ist es nicht lange her, daß man vom Lande unbegrenzter Möglichkeiten sprach und in Amerika es liegen sah. In dieser Situation kommt es nun darauf an, die Technik – in des Wortes umfassendster Bedeutung – weiterhin zu stützen, durch Perfektion der Technik, nicht etwa durch Philosophie und Theologie. Auch wenn die Technik „Krankheiten“ bewirkt, in welcher Art, auf welcher Stufe immer, sind sie nur technisch heilbar. Der Mensch ist nicht mehr homo viator, homo religiosus, homo humanus, sondern Techniker, das ist sein Schicksal.

‚S‘: Das er also technisch meistern muß. Wird er aber glücklich sein?

K (ironisch): Wer spricht von Glück? Überleben ist alles.

‚S‘: Und Sie meinen: die Chance, gut und lang zu überleben, hat, wer am besten „steuern“ kann, auch um die „neuen Quellen zu erfinden“? Fürchten Sie nicht Kollisionen?

K: Gleichviel. Sie haben es bereits gesagt: Rette sich wer kann, wer untergeht, war schwächer.

‚S‘: In jeder Hinsicht oder nur als Steuermann der Wissenschaft und Technik?

K: Meinetwegen, mag er immerhin noch nebenbei ein Philosoph gewesen sein und gar gebetet haben. Das ist kein Rettungsring, der trägt. Früher sagte man: Gott ist mit den stärksten Bataillonen.

‚S‘: Hat aber nicht der Weltkrieg uns gezeigt, daß nicht nur die Besiegten, sondern auch die Sieger die Niederlagen tragen müssen, weil die Menschheit wohl oder übel nur als Eine existieren kann? Ihr Darwinismus ist ein Kurzschluß, dessen Ursache der Egoismus ist.

K: Falls das richtig ist – und ich gebe zu, manches spricht dafür – dann brauchen wir globale Kybernetik; wobei es sich nur fragt, wer die Befehle gibt und wie sie lauten. Der Kampf ums Dasein ist der Kampf um Macht und noch mehr Macht, gleichviel ob die Machthaber nun Kapitalisten, Sozialisten oder Kommunisten sind.

‚S': Meinen Sie nicht auch, daß die *Natur* als Quelle ein Wörtchen mitzureden hat, selbst wenn die Quelle leise spricht oder gar verstummt, versiegt?

K: Was heißt Natur? Sie denken wiederum romantisch. Wenn es gelingt, wie ich bereits erwähnte, neue Quellen zu erfinden, wird die Natur von uns geschaffen, genau so wie die Technik. Die Entwicklung der Wissenschaft kann Ihnen zeigen, daß sich das Verhältnis längst schon umgekehrt hat.

‚S': Vielleicht auch pervertiert, mit schweren Folgen. Doch lassen wir die Prophetie. Sollten Sie, statt ,,Quellen zu erfinden", nicht besser sagen: ,,Quellen zu entdecken"? Und da entsteht die Frage, die nur die Zukunft lösen kann, ob es noch etwas zu entdecken gibt, was den Willen zu der Macht – kraft Wissenschaft und Technik – aufs neue stärken kann, das heißt, ob es denn noch genügend Vorrat gibt.

K: Dann dürfen nur so viele Menschen leben als es Vorrat gibt.

‚S': Das wäre Katastrophenpolitik.

K: Wissen Sie denn einen anderen Ausweg?

‚S': Vielleicht Askese.

K., lachend: Ei, freilich. Das hätte ich mir denken können. Haben doch die Philosophen gleich den Theologen von jeher so gepredigt, und nannten die Askese auch noch das höchste Glück, um sie zu glorifizieren.

Da müßten wir denn fragen, warf der Pfarrer ein, was das höchste Glück ist – was in Wahrheit Glück ist, und wären wieder bei der Wahrheit, die man nicht errechnen kann.

Das Kriterium dieser Wahrheit, antwortete K., kann nur der Fortschritt sein auf dem Weg, auf dem wir uns befinden.

‚S‘: Wenn aber, wie Sie selber sagten, die Technik schon auf Grenzen stößt, so kann, falls Katastrophen vermieden werden sollen, der wahre Weg nur Rückschritt sein – freiwilliger Rückschritt. Ich frage, ob die moderne Wissenschaft und Technik, auf Kosten der Menschlichkeit des Menschen, so weit gegangen wären, hätten sie sich nicht zuvor emanzipiert vom *Geist* als Leitprinzip und Maß.

Pfarrer: Mir scheint, sie haben sich zunächst von der Religion emanzipiert, dann von der Philosophie, dann von der Natur und schließlich von der Rücksicht auf den Menschen. Das heißt aber: der Mensch hat sich zu seinem Unglück von seines Daseins Grund emanzipiert.

‚S‘, zu K. gewandt: Der Pfarrer wird dem Grunde andere Namen oder andere Chiffern geben, als ich sie mit dem Grund verbinde, doch stimme ich ihm bei. Ich sprach auch nicht von Wirklichkeit und Wahrheit, von wahrer Wirklichkeit und Übereinstimmung mit ihr, um, wie in meiner Jugend, Erkenntnistheorie zu treiben, oder, modern gesprochen, Wissenschaftstheorie im Dienst der technologischen Gesellschaft. Sondern in allen Dingen und vor allen Dingen kommt es mir an auf *meine* Wahrheit, auf meine wahre Wirklichkeit, da sie nun doch einmal mein Dasein in dem Sein umschließt. In diesem Sinn die *adaequatio* zu gewinnen, ist des Denkens Ziel. Es ist vielleicht zuletzt kein Denkproblem mehr, sondern ein Problem des Gleichgewichts, deshalb des Glaubens, der Liebe und der Hoffnung, also auch der Praxis, nur nicht im Sinn des „Materialismus". Es ist sehr wohl, wie ich schon sagte, ein *kritisches* Problem, zumal die Situation des Menschen kritisch ist. Doch es ist zugleich naiv, weshalb Sie mir den Vorwurf machen können, daß ich naiv darüber rede. „Naiv", das stammt von nasci, das heißt geboren werden. Es ist des Menschen schlechthin ursprünglichstes Problem, sobald er sich bewußt in die Welt gestellt (oder auch geworfen) sieht, – nicht wie ein Ding, vorhanden und gebraucht, nicht wie ein Lebewesen, das sich nur entwickelt, sondern das auf seinen Ursprung ständig sich zurückbesinnend seinen Weg sucht. Dazu wäre vieles noch zu sagen. Doch, um ein heiteres Thema zu gewinnen, schlage ich nun vor: Lasset uns trinken!

3. Über Gott

Als ich damals Spinozas „Ethik" las, kamen wir auf Gott zu sprechen.

Ich fragte ‚Sokrates': Was verstehen Sie denn unter „Gott"? – und er antwortete: Das weiß ich selbst noch nicht. Kann man überhaupt es wissen? Als der Dichter Simonides gefragt wurde, was Gott sei, bat er, wie Cicero berichtet, um Bedenkzeit. Als man ihn wieder fragte, bat er nochmals um Bedenkzeit, und so fort. Womit er eben sagen wollte, daß man es nicht wissen, sondern nur bedenken könne.

Ich: So ist es besser, von Gott nicht mehr zu reden, oder das Wort Gott mit Anführungszeichen zu versehen. Gott ist eine Redensart geworden, man denkt sich weiter nichts dabei. Wenn einer ehrlich zugesteht, daß er sich konkret nichts denken kann, wenn von Gott die Rede ist, dann soll er dieses Reden von Gott lassen, es ist nur noch Gerede.

Er: Sie drücken sich sehr temperamentvoll aus, vielleicht ist das ein Zeichen, daß Sie auch selbst sich nichts mehr dabei denken können.

Ich faßte mich und antwortete: Denken tu ich schon etwas dabei. Doch ich komme zu keinem Resultat.

Da lachte er: So sind Sie in der gleichen Lage, in der ich selber bin. Denn ich sagte ja: Ich weiß nicht, was ich unter Gott verstehe.

Ich: Und Sie bezweifelten, ob man es wissen könne. Wie kommt es aber, daß wir gleichwohl von ihm reden?

Er: Weil wir in einer christlichen Gesellschaft leben, zu deren Denk- und Redensart wir erzogen worden sind.

Ich: Die aber selbst oft nichts Konkretes dabei denkt, wenn sie von Gott spricht, vom sogenannten Gott.

Er: Es genügt ihr eben, daß ihre Theologen für sie denken. Sie selbst beschränkt sich auf die Redensart. Sie könnte, statt „Grüß Gott", auch „Hallo" sagen. In der Gesellschaft braucht man eine Menge Redensarten, um miteinander zu verkehren. Wenn man sich jedesmal dabei was denken wollte, stockte der Verkehrsbetrieb, man würde gar zum Störenfried.

Und käme, sagte ich, selbst nicht mehr durch. Denn wenn ich mir bei jeder Redensart jedesmal was denken wollte, um zu wissen, was ich damit meine, wäre Reden schwierig.

Er: Die Sprache würde gar verbindlich, und schließlich könnten Sie vor lauter Bindungen sich nicht mehr frei bewegen.

Ich: Da fällt mir ein, daß man geschäftehalber so oft an Leute schreibt, die man kaum gesehen: „Sehr verehrter, lieber Herr ...", und man schließt den Brief: „Mit den verbindlichsten Empfehlungen".

Er lachte und sagte: Das sind die allerunverbindlichsten. Je höher man sich in Superlative schraubt, umso unglaubwürdiger wird eine Rede. Und der Empfänger eines solchen Briefes, wenn er nicht naiv ist oder eitel, weiß wohl auch, was er von der Verehrung und den Empfehlungen zu halten hat. Sie sind verbunden mit Geschäftsinteresse, und gelten nur so lange, als das Interesse sich erfüllt oder doch erfüllen kann. Wenn nichts dabei herauskommt, empfiehlt man sich nach einer anderen Seite.

Ich: Auch die Anrufung Gottes, scheint mir, ist eine Art von unverbindlicher Empfehlung. Mir sagte neulich ein Bankier, von dem ich weiß, daß er im Ernst an nichts mehr glaubt als an Geld und Sex: „Ich glaube natürlich an ein höchstes Wesen". Ich fragte ihn: „Wieso natürlich? Und was verstehen Sie denn unter höchstem Wesen?" Er antwortete ärgerlich: „Sie sind wohl Atheist?" und wendete sich ab. Doch ich dachte hinterher, daß er gerade deshalb so natürlich glaubt, weil er sich rückversichern will, einmal gegenüber der christlichen Gesellschaft, mit der er ja Geschäfte macht, und andererseits, für alle Fälle, gegenüber Gott, den er, nur vage noch an ihn sich bindend, höchstes Wesen nennt – ihn so hoch stellend, daß er ihm nicht unbequem wird, besonders dann, wenn man ihn fragt, was er denn unter Gott verstünde.

Er: Sind wir nicht aber in der gleichen Lage, da wir doch auch nicht wissen, was wir unter Gott verstehen?

Ich: Da stünden wir also am Anfang unseres Gesprächs. Ich fürchte, die Sache fängt an langweilig zu werden.

Er: Das würde heißen: Gott selbst ist eine langweilige Sache. Oder sollten wir, höflicher, ihn eine langwierige Sache nennen? Sofern er eine Sache ist.

Ich: Ich habe nicht gesagt, er selbst sei langweilig, oder meinetwegen auch langwierig, sondern unser Reden sei es.

Er: Aber doch nur deshalb, weil wir den Gegenstand nicht vor den Augen haben, auf den sich das Gespräch bezieht. Unser Gespräch hat keine Spannung. Wo nichts ist, so heißt es, hat selbst der Kaiser sein Recht verloren.

Ich: Ist Gott aber wirklich „nichts"? Haben wir nicht beide festgestellt, daß wir bei „Gott" uns dennoch etwas denken und nur nicht wissen was? Er kommt mir vor wie eine Sache – sofern er eine Sache ist – die lange schon verloren ging, so daß nur noch Legenden und Redensarten blieben. Freilich: mein Bankier war seiner Sache sicher, er schien sie im Tresor zu haben. Aber wir? Ich dachte mir, Sie wüßten wie es damit steht, da Sie schon älter sind als ich.

Er: Wenn die Menschheit eine Million Jahre und die Erde einige Milliarden Jahre alt ist – ich weiß es nicht genau und die Gelehrten wissen es auch nicht genau –, ist Gott, sofern er existiert, noch älter. Da spielt es im Verhältnis zu ihm keine Rolle, ob einer dreißig oder siebzig Jahre ist. Wir wären also gegenüber Gott in der gleichen Situation.

Ich: Doch vor ein paar hundert Jahren glaubte man es noch zu wissen, wer er ist; es gibt auch heutzutage noch eine Anzahl Menschen, die es zu wissen glauben. Wenn sie tot sind, so weiß es vielleicht niemand mehr.

Er: Sie denken allzu pessimistisch. Menschen vergehn, das große Rätsel bleibt. Man hatte vor Jahrtausenden von Gott und

Göttlichem gewußt, was dann als Aberglaube galt, als das Christentum auf Grund der Offenbarung den wahren Glauben zu besitzen glaubte; und heutzutage ist für viele der „wahre Glaube" Aberglaube, sogar für die, die äußerlich noch glauben. Mir kommt es manchmal vor, wenn ich beim Namen Gottes etwas denke, als sei Gott reines Himmelsblau, und unsere Glaubensvorstellungen seien wie die Wolken, die kommen und gehn. Doch leuchtet Gottes Blau und es weht Gottes Wind.

Ich: Dann wären unsere Religionsgeschichten, gemessen an dem ewigen Gott, der älter als die Erde ist, wie eine Reihe von Gesprächen über Gott? Spräche man nicht besser von Natur?

Er: Wissen Sie in diesem Falle mehr?

Ich: Die Natur habe ich doch wenigstens vor Augen.

Er: Gut: also ist Gott Baum, Fluß, Tier und Mensch, Sonne, Mond und Sterne?

Ich: Nein, so meine ich es nicht. Ich meine, er ist das Ganze.

Er: Haben Sie das Ganze denn vor Augen? Wird die ganze Menschheit es je vor Augen haben? Die Menschen erkennen nicht einmal sich selbst, erkennen nicht die ganze Erde, die sie bewohnen; und nun ist diese Erde Partikelchen in dem System der Sonne, die wir sehen, und es gibt Millionen Sonnen. Nennen Sie das Ganze Pan, so muß es Ihnen manchmal panischen Schrecken einjagen, panische Angst.

Ich: Und den Urgrund dieses Schreckens, dieser Angst nennen Sie dann Gott.

Er: Das hieße *Deus sive Natura;* wobei nicht die Natur der Wissenschaft gemeint ist. Doch auch die Weisheit des Spinoza, die in der Formel *Deus sive Natura* einen knappen Ausdruck findet, umschließt mehr als panisches Erschrecken und panische Angst. Sie umschließt das, was die Angst womöglich überwindet oder balanciert: die intellektuelle Liebe – *amor Dei intellectualis* – und die Freude. Die intellektuelle Liebe ist für ihn verbunden mit der tiefen Einsicht in die *Notwendigkeit des Seins, die göttliche Notwendigkeit.* Und von der Freude sagt er: „In je größere Freude wir versetzt werden, zu desto größerer

Vollkommenheit gelangen wir, das heißt, desto mehr haben wir Anteil an der göttlichen Natur".

Ich: Das gibt zu denken im Hinblick auf die Wissenschaft von der Natur, die alles andere als spinozistisch, die also nicht in seinem Sinne philosophisch-religiös ist.

Er: Wobei wir nebenbei bedenken sollten, daß die guten Christen Spinoza einen Atheisten nannten, und daß die Juden ihn verbannten. Aber wie denken Sie über unsere Wissenschaft von der Natur?

Ich: Sie scheint mir eben ohne Angst, ohne Liebe, ohne Freude gleichsam mathematisch vorzugehen, mit der Kälte eines Kaufmanns, der nur rechnet, oder eines Unternehmers, der seine Macht vermehren will. Es ist der Stolz der Wissenschaft, daß sie sich nicht fürchtet, weder vor dem Tod noch vor dem Teufel. Die Wissenschaftler sind moderne Ritter, manchmal auch Raubritter, mit den Technikern im Bunde.

Er: Das ist ein hartes, vielleicht ungerechtes Urteil. Wir müßten differenzieren. Doch wie kamen wir darauf? Wir fragten, was wir unter Gott verstünden, erinnerten uns an Spinoza, der Gott mit der Natur gleichsetzt, und müßten nun versuchen, dieser Spur zu folgen. Spinoza und der Spinozismus, das ist ein Drama auch der Religionsgeschichte, ein von den Kirchen und den Gläubigen vernachlässigtes Stück.

Ich: Vielleicht deshalb, weil der Gott der Juden bei der Verkündigung der zehn Gebote auf dem Berge Sinai gebot: ,,Du sollst keine anderen Götter neben mir haben!" Und der Gott der Christen war so wenig tolerant wie es der Gott der Juden war. Die Heiden waren toleranter.

Er: Man wird entgegnen, daß eben jede Wahrheit den Irrtum ausschließt.

Ich: Ja, wenn man sie hat. Aber wer kann sagen, daß er Gott in Wahrheit hätte?

Er: Sie haben recht. Dieser Mensch wäre nicht mehr endlich, sondern unendlich, wäre Gott. Denn Gott selbst ist nur in seiner Wahrheit.

Ich: Sofern er überhaupt ist!

Er: Ganz richtig. Sie erinnern mich daran, daß wir mit dem abgenutzten Worte Gott gleichsam spielen, um herauszubringen, was wir dabei denken oder denken können, sofern wir es nicht nur als Redensart gebrauchen. Indessen für Spinoza war der Satz *Gott ist* unmittelbar gewiß und höchst bedeutend. Er sagte: ,,Wir können der Existenz keines Dinges gewisser sein als der Existenz des schlechthin unendlichen oder vollendeten Wesens, das heißt Gottes".

Ich: So ähnlich sprach auch mein Bankier!

Er: Nur daß er sich dabei so viel nicht dachte wie Spinoza. Der geht von dem Gedanken der *unendlichen Substanz* aus. Man muß also lateinisch denken, wenn man ihn verstehen will, und seine ,,Ethik" schrieb er auch lateinisch. Substanz, das wäre, was in allem Seienden, Veränderlichen und Vergänglichen *besteht*. Dreifach gewendet ließe sich das Wort so übersetzen: das, was dahintersteht, das, was daruntersteht, das, was darinsteht. Denn sein Gott ist in der Welt, oder, um es besser noch zu sagen: *Gott ist die Eine Wirklichkeit.* Nicht unsere endliche, sondern die unendliche, von der wir gleichsam nur den Ausschnitt haben und der Ausschnitt sind in den ,,Attributen" (äußerer) Ausdehnung und (inneren) Denkens. Wir *denken* Gott; das heißt nicht, daß wir ihn *erkennen*, wie wir die Dinge erkennen oder zu erkennen glauben.

Ich: Hat er dann Gott bewiesen?

Er: Nein. Er wollte – ordine geometrico – beweisen, wie alle Dinge mit Gott zusammenhängen, Glied sind in dieser einen Wirklichkeit, der er den Namen Gottes gibt; wohlgemerkt: der Wirklichkeit, die unendlich ist. Gott ist sein Ausgangspunkt und Endpunkt, sein Alpha und sein Omega, seine Voraussetzung; er will es klar und deutlich machen, eigentlich erhellen, daß unsere Wirklichkeit darauf beruht, oder darin ruht, – daß das Sein so ist, – daß es weder ,,nichts" noch auch ,,positivistisch" ist. Ähnlich dichtete der alte Goethe, der schon in seiner Jugend ein Jünger des Spinoza war:

Gottes ist der Orient!
Gottes ist der Okzident!
Nord- und südliches Gelände
Ruht im Frieden seiner Hände.

So steht es im West-östlichen Divan, in dem wir auch noch andere, kostbare Talismane finden – geweihte Verse, die Glück bringen können.

Ich: Es war Spinoza, glaube ich, bewußt, daß er als Mensch, der endlich ist und dem Zufall ausgeliefert, *geschichtlich* denken mußte, obwohl er doch mit Gott das Ewige gemeint hat. Er war aber so frei, den Gott der Bibel anders auszulegen als die Orthodoxen.

Er: Genauer wäre wohl zu sagen: er nahm sich diese Freiheit.

Ich: Aber nicht aus Willkür, sondern aus Gewissenhaftigkeit. Der Mensch ist nur insoweit frei, als er sich Freiheit nimmt; wozu im Falle des Spinoza sehr viel Mut gehörte. Denn schließlich traf ihn der „große Bann" der Synagoge, infolgedessen auch die Armut, die doch ein Segen war insofern, als sie, vorsätzlich übernommen, es ihm ersparte, sich günstig zu verkaufen. Meist leidet ja der Geist darunter – ob er philosophisch oder religiös oder auch nur „schön" ist –, daß er sich verkauft, um gut zu wirken. Die gute Wirkung ist selten auch die wahre. Allenfalls hinkt sie der Wahrheit nach, macht aus der Wahrheit gar ein Mißverständnis.

Er: Und Sie meinen: Spinoza war bemüht, Gott aus dem Mißverständnis zu befreien?

Ich: Ja, ordine geometrico, wie er das nannte. Er wollte unser Denken zwingen, Gott so zu sehen, wie er absolut ist, mit allen Konsequenzen.

Er: Weshalb ihn dann die Christen einen Atheisten nannten.

Ich: Manche schwächten ab, sie sprachen nur von Pantheismus. Doch was will das heißen? Ist es gottlos, wenn ich denke, daß Gott *in allem* ist, daß *alles* göttlich ist, sofern es an Gott „teilhat"?

Er: Das war den Christen deshalb peinlich, weil Gott dann auch an der Materie teilhat, am Häßlichen, am Irrtum, Abfall und am Bösen, womöglich hat er gar Geschlecht, das Ärgste was es für die Christen gibt.

Ich: Jetzt ist Vorsicht angebracht: sonst laufen wir Gefahr, die Qualitäten Gottes, die wir nicht erkennen, mit denen unseres Menschseins gleichzusetzen. Das wäre nicht im Sinne des Spinoza. Für ihn ist Gott der Ozean und nicht das Spiel der Wellen.

Er: Wo wären denn die Wellen, wenn nicht im Ozean?

Ich: Gewiß. Doch wenn wir bei dem Gleichnis bleiben wollen, ist zu sagen: der Ozean treibt zwar sein Wesen in dieser und in jener Welle, aber ist nicht diese oder jene Welle. Die Wellen sind nur „Modi", zeitlich und endlich. Aber der Ozean ist unendlich und hat unendlich viele Attribute, von denen wir nur zwei kennen: das „Denken" (*cogitatio*) und die „Ausdehnung" (*extensio*). Alles Besondere ist Affektation der Attribute Gottes: „Alles, was ist, ist in Gott, und nichts kann ohne Gott sein noch begriffen werden." Das gilt dann freilich auch für die Materie und ihren Abfall, für das Häßliche, den Irrtum und das Böse, das ebenfalls nur relativ zu Gott, nicht absolut ist. Gott selber bleibt Mysterium! Was nicht ausschließt, daß wir uns gleichwohl Gedanken machen, um Gottes Attributen den Tribut zu zollen.

Ich schwieg, doch er fuhr fort: Immerhin, es bleibt ein zweifelhaftes Unterfangen, wenn wir uns bewußt sind, daß wir endlich und vergänglich sind, aber „Geist" und „Ausdehnung" unendlich, und daß auch dies nur *zwei* der Attribute Gottes sind, gewissermaßen jene Seite, die für uns im Lichte liegt, – falls wir sehen wollen, statt wie die Maulwürfe uns einzugraben. Da uns Gott an sich ewig verborgen bleibt, nennen wir ihn transzendent. Daraus mag deutlich werden, wie wenig noch gesagt ist mit Deutungen wie Pantheismus, Atheismus und Theismus. Sie sind gottbezogen *menschlich*, in mancherlei Variationen auch oftmals allzumenschlich, besonders dann, wenn sie dogmatisch werden und sich mit Machtstreben verbinden. Spinoza wehrt sogar noch den Gedanken ab, Gott *Person* zu nennen; denn das hieße ihn vermenschlichen. Er ist für ihn auch nicht in *Jesus* Mensch geworden.

Ich: Dann wäre die Offenbarung des Christentums ein Irrtum? Oder gar Betrug und Selbstbetrug? Glauben Sie, daß Jesus ein Betrüger war?

Er: Das nicht. Doch ich bezweifle, daß er selbst mit Gott sich identifiziert hat. Vielleicht hat man in Not und in Verzweiflung auf den Messias nicht länger warten können und hat dann Jesus nicht nur zum Messias, sondern gar zum Gott gemacht. Das war in jener Zeit, in der sich sogar Kaiser zum Gott erhöhen ließen, nicht sehr abwegig.

Ich: Sie spotten.

Er: Ich spotte nicht, mir ist die Sache ernst, um des wahren Gottes willen.

Ich: Um des Gottes des Spinoza willen!

Er: Ich liebe zwar Spinoza, doch lieber noch ist mir die Wahrheit. Deshalb wollte ich zunächst erinnern, wie Spinoza über Gott denkt. Da wir beide es nicht wußten, wie wir selbst Gott denken sollen, kamen wir auf Spinoza.

Ich: Und können wir bei ihm verbleiben?

Er: Das hängt von ihm wie auch von uns ab. Noch haben wir nicht ganz erfahren, was er denkt. Widerstrebt Ihnen die Meinung, daß Gott in Jesus nicht Person ward?

Ich: Wenn der unendlich große Gott in Jesus nicht ans Kreuz geschlagen wurde und dann auferstand, was freilich paradox ist, gibt es im Sinn des Christentums nicht die Erlösung.

Er: Vielleicht gibt es Erlösung in einem anderen Sinn, sofern Gott existiert.

Ich: In welchem Sinn?

Er: Das kann ich jetzt nicht sagen, das führt zu weit. Halten wir uns vorerst an Spinoza. Er ist durchaus bestrebt, Gott von Vermenschlichung und Mißbrauch zu befreien. Es wäre dies schon Gottesdienst, nur Gott zu denken und an Gott zu denken, um der göttlichen Notwendigkeit zu dienen und sich ihr zu fügen. Doch es ist menschlich und auch allzumenschlich, sich eine Vorstellung, ein Bild von Gott zu machen, ihm einen Kult zu weihen, ihm Tempel, Synagogen, Kirchen und Moscheen zu erbauen. Da sie alle zeitlich sind, muß wohl von Zeit zu Zeit auch einer kommen, der die Tempel und die Bilder reinigt, repariert und reformiert, damit das Gottesbild in neuem Glanz ersteht und alle neu belebt. Und ist erst einer da, dann folgen vielleicht viele. Das ist die Religionsgeschichte; Gott selbst jedoch, als außerhalb der Zeit, die relativ, nicht absolut ist, hat keine Geschichte; weshalb es ebenfalls ein Gleichnis ist, wenn wir sagen, er sei noch älter als die Erde, deren Alter wir kaum zählen, kaum erfassen können.

Ich: Durfte dann Spinoza, der doch auch ein Mensch war, seine Projektion behaupten als die einzig wahre?

Er: Er war bemüht, die Wahrheit zu erweisen. Er gab von seinem Standpunkt Rechenschaft, und er war tolerant. Was kann man mehr von einem Menschen fordern, der ein Philosoph sein will *sub specie aeternitatis* – angesichts der Ewigkeit?

Ich: War nicht sein Denken fatalistisch?

Er: Wenn Sie Gott das Fatum nennen wollen: ja. Doch es ist kein blindes.

Ich: Ist er womöglich *gleichsam nur Gefühl*?

Ja, sagte er. Bei Spinoza heißt es: ,,Gott liebt sich selbst mit unendlicher geistiger Liebe ... Die geistige Liebe der Seele zu Gott ist Gottes Liebe selbst ... Es gibt in der Natur nichts, was dieser geistigen Liebe entgegengesetzt wäre, oder was sie aufheben könnte ...".

Darauf erwiderte ich: Dieses System des Denkens ist verwirrend, obwohl es doch streng logisch konstruiert scheint.

Er: Sie wissen: seine ,,Ethik" ist aufgebaut nach Grundsätzen, Lehrsätzen, Beweisen, Folgesätzen, Anmerkungen.

Ich nickte.

Aber, fuhr er fort, sie gleicht doch eher der Musik von Bach, die in demselben Jahrhundert noch entstand, in dem Spinoza lebte. Die „Form" ist schwierig, in ihr verbirgt sich das Geheimnis, nicht im „Stoff", die Formbezüge sind nicht leicht zu fassen. Man macht vielleicht am besten Sprünge, um sie zu verstehen, und so möchte ich mit einem Sprung behaupten, daß die „Substanz", von der wir ausgingen, die Liebe ist: göttlich notwendige Liebe. Sie durchdringt das All, sie steht dahinter, darunter und darin; oder wenn wir daran denken, daß das Wort Substanz die lateinische Übersetzung des griechischen *hypokeimenon* ist: die Liebe liegt zugrunde, sie ist der Seinsgrund.

Ich: Indessen, ist das nicht nur *fromme Illusion*?

Er: In unserer Welt, das ist nicht zu bestreiten, sieht es oftmals anders aus; auch Spinoza erfuhr das zur Genüge. Aber diese Welt der Modi ist ja nicht identisch mit dem tiefsten Grund. Bedenken Sie das Gleichnis von dem Ozean und seinen Wellen! Spinoza hat das Wort Substanz, wie auch das Wort Gott, übernommen, um einen neuen Sinngehalt mit diesen Worten – wie er dachte: zwingend – zu verbinden. Es ist leichter, das abzutun als eine Illusion, als den Gedankenspuren folgend die Tiefe zu gewahren. So wie es leichter ist, an Johann Sebastian Bach sich zu *erbauen,* als ihn zu *durchschauen,* ich müßte sagen: *zu durchhören* wie er uns *durchtönt.* Spinozas Ethik ist philosophische Barockmusik, nicht geradezu mit Bach sich deckend, aber ihm analog. Die großen Geister, die mit Gott korrespondieren, korrespondieren wohl auch miteinander, ob sie einander kennen oder nicht. Für die kleinen Geister, die wir sind, ist dann die schwere Frage: wie kommen wir mit ihnen ins Gespräch? Darauf ist zu sagen: indem wir uns von ihnen heben, tragen lassen, in gemessenem Abstand folgen, jedoch auch kritisch folgen, uns immerfort bemühend. Wer das nicht will, muß unten bleiben, und er wird sein Versagen womöglich dadurch kompensieren, daß er das Große von unten her „entlarvt": psychologisch, soziologisch undsoweiter.

Sie kritisieren mich sehr hart, bemerkte ich etwas verstimmt.

Er: Verzeihen Sie, mein Angriff war gar nicht gegen Sie gerichtet, wenn er Sie auch mitbetraf, da Sie das Stichwort gaben:

fromme Illusion. Für viele Leute heute ist Frömmigkeit an sich schon Illusion, zumindest ein verbotener Quietismus. In einer Industriegesellschaft, die dauernd tätig ist, auch in der sogenannten Freizeit, ist, wer die Ruhe in Meditation sucht, schon verdächtig, daß er asozial ist. Wer sich mit Herz und Hand dem Industrieprozeß nicht widmet, sei es als Produzent, sei es als Konsument, sondern wer stille steht, das Göttliche bedenkend, wird zum Saboteur gesellschaftlicher Fleißarbeit, man kann auch sagen: Fließbandarbeit.

Um ihn abzulenken, ließ ich einen Hasen laufen (wie das Goethe nannte) und fragte: Ist die Liebe für Spinoza nicht eher ein *Symbol* als ein Grundgesetz und Grundsatz?

Richtig, sagte er. Denn im Symbol schließt sich der Ring des Seins zwischen Zeit und Ewigkeit. Die Wahrheit des Symbols kann ich nicht beweisen, sondern nur erweisen, indem ich in ihm lebe. Der Weisheit letzter Schluß sind Hoffnung und Vertrauen, der Empirie zum Trotz, oder auch sie überhöhend (nicht überhörend).

Ich: Kann das nicht ein Kurzschluß sein?

Er: Gewiß. Es kommt drauf an, wie weit, wie hoch wir's bringen. An Gottes Wirklichkeit gemessen, ist jeder Schluß ein Kurzschluß. Auch unsere Liebe ist ja immer zu voreilig und zu knapp: der Körper kommt nicht mit der Seele mit, die Seele nicht mit unserem Geist, und unser Geist, so weit er reichen mag, ist endlich. So unterstellen wir uns dem Symbol, in unserem Mangel Gottes Fülle. Es wäre Illusion, wenn wir vermeinten, wir faßten dadurch schon die Fülle. Auch unsere Wissenschaft und Ratio, so weit sie's immer bringen, sind Ausdruck unseres Mangels und bieten Mangelware. Insofern muß man sagen, daß das Grundgesetz der Liebe, von dem Spinoza spricht, ein anderes Gesetz ist als das der Wissenschaft; so wie auch die Natur, von der er spricht, nicht Gegenstand der Wissenschaft ist.

Ich: Ist der Schluß, von dem Sie sprachen, nicht ein Zirkelschluß? Um das Symbol Spinozas als Ganzes zu erfassen, muß man ordine geometrico zu ihm gelangen. Doch man erkennt die Richtung dann erst richtig, wenn man dort ist.

Er: Sie sagen das mit Recht ironisch. Man muß die einzelnen Figuren lange hin- und herbewegen und das Spielzeug etwas schütteln, bis sich eins ins andere fügt, vielleicht nur ungefähr. Die Philosophie ist eben doch nicht Logik oder Mathematik, so wenig wie die Kunst. Sie ist „irrational", wie es die Liebe ist. Und deshalb nenne ich sie gern, das eine mit dem anderen verbindend, eine Liebeskunst, natürlich-geistig.

Ich: Sie könnten sie auch eine Form des Glaubens nennen, zum Ärgernis der Wissenschaft. Denn wenn das Spiel gelingt, ist das nicht gleichsam Gnade?

Er: Und eine der des Mystikers verwandte Schau. So war Spinoza trotz seiner mathematischen Methode kein Rationalist. Das war nur das Gerüst, mit dessen Hilfe er zur höchsten Einsicht kam, oder auch: die Einsicht ging voraus und wurde im System des Denkens expliziert. Es war die Einsicht, daß Gott zwecklos ist.

Ich: Wie? Zwecklos? Was hülfe dann der Glaube?

Er: Das gerade ist ja Mißbrauch, daß man Gott gebraucht, oder doch gebrauchen möchte. Man bringt ihm Opfer, um ihn zu bestimmen, etwas zu tun, etwas zu unterlassen oder abzuwenden. Eingreifen soll er da und dort, und man sagt oft hinterher, er hätte sichtbar eingegriffen. Dank seiner Nützlichkeit, oder auch scheinbaren Nützlichkeit, bleibt er für uns am Leben, von der Wiege bis zum Grabe. Die Gesellschaft braucht ihn wie der Staat, und die Kirche selbst ist Nutznießer des Nutzens. Sogar wer nicht mehr an Gott glaubt, sagt, daß den Kindern und dem Volk die Religion erhalten bleiben müsse. Nun ist zwar Gott in unsere Welt verstrickt, doch er ist nicht da, um wie die Götter der Antike bald dem einen, bald dem anderen in seinem Daseinskampfe beizustehn. Erhabene Zwecklosigkeit, das ist die göttliche Notwendigkeit.

Ich: Und was soll dann Beten?

Er: Es soll „Denken" sein, Andacht und Glückseligkeit der

Andacht, Fest des Denkens. Und wenn das Denken Danken ist, so ist es eine höhere Stufe noch der Andacht.

Ich: Das wird das „Volk" nicht leicht begreifen, geschweige billigen.

Er: So hat das „Volk" noch nicht den wahren Glauben, sondern Aberglauben. Und da wir alle zu dem Volk gehören und nichts Menschliches uns fremd ist, auch wenn wir Gott bedenken, bewegen wir uns alle zwischen Glauben und Aberglauben hin und her und kommen in Konflikte mit Gott und Welt und mit uns selbst. Im Maße aber als wir Einsicht haben, gelangen wir zum wahren Glauben, zu unserer Freiheit.

Ich: Wieso denn Freiheit? Ist im System der göttlichen Notwendigkeit noch Raum für Freiheit?

Er: Mir scheint, mit dem Wort Freiheit verhält es sich kaum anders als mit dem Wort Gott. Alle reden davon, und es ist schwer zu sagen, wer sie hat. Alle begehren sie, ohne recht zu wissen, was. Denn bringt nicht jede Freiheit neue Bindung? Wäre es nicht richtig, nicht nur zu fragen: frei wovon, sondern zugleich: frei wozu? Was heißt denn „frei", wer ist schon „frei"?

Ich: Offenbar ist Freiheit auch eine Redensart, wie es „Grüß Gott" ist.

Er: Und dennoch denkt man sich auch hier etwas dabei. Aber was? „Die Menschen", sagt Spinoza, „meinen frei zu sein, weil sie sich ihrer Wollungen und ihrer Triebe bewußt sind und an die Ursachen, durch die sie doch veranlaßt werden, etwas zu erstreben und zu wollen, nicht im Traume denken, weil sie ihrer unkundig sind." Ein Stein, der sich auf einen Anstoß hin bewegt, würde, wenn er denken könnte, „sicherlich der Meinung sein, er sei vollkommen frei und verharre nur darum in seiner Bewegung, weil er es so wolle. Das ist jene menschliche Freiheit, auf deren Besitz alle so stolz sind und die doch nur darin besteht, daß die Menschen sich ihres Begehrens bewußt sind, aber die Ursachen, von denen sie bestimmt werden, nicht kennen."

Ich: Das hieße also, daß die Freiheit die wir meinen –

Nein, warf er dazwischen, die die meisten meinen!

– eine Illusion ist?

Er: Und daß die wahre Freiheit dort liegt, wo die meisten sie nicht suchen und nicht suchen möchten: bei Gott und in Erkenntnis der göttlichen Notwendigkeit.

Ich: Aber was habe ich davon dann praktisch?

Da lachte er und sagte: Sehen Sie, so ist es: Der Mensch will immer etwas *haben*, nicht: etwas *sein*. Und doch stellten wir im Laufe des Gespräches fest, daß es auf den Gnadenstand der höchsten Freiheit ankommt *sub specie aeternitatis* vermittels des Bewußtseins. Nach dieser Freiheit trachtet so leicht keiner. Doch ist es die, die er allein erringen kann. Die andere aber ist nur die Bewegung in der Welt der Modi, in dem Spiel der Wellen am Rand des Ozeans. Doch was wünscht der Mensch sich? Zu wellen wie *er* will, womöglich auch das Wellenmeer aus seiner Willkür zu bewegen, ja der Ozean zu sein. Er denkt nach Zwecken, er will „haben", er muß nach Zwecken denken, um sich zu behaupten; also ist er, stärker oder schwächer, zweckgebunden. Das aber bringt ihn in Gefahr, die ganze Wirklichkeit, Gott selbst, zu seinem Zweck zu machen. Dann ist Gott da um seinetwillen, nicht er um Gottes willen. Und doch wäre, wenn Sie mir gestatten, in einem Gleichnis es zu sagen, die wahre Freiheit dies: das Glück der Welle, daß sie Welle ist und den Himmel spiegeln kann.

Ich: Vielleicht ein bißchen wenig.

Er: Dies Wenige ist viel. Das Mehr und Weniger, das die Natur, das die Gesellschaft gibt oder auch der Staat, kann wiederum genommen werden. Denn diese sogenannte Freiheit ist immer relativ. Die absolute Freiheit ist relativ zu Gott sive Natura als ursprünglicher Natur, die ewig ist.

Ich: Und Sie meinen –

Spinoza meint, bemerkte er,

– daß diese absolute Freiheit uns zuteil wird, wenn wir philosophieren?

Er: Wir können philosophisch sie erkennen und versuchen, im Sinne der Erkenntnis auch zu leben, in gleichsam göttlicher Gelassenheit.

Ich: Sie sagten: Spinoza meint. Stimmen Sie ihm also nicht ganz bei?

Er: Ich muß das Spiel erst noch probieren, um zu sehen, ob's gelingt. Denn logisch schlüssig ist es nicht. Könnte man das Philosophieren logisch schlüssig machen, dann wären alle Leute mit Verstand ohne weiteres schon Philosophen, es wäre nichts mehr zu riskeisen. Es wäre so, wie wenn man Gott beweisen könnte. Wer wäre nicht an dem Ergebnis interessiert, zumal wenn es womöglich die Unsterblichkeit noch garantiert? Diese Schule hätte allgemeinen Zulauf. Ich aber sehe keinen anderen Weg mehr, um zu Gott zu kommen, als durch Philosophieren. Doch das Philosophieren, wenn es auch ausgeht von den Fakten, auf Wissenschaft sich stützt, der Logik sich bedient, sprachlichen Ausdruck sucht, *ist wie ein Spiel, nicht Wissenschaft*. Also ist Gott im Spiel, was einschließt, daß er existiert, sich offenbart und sich verbirgt, so daß die Rede geht von dem verborgenen Gott, vom unbekannten Gott oder auch vom Tode Gottes. Doch für den Menschen ist er eigentlich nur dann tot, wenn er nicht mehr im Gespräch ist, wenn er zur Redensart, alltäglichen Gewohnheit, gesellschaftlichen Ideologie mit gewissen Zwecken, zum Instrument der Staats- und Kirchenmacht geworden ist. Man braucht ihn insbesondere als Popanz der Moral, die doch von jeher schielt, und die, selbst wenn sie gerade blickt, sich immer ändern und verjüngen muß, je nach Alter und nach Situation.

Ich: Unsere Theologen würden Ihnen wohl erwidern, daß der Gott der Philosophen ein ganz anderer ist als der Gott der Kirche.

Ja, sagte er mit Spott, und der Gott der Katholiken ist womöglich ein ganz anderer als der Gott der Protestanten; und der Gott der heutigen Protestanten ist ein anderer als der Gott der gestrigen, und der Gott der Juden ist wiederum ein anderer als der Gott der Christen, und der Gott der Christen ist auch ein anderer als der des Islam und so weiter. Mir scheint, die Gottesvorstellungen wechseln auch im Bereiche des Monotheismus, von der Welt der vielen Götter ganz zu schweigen. Man toleriert und respektiert einander, das wenigstens hat man gelernt, in gewissem Grade, doch eigentlich nicht im Bewußtsein, daß Gott der Eine ist. Oder auch, man sagt: Er ist der Eine, *allein ich habe ihn.*

Ich: Man müßte unterscheiden zwischen jenem Gott, der der wahre ist, und dem je konkreten Gott: dem Gott in uns, in unserem Herzen, unserem Denken, unseren Vorstellungen, – dem Gott, der sich geschichtlich offenbart, der überliefert und interpretiert, kritisch auch durchdacht wird. Dann stünde der Gott der Philosophen auf gleicher Ebene wie der Gott der Theologen, der auch nicht immer so fest dasteht wie die Kirche wünscht und vorschreibt.

Er: Ja, Gott käme wieder in Bewegung. So brachte ihn Spinoza in Bewegung, sogar durch Bibelkritik, so brachte Kant ihn in Bewegung, später Kierkegaard und Nietzsche, von vielen anderen abgesehen. Doch je mehr er sich bewegt, umso ängstlicher verhalten sich die Hüter und die Herde.

Ich: Die Angst ist zu verstehen; sie laufen ja Gefahr, daß alles auseinanderstiebt.

Er: Unsere Gottesbeamten haben mit Gottes Sturm und Donnerschlag schon längst nicht mehr gerechnet, und auch nicht damit, daß der Mensch mit Gott bisweilen Hiobsgespräche führen muß, besonders wenn er mündig wurde.

Ich: Er kann auch Gott verneinen.

Er: Aber nicht den wahren, – er verneinte sich denn selbst als das Geheimnis seines Daseins.

Ich: So würden Sie alle anderen Gottesvorstellungen, also die konkreten, als falsch bezeichnen?

Er: Keineswegs. Nur muß man voller Demut sich bewußt sein, daß alles das Versuche sind, die *zu Gott hin konvergieren.* Wenn sie nicht Selbstzweck werden und damit Gott zu ihrem

Zweck erniedrigen, sind sie geheiligt. Das heiligt auch den Kult, sogar der Philosophen. Philosophieren ist ebenfalls ein Gottesdienst.

Ich: Ein schönes Wort.

Er: Es stammt gar nicht von mir, es stammt von Hegel.

Ich: Da fällt mir etwas ein: Hegel zum Beispiel, wer kann ihn schon verstehen? Aber das Neue Testament kann jedermann verstehn!

Er: Vielleicht, vielleicht auch nicht. Wenn es so leicht verständlich wäre, hätten unsere Theologen nicht so viele Schriften dazu verfassen müssen. Ich habe, wie Sie wissen, auch selbst die heiligen Texte übersetzt, um des Wohlklangs willen. Was aber die Verständlichkeit der Philosophie betrifft, so hängt sie doch in erster Linie davon ab, ob man die Anstrengung des Denkens auf sich nimmt. Gott selbst ist anstrengend, so könnte man wohl sagen, er gleicht dem blauen Himmel jenseits der Wolken in dem klaren Licht. Dem entspricht Spinozas Licht des reinen Denkens.

Damit wurde das Gespräch damals abgebrochen, obgleich noch viele Fragen offen blieben.

4. Über die Denkarten

Ich fragte ‚Sokrates‘ einmal: „Wie verstehen Sie Ihr Denken?“ und er antwortete prompt: „Im Grunde verstehe ich es nicht. Doch“, fuhr er fort, als ich verblüfft ihn ansah, „ich kann versuchen zwischen Denkarten zu unterscheiden, um das Problem, wenn nicht zu lösen, so vielleicht zu klären. Als ich zu denken anfing, dachte ich naiv. Das kommt von nasci, geboren werden, und ich könnte demnach sagen, daß ich zunächst ursprünglich und natürlich dachte, poetisch und nicht logisch.“ „Sie meinen – wenn Sie mir versuchsweise das Wort gestatten –: infantil, also vielleicht triebhaft, traumhaft, noch nicht sachlich, zielbewußt?“ „Nun, mein Lieber“, sagte er mit Lächeln, „ich hoffe doch, daß ich, als ich zu philosophieren anfing, das infantile Stadium überwunden hatte. Indessen war mein Denken sicher lange Zeit noch traumhaft und nicht pragmatisch, obgleich, wenn es gefordert wurde, praktisch. Es kommt bei unserer Frage garnicht auf das Inwieweit und Wielange an, sondern es geht darum, die Denkart zu umschreiben. Wäre das Leben selbst ein Traum, wie manche Dichter meinen, dann würde diese Denkart sogar bleiben oder zumindest immer wieder einbrechen in andere Denkarten gleich einem Diebe in der Nacht. Beachten Sie, daß ich mein anfängliches Denken auch poetisch nannte! Es war in solchem Maß poetisch, daß es mir schwer fiel, als ich die Wissenschaften zu studieren hatte, zu abstrahieren. Das wissenschaftliche Denken ist offenbar dem Menschen nicht natürlich. Wahrscheinlich ist jedoch inzwischen die Menschheit derart fortgeschritten in der Entwicklung, daß es heute bereits den Schülern leichter fällt zu abstrahieren, als damals mir am Anfang meines Studiums. Denn dieses wissenschaftliche Denken, zumal als mathematisches, logisches, methodisches, ist die andere, zweite Denkart. Sie hat sich in der menschlichen Geschichte, um vorherrschend zu werden, nur langsam durchgesetzt – viel langsamer als man im Rückblick annimmt –, doch in den Jahrhunderten der sogenannten Neuzeit immer rascher und immer mächtiger, so daß es heutzutage schon kaum mehr möglich ist, anders zu denken. Bereits im Kindergarten bricht sich diese Denkart, staatlich und gesellschaftlich gefördert, Bahn; und wenn man noch in meiner Jugend streng unterschied zwischen natur- und geisteswissenschaftlichen Methoden, gilt die *eine* Denkart jetzt für beide." „Also wäre wohl zu unterscheiden zwischen einer poetischen Denkart, die am Anfang gilt, sowohl der Menschheit wie des Menschen, und der wissenschaftlichen, die in moderner Form unser Zeitalter der Wissenschaft bestimmt. Wenn jedoch die Poesie, in welchem Sinn und welchen Formen immer, sich daneben noch behauptet oder plötzlich durchbricht, dann befinden wir uns in einem Zeitalter des Übergangs." „Das aber, fürchte ich, schon bald zu Ende geht. Denn mit der wissenschaftlichen Denkart hat sich die technische verbündet, wie auch umgekehrt, und diese technische Denkart ist die dritte. Sie ist exakt pragmatisch, zielbewußt; und da der Mensch nun einmal leben muß und denken, planen muß, um möglichst ,gut zu leben', ist sie zugleich auch ökonomisch. ,Ökonomisch', das heißt hauswirtschaftlich, dachte man natürlich auch in antiken Zeiten und noch zum Teil im Mittelalter. Und selbst unter techné verstand die griechische Antike nicht nur das Handwerk, sondern auch die Kunst und die Wissenschaft, so wie sie damals war. Heute ist die Wirtschaft allumfassend Weltwirtschaft und die Technik Kybernetik, so daß die Wissenschaft auch kybernetisch wird. Dem folgt die Politik. Die Mathematiker werden Rechner, die sogar vorausberechnen, also planen helfen, insofern auch noch steuern helfen, denn Kybernetik heißt ja Steuerung, nicht etwa Steuerungskunst. Die Logiker werden Logistiker, die Methodiker Methodologen." ,,Trübe Aussichten", bemerkte ich. ,Sokrates' winkte ab und sagte: ,,Ob trüb, hell oder rosig, darüber sprechen wir jetzt nicht. Wir wollen doch zunächst Denkarten klären, vor allem unsere eigene. Den Denkarten entspricht die Sprache und die Wesensart der Menschen, andererseits die Welt, in der sie leben. ,Andere Länder, andere Sitten', sagt man oft; das heißt auch: andere Sitten, andere Länder, andere Zeiten. Die *Art* zu denken ist eine *Sitte* auch zu denken, eine Denkgesittung, gar Denkgesinnung, ob aus Freiheit oder nicht, das bleibe vorerst offen. Als ich ein Kind war und ein Jüngling (verzeihen Sie mir dieses altmodische Wort), dachte ich anders als ich heute denke, obgleich ich in gewisser Hinsicht Kind und jung geblieben bin. Und als die Menschheit kindhaft und noch jung war, dachte sie auch anders, ja man unterscheidet jetzt gar zwischen fortschrittlichen Völkern und solchen, die zurückgeblieben, unterentwickelt sind, indem man in der Regel, entsprechend der modernen Denkart, nach dem jeweiligen Stand der modernen Technik oder Kybernetik mißt, denn die Kultur fällt nicht stark ins Gewicht, nicht einmal mehr in dem Bewußtsein der Völker, die sie haben oder hatten, weil sie der technischen Entwicklung sich anzupassen suchen oder es notgedrungen müssen." „Aber", warf ich ein: „kann man denn Kultur und Technik trennen? Ist die Wissenschaft, wenn sie der Technik dient, wenn sie methodisch auf die Technik, die sie auch hervorgebracht hat, ausgerichtet ist, nicht andererseits hervorgegangen aus der Philosophie? Denken Sie doch nur an Descartes und Kant, die der modernen – wenn auch nicht der modernsten – Wissenschaft die Grundlagen, den Weg zu bahnen suchten zum höchsten Grad der Klarheit und Gewißheit?" „Ja, hier hat die Philosophie versucht, selbst Wissenschaft zu werden, moderne Wissenschaft. Sie war deshalb bestrebt, um mit der wissenschaftlichen Entwicklung Schritt zu halten und Anschluß zu gewinnen, die Eierschalen jeglicher Mythologie und Poesie, auch Metaphysik genannt, endgültig abzuwerfen. Das waren aber Eierschalen zugleich des religiösen Denkens sowohl antiker wie auch christlicher Tradition. Die Emanzipation war Symptom der Wandlung des Denkens überhaupt, und erst heute zeigt sich deutlich, was daraus geworden ist: eben ein Zustand, in dem es immer schwerer wird, Kultur mit Technik – ich kann auch sagen: den Menschen mit dem Apparat – zu versöhnen. Descartes war noch ein religiöser Denker, und Kant wollte die Kultur zwar wissenschaftlich neu begründen als ‚Kultur der sittlichen Vernunft', er postulierte aber, nächst der Freiheit und der Menschenwürde, Gott." „*Mußte* die Entwicklung – wenn dieses Wort hier statthaft ist – nicht so verlaufen, daß sowohl die Menschheit wie der einzelne Mensch gegenständlich denken lernten, also objektiv exakt, sich stützend auf Erfahrung und auf Rechnung?" „Sie mußte – eben deshalb, weil es so geschah, ganz gleich, ob als erkennbares Ergebnis oder, tiefer noch gesehen, als ein schicksalhaftes Seinsereignis, das sich nicht begreifen läßt." „Wenn das Sein im letzten Grunde, und mit ihm das Menschsein, unbegreiflich ist, muß freilich auch die Wandlung des Denkens unbegreiflich sein, ja des Denkens Wesen selbst. Wir müssen dieser Wandlung zwangsläufig folgen, falls wir keine Freiheit haben. Dann entfällt auch die Verantwortung und Schuld." "Sie meinen die Freiheit *umzudenken* (metanoein) oder wenigstens *zugleich* ,poetisch' noch zu denken, also ursprünglich, konkret, natürlich und naiv? Ein gewichtiger Gedanke. Ich möchte aber das Problem der Freiheit vorerst liegen lassen und Sie statt dessen bitten, weiter zu bedenken, was das Wesen jenes objektiven Denkens ist, von dem Sie sagten, daß es unvermeidlich war. Es ist nicht von der Art des anschaulichen, gegenständlichen Denkens eines Goethe, das vergleichend auch schon abstrahieren muß, um zu begreifen. Hätte man dieses Denken als Erkennen *um das Erkennens willen* noch ,rein wissenschaftlich' nennen können – was freilich damals schon bestritten wurde –, so dient das objektive Denken *heute* der Erkenntnis *um des Machens willen*; das ist das Ziel, folglich der Sinn – Sinn auch der Exaktheit." "Und was wäre das Kriterium für diesen Sinn des Machens, für die Sinnerfüllung?" "Daß man *Gewinne* macht; sonst wird es jeweils bald unterlassen, um etwas anderes zu machen." "Denken Sie – entschuldigen Sie bitte – jetzt nicht allzu polemisch? Das wissenschaftliche Denken, selbst denkende Machen, dient doch nicht immer dem Profit!" "Gewiß nicht. Das Wort ,Gewinn' ist vieldeutig. Es gibt zum Beispiel Lustgewinn von der Gesundheit bis zum Komfort und Luxus, es gibt den Geldgewinn, es gibt den Machtgewinn. Ich könnte einfach sagen: Gewinn ist Machtgewinn. Das wäre die Vollendung des objektiven Denkens, das als neuzeitliches Denken in der Renaissance begann mit der Devise: Wissen ist Macht." Ich schwieg jetzt eine Weile, betroffen und, wie ich gestehe, auch etwas verstimmt. In der Welt der Macher zu existieren, die ihre guten Gründe hat, erschien mir gleichwohl nicht als angenehme Situation. Müßte ich als Philosoph mich nicht entschließen, schlechthin mitzumachen, soweit ich eben leistungsfähig bin, statt zu denken, wenigstens in meiner Freizeit? Aber dann dachte ich: Die Welt ist nicht geschlossen, sondern offen, falls wir die Freiheit haben; und dabei fiel mir ein, daß ,Sokrates' im Laufe des Gesprächs gesagt hatte, wir wollten auch unsere eigene Denkart klären. Ich wies ihn darauf hin, obgleich wir jenes objektive Denken in seiner Herkunft wie auch technischen Vollendung noch nicht genug erörtert hatten. Aber wir führten ja Gespräche, wie sie, um Platon zu zitieren, „der Wind uns zutrug". Kaum hatte ich den ‚Sokrates' gefragt nach seiner eigenen Denkart, da gab er schon die Frage an mich zurück: „Wie würden Sie denn dieses Denken, das wir vorzugsweise in unseren Mußestunden pflegen, charakterisieren?" Ich antwortete kurz: „Als Philosophieren." ‚Sokrates' erwiderte: „Damit kann viel gesagt sein und auch nichts. Die modernen Positivisten, Logisten und Sophisten philosophieren auch. Sie denken gegenständlich, objektiv, und dadurch gewinnen sie den sicheren Standpunkt, besonders wenn sie sich noch in ein Fach einschließen und Fachwissenschaft betreiben, zum Beispiel Wissenschaftstheorie, Biologie, Psychologie, Soziologie, Politologie, Ökologie, Futurologie und so weiter – alles Wissenschaften, die notwendig sind, um die Not, in der wir Menschen uns befinden, zu beheben, also Macht und mehr Macht zu gewinnen in unserem prekären Dasein. ‚Prekär' stammt von precarius; was bedeutet: unsicher und vergänglich, nur bis auf Widerruf gewährt." Ich antwortete ihm: „Die Geschichte der Philosophie ist doch weit älter als die Wissenschaftsgeschichte, und sie umfaßt auch mehr als den Positivismus und Materialismus, geschweige denn den Technizismus. Jahrtausende hindurch war sie Metaphysik." „Aber, sagt man, damit sei es endgültig vorbei, wie schon nach Hegels Tod beispielsweise Comte erkannte. War denn nicht bereits Kant gescheitert, als er die Metaphysik als ‚Wissenschaft' begründen wollte? War Hegel nicht gescheitert, der ‚wissenschaftlich' ein System des Seins genial geschaffen hatte? Für Genies, so zeigte sich alsbald, waren kaum noch Plätze frei in der modernen Welt, in der es weniger auf Intuition – selbst bei der Anstrengung des Hegelschen ‚Begriffs' war sie erforderlich – als auf die harte Arbeit nach sicherer Methode und positive Leistung ankam, die schließlich gar geplant und gemessen wurde, schon nach der Zahl der Veröffentlichungen, dem Umfang der Anmerkungen und des Verzeichnisses verarbeiteter Literatur. Seitdem machten die Genies sich gesellschaftlich unmöglich oder unbeliebt. Siehe Nietzsche, der doch selbst, nachdem er seine Professur aufgegeben hatte, aus dem ‚Willen zur Macht‘ philosophierte, die freilich nicht die Macht der Industriegesellschaft war." „Wenn aber mit Metaphysik im Zeitalter der Wissenschaft und Technik nichts mehr anzufangen ist – und vielleicht ist gar der Positivismus und Materialismus noch Metaphysik, nur als ihr Ende – wozu dann philosophieren?" „Wir müßten eben einerseits zwar unmetaphysisch, aber andererseits unwissenschaftlich philosophieren, etwa wie in der Neuzeit Montaigne und sogar Pascal, Voltaire, Rousseau und Diderot, Lessing, Kierkegaard und Nietzsche philosophierten." „Wäre das etwa der Weg unserer eigenen Denkart?" „Ja. Doch er wäre nur zu bahnen in Auseinandersetzung mit einerseits der Metaphysik als Konstruktion philosophischer Systeme und andererseits der Wissenschaft und Technik." „Also polemisch?" „Ja, falls ‚pólemos‘ mit ‚Streit‘ zu übersetzen ist, bei dem es weder um Verletzung noch um Totschlag geht, also nicht um Macht mittels der Gewalt. Die Philosophen sind ohnmächtig, sie haben nur die ‚Macht‘ des Denkens, der Liebe und des Wortes – nicht des Schlagworts –, und diese Macht ist nicht ihr Machwerk, sondern eine Gnadengabe wie das Dasein selbst. Ich will damit nicht sagen, daß sie bevorzugt existieren. Im Zeitalter der Macht und Macher wird die Ohnmacht nicht als Vorzug angesehen, wie jedermann erfahren kann, der so philosophiert. Doch war die Situation des Sokrates und Jesus im Wesen keine andere, und deshalb folgten ihnen auch nur je ein Dutzend Jünger nach. Ihr Reich war eben nicht von dieser Welt, in der sie gleichwohl existierten." „Aber", sagte ich, „nach ihrem Tod erstanden sie doch auf, und dieser Aufstand hat die Welt verändert." „Wollen Sie damit sagen, daß die Welt seitdem erfüllt ist von Heiligen und Philosophen? Mir scheint eher zu befürchten, daß sie nie *mehr* ‚Welt‘ war als sie es heute ist. Ich fürchte, doch ich kann es nicht beweisen, obgleich es zunehmend Gründe gibt für diese Furcht. Den Fortschritt in der Wissenschaft und Technik kann man leicht beweisen, auch wenn man niemals weiß, wohin er schließlich führt. Wie aber könnte man den Fortschritt in der Frömmigkeit, der Liebe und der Weisheit denn beweisen? Etwa indem man, wie es oft geschieht, statistisch nachweist, wieviele in die Kirche gehn oder Philosophie studieren, – die positive, nicht die negative?" „Warum nennen Sie sie negativ, da Sie zu ihr sich doch bekennen wie zu einer Form des Glaubens?" „Weil sie bestreitet, daß die Macht den Vorrang haben darf." „Sie sagen: darf. So wäre dieser Streit ein Problem der Ethik?" „Ja: der philosophisch-religiösen Ethik. Eins ist vom anderen nicht zu trennen; weshalb ich Sokrates und Jesus auch zusammen nannte als wären sie zusammen der Maß gebende Mensch, wenigstens für unseren Teil der Erde. An ihnen könnte unser Denken sich orientieren (was zugleich bedeutet, daß es nach dem Orient weist), sie könnten unserer Denkart den Charakter geben." „Jedoch ihr geistiger Charakter war auch, daß sie nur Einzelne waren unter Einzelnen, also Einzelgänger. Kann dieses Einzelgängertum des Denkens wie der Frömmigkeit, selbst in Verbindung mit der Liebe, die persönlich ist, die Welt durchdringen?" „Durchdringen schon, aufheben aber nicht, wie es auch Hegels Dialektik nicht gelingen konnte. Und der Umkehrung der Dialektik, die Marx vollzogen hat, gelingt es wieder nicht. Das ist die Crux, das Kreuz, an dem Jesus die Worte sprach: ‚Mein Gott, mein Gott, warum hast du mich verlassen!' Das waren Worte des Psalmisten, aber der Aufschrei war nicht literarisch, sondern existenziell; er wurde hinterher erst Literatur, die noch darauf wartet, daß ihr Wort sich wiederum verbindet mit der Existenz, die verwandt sich wandelt. Das ist die Zeugung und Geburt, die sich nicht begreifen läßt, deshalb sich auch nicht machen läßt." „Aber es ist leider nicht Platons Zeugung in dem ‚Schönen'." „Nein, gewiß nicht. Dennoch scheint mir der Unterschied nicht derart groß zu sein, wie ihn das Christentum geglaubt hat, um von allem Griechentum, sprich: Heidentum, sich abzusetzen. Im ahnenden Hinblick auf die Zukunft der technologischen Gesellschaft verändern sich die Perspektiven in die Vergangenheit. Die Kluft zwischen dem, was war, und dem was kommt, wird größer, unüberbrückbar. Was aber war, erscheint in seinem Wesen nun immer mehr als *Einheit* des Denkens und des Glaubens, obgleich es differenziert war. Gerade Hegel, Philosoph und Christ, hat mit seiner Kunst der Dialektik ein Geschichtsbild des Einen Geistes noch geschaffen, das dann zerbrach in viele Stücke und nicht mehr restaurierbar ist, wenigstens nicht systematisch." „Und was bleibt statt dessen noch zu tun?" „Eben das, was, beispielhaft, Sokrates und Jesus taten." „Also das Kreuz auf sich nehmen als ein Einzelgänger?" „Wie in unserer Zeit symptomatisch, das heißt: Unheil anzeigend, Kierkegaard und Nietzsche. Deshalb wurden sie, gesellschaftlich gesehen, auch nicht populär und können es nicht werden. Indessen sind Erdbeben nicht dadurch zu verhüten, daß man diese Seismographen nicht beachtet." Ich fragte mich, ob er nicht deshalb so pessimistisch dachte, weil er alt geworden war und jene alte Welt nach langer Dämmerung nun auch mit ihm zu Ende ging. Ich selber war noch jung und zwar kein Optimist, wie es die meisten waren, die fortschrittlich dachten, doch ich hatte, wie gesagt, mehr Hoffnung, daß die Welt noch nicht geschlossen, sondern offen sei, also auch die Gesellschaft. Es sollte freilich nicht mehr lange dauern, da sprach man allgemein von der „verwalteten Welt", worin der Mensch durch Fortschritte der Kybernetik mitverwaltet würde, – sich selbst dank jenem Apparat, den er geschaffen hatte, mitverwalten würde. Ich äußerte meine Hoffnung, indem ich sagte: „Des Menschen Dasein war zu jeder Zeit prekär, also auch Katastrophen ausgesetzt, die Opfer forderten und dann bewältigt wurden. Das sind die Krisen der Geschichte, sowohl des Einzelnen wie auch der Menschheit. Es gibt Naturkatastrophen, und es gibt Geisteskatastrophen, sofern der Mensch nicht nur Natur ist wie ein Tier, sondern auch Geist besitzt." ‚Sokrates' warf ein: „Und wie verstehen Sie den Geist?" „Ethisch, anfangend mit dem tiefen Wort des Heraklit:

ethos anthropo daimon. Es ist schwer zu übersetzen. Ich möchte sagen: Des Menschen Wesensart, also sein verborgener Kern, ist sein Gott – aber vielleicht so, wie noch Sokrates das Daimonion verstand, als eine Stimme, die ihm nicht sagte, was er tun, sondern was er unterlassen solle." „Das ist zwar eine umständliche Übersetzung, denn manchmal braucht man, um ein griechisches Wort zu übersetzen, im Deutschen einen ganzen Satz, schon deshalb, weil ja mehr als zwei Jahrtausende zu überbrücken sind; aber ich stimme Ihnen zu. Freilich gibt es noch manche Schwierigkeit." „Wieso?" „Nehmen wir an, *daimon* sei die Stimme des Gewissens, belastet mit der Daseinsschuld (denn wir schulden immer), oder besser: der Ruf des Seins, das göttlich ist, so ist die Frage, ob jedermann auch Ohren hat zu hören, – Raum und Zeit, zu hören, – ob nicht der Werkstattlärm der Welt den Ruf, der schwach ist, übertönt. Es gab zwar damals auch schon Werkstattlärm; aber heute gleicht unsere ganze Umwelt schon einer Werkstatt mit automatischer Betriebsamkeit, Ruhe und Stille werden verdrängt, sogar in der Natur, und zudem: sind Götter oder Gott noch anwesend, sind sie nicht ,tot'?" „Wenn es so ist, dann ist des Menschen *Freiheit* doch nicht tot, und an sie denke ich, spreche ich von ,Geist'. Deshalb sagte ich, daß ich den Geist ethisch verstehe." ,Sokrates' bemerkte: „Manche übersetzen Heraklits *daimon* mit ,Schicksal'. In diesem Falle würde jener Satz besagen: Des Menschen Wesensart wird ihm zum Schicksal, zum guten oder schlimmen. Nun, was meinen Sie dazu?" „Es gibt ein Schicksal auch außerhalb des Menschen: *moira*, und schon die Griechen glaubten, es stünde über den Göttern als eine Gottheit. Im Judentum und Christentum ist es Gott selbst, der Eine Gott als liebender, oft dann verniedlicht zu dem ,lieben Gott', obgleich doch diese Liebe – muß ich nicht sagen: schrecklich ist, wenn sie allmächtig ist? Denn gerade jetzt ersteht die Frage, ob sie dem Menschen Freiheit läßt. Hat aber Kant nicht recht, zu postulieren – und zwar als religiöser Philosoph –, daß der Mensch frei ist? ,Du kannst, denn du sollst!' Das eben ist der Ruf des Seins und des

Gewissens, von dem Sie sprachen." ,Sokrates' erfreute diese Antwort sichtlich, und er sagte: ,,Dann wäre also dieses Sein, von uns her gesehen, ob im Sinne der Antike, ob im Sinn des Christentums, gleichsam ein Zusammenspiel zwischen *moira* und *daimonion* – ein gutes oder schlimmes Spiel. Und da ich christlich denke, im ,Fortschritt des Bewußtseins unserer Freiheit', wie Hegel meinte, bin ich geneigt zu sagen: es ist ein freies Liebesspiel, das aber, da die Wand so dünn ist, auch in Verzweiflung, ja in Haß umschlagen kann. Das ist Verzweiflung an des Daseins Sinn: Sein oder Gott, gleichviel, werden zu Nichts, sie werden geglaubt als Nichts, so paradox das ist." ,,Ja", erwiderte ich, ,,das ist die Geiseskatastrophe in dieser unserer Zeit. Wir befinden uns, gesellschaftlich gesehen, in einer Phase oder gar Epoche des Nihilismus, obgleich wir täglich doch Fortschritte machen in der Wissenschaft und Technik. Aber ich frage nochmals: was sollen wir dagegen tun?" ,,In unserer Denkart, die schon selbst ein Tun ist, dem das Handeln folgen soll, die Vormacht jener Denkart als Einzelne *bestreiten,* auch wenn wir in dem Kampfe scheitern können. Ist es im Grunde doch ein Streit um Gott." Ich antwortete: ,,Hoffen Sie, daß wir dabei die Theologen auf unserer Seite haben?" ,,Ich fürchte eher, sie werden uns mit ihrer Macht das Spiel verwehren und verderben, schon deshalb, weil es nur ein Spiel sei, das unverbindlich ist." ,,Sie haben für die Bindung und Gebundenheit auch gute Gründe. Aber wenn fast jede Bindung dieser Art gerissen ist und ersetzt wird durch Bindungen völlig anderer Denkart, in denen der Mensch verzweifelt, müssen wir das Spiel noch einmal spielen, um uns frei zu spielen und mehr Liebe zu gewinnen statt mehr Macht."

5. Über die Denkstimmungen

Das Weinhaus und das Badhaus, das war für ,Sokrates' in unserer Stadt die Agorà, wo er am liebsten mit anderen Gespräche führte. Denn im Rosengarten und im Rheingau war er gern allein, entweder mit sich oder auch mit denen – es waren wenige –, die übereinstimmten mit seiner Denkart und sich in Einstimmung befanden mit der begegnenden Natur, obgleich die Stimmung nicht stets harmonisch war, ja die eine oder andere Saite riß. Wenn klar die Sonne schien, erinnerte sie uns manchmal an das Mittelmeer und an die Sonne des Homer, wie sie auch in Gesprächen Platons zu spüren ist. Offen war der Himmel und offen war die schöne Erde, Heimaterde. In Wehmut oder Schwermut sahen wir die Sonne wieder gehn, doch auch der Herbst in seiner Farbenpracht war schön. Ist Schönheit nur das Angenehme? Bedeutet sie nicht mehr? Ist dann ihr Hintergrund nicht Wahrheit, die sich als Schönheit andeutet, zugleich darin verbirgt? Nur das Vergängliche scheint schön. Das ist der Schmerz der Zeitlichkeit, auch in Begegnung mit der Häßlichkeit, dem Schlüssel, der nicht aufschließt. Das Sein färbt sich mit Zeitlichkeit, birgt und verbirgt sich in Vergänglichkeit. So gibt es Frühlingsstimmung, Sommer-, Herbst- und Winterstimmung, des Denkens Morgenstimmung, Mittagsstimmung, Abendstimmung. So hatte Goethe Grund zu sagen, die Farben seien Taten und Leiden des Lichts. Das hätte Newton nicht verstehen können. Sind wir da, um denkend oder dichtend an dem Licht zu leiden, das wir doch suchen als das Licht der Wahrheit? Ist Denken zugleich Dichten in der Gestimmtheit durch Natur in Raum und Zeit, ist alle „Kunst", auch die der Philosophie, ein Denken und ein Dichten? Geht es in dieser Kunst nur um die Schönheit, nicht vielmehr um die Wahrheit? Doch wo wäre Wahrheit wenn nicht im Sein selbst, in Gott? So wären die Philosophen, die Dichter und die Theologen in Freiheit zu der Wahrheit Brüder?

Als ich dem ‚Sokrates' das vortrug als meines Denkens Frucht, sagte er: „Ein schöner Gedanke, der mich auch anspricht, doch ist er noch nicht reif." Das war, wenn ich mich recht erinnere, an einem Sonntagmorgen anfangs September, und wir befanden uns im Rosengarten zu einer Stunde, als er noch menschenleer war. Nur zwei Eichhörnchen umspielten den Stamm der mächtigen Kastanie, bei der wir uns getroffen hatten; es schwebte leichter Nebel, den die Sonne nicht durchdrang. Wir gingen hin und her zwischen den Rosenbeeten. Noch standen viele Rosen prächtig in der Blüte, und wir bewunderten besonders die ,,Gloria Dei".

,Sokrates' fuhr fort: ,,Man wird Ihnen entgegnen, das Denken sei streng logisch, das Dichten nicht, man müsse beim Denken hart an der Sache bleiben, das Dichten aber weiche, es sei weich." ,,Hat einer nicht gesagt, das Weiche werde das Harte schließlich doch besiegen?" ,,Lao-tse sagte es im Buch Tao Te King. Harte Geschäftsleute und Techniker würden wohl dazu bemerken: ein weicher Bruder, wie manche Christen auch, wie Mystiker und Pietisten. Aber Lao-tse meinte: ,das Kleine sehen, heißt erleuchtet sein, das Weiche bewahren, heißt stark sein'. Und das Kleine, das war für ihn das Größte, nur klein für die, die es nicht sehen und nicht sehen wollen, weil es der Grund der Gründe, letzter Urgrund ist: eben Tao. Die Christen nennen es Gott, aber, anders als Lao-tse, Gott als Person, nicht nur als Transzendenz schlechthin: Licht, das ewig ist." ,,Also Licht der Wahrheit?" ,,So möchte ich es auch verstehen, obwohl ,Licht' kein Begriff ist, sondern Bild, Symbol. Und anders läßt sich gar nicht davon sprechen. Dennoch sagt Lao-tse: Wer das Licht im Sinn bewahrt, ist stark. ,Braucht man sein Leuchten und kehrt zum Licht zurück, so verliert man nichts bei des Leibes Zerstörung. Das heißt: in das Ewige eingehen'.*" ,,Aber das ist Religion", antwortete ich ihm. Und er erwiderte: ,,Es ist auch Philosophie, also religiöse Philosophie. Wenn wir bedenken, daß das Buch Tao Te King in Versen geschrieben ist, dann können wir es auch Gedankendichtung nennen, wie etwa des Parmenides nicht lang zuvor entstandenes Gedicht ,Über die Natur', was bedeutet: Über das Sein und die Wahrheit. Da haben Sie zwei alte Muster des Dreiklangs von Philosophie, Religion und

* Übersetzung Viktor von Strauß

Dichtung. Doch sind es eben alte Muster, und was alt ist, nennt die Jetztzeit antiquiert." "Dann wäre auch der Mensch antiquiert, der die Frage nach dem Sein, der Schönheit und der Wahrheit stellt. Aber warum fragt er noch? Doch deshalb, weil er weiß, daß einmal das Dasein für ihn zu Ende ist." "Ja", sagte ,Sokrates': "Philosophieren heißt das Leben bedenken im Hinblick auf den Tod, und Theologisieren heißt den Tod bedenken in der Hoffnung auf das Leben – das ewige als Sinn des Seins." "Und wenn das eine in das andere greift, dann haben wir des Geistes Zweiklang. Spielt aber unser Geist in dichterischer Sprache, wobei die Sprache selbst schon dichtet, dann ist es Dreiklang, entsprechend der Dreifaltigkeit des Geistes als *Existenz* in *Welt und Zeit* und *Transzendenz in Ewigkeit*. Das war auch der Gedanke, der heute in der Frühe mich bewegte. Ist er nun reif?" ,Sokrates' sagte lächelnd: "Er muß noch immer reifen, da er auch Samen bringen und neues Denken zeugen soll." "Was ist aber das Neue, wenn Sein und Denken alt, ja uralt sind?" "Was ist und wird, ist immer schon gewesen, nur die Modi und die Moden wechseln, aber die Substanz, der Kern des Seins besteht. Freilich: wir können das Bestehen, da wir selbst geschichtlich und vergänglich sind, nicht in Vorstellungen fassen, um es festzustellen und in Griff zu nehmen wie es beim Erkennen des Seienden geschieht, das deshalb auch Fortschritte macht. Daß Sein ist, ewig ist, können wir nur *glauben*. Ich sage ,nur', obgleich doch dieser Glaube, wie das Sein selbst, Vorrang hat. Deshalb führen wir die Philosophie, die Theologie und Dichtung gegen die Wissenschaft ins Feld, um sie zu *ergänzen,* nicht etwa zu ersetzen, doch deren absoluten Vorrang zu *bestreiten.* Dieses Denken ist zwar logisch und methodo-logisch, aber wenn wir selber daran denken (die Wissenschaftler tun es in der Regel nicht), was ,Logos' in der griechischen Antike, etwa bei Heraklit bedeutet, erscheint das Denken nicht mehr eindeutig, sondern zweideutig. Ich möchte nicht gleich sagen: es ist einerseits empirisch und andererseits metaphysisch; denn die Metaphysik ist eine bestimmte Form des philosophischen

Denkens, die heute fragwürdig geworden ist, so wie die Theologie eine bestimmte Form des religiösen Denkens ist, die auch fragwürdig werden könnte, wenn sie mit den Glaubensformen sich nicht mehr deckt, ganz zu schweigen von dem Glaubensschwund." „Aber", fragte ich, „was ist dann dieser ‚Glaube‘, den Sie ins Feld führen gegen das wissenschaftliche Denken, das den Vorrang haben will und ihn ohne Zweifel in unserer Epoche hat?" ‚Sokrates‘: „Das ist in ein paar Sätzen kaum zu sagen. Er steht nicht gegen Wissen – denn es gibt ein Glaubenswissen –, aber gegen die Wissenschaft im modernen Sinn. Doch wir dürfen, um ihn zu umschreiben, nicht gleich an Kirchenglauben denken, der dogmatisiert und institutionalisiert ist, auch liturgisch. Wir müssen immer auf den Dreiklang hören von Philosophie, Religion und Dichtung. So gibt es einen philosophischen Glauben, einen religiösen Glauben und einen dichterischen Glauben, um nicht gleich zu sprechen von einem Glauben in der Kunst. Doch was geht beispielsweise in einem Menschen vor, wenn ihn Musik von Bach ergreift? Sie haben selbst gesagt, Ihr Denken sei gestimmt, und ich stimme zu. Sie sprechen sogar, wenn ich recht verstand, von den Stimmungen des Lichts, den Farben als Taten und Leiden des Lichts, und zwar der Wahrheit, in Verbindung mit der Schönheit. So müßten wir den Glauben in allen seinen Formen, ausgehend von der Existenz und im Hinblick auf die Transzendenz – sei sie Natur als natura naturans, Sein oder Gott – zu ergründen suchen nicht nur aus der tages- oder jahreszeitlichen Gestimmtheit unseres Denkens, sondern aus der Gestimmtheit unseres Daseins selbst." „Da werden uns die einen sofort den Vorwurf machen, das sei Psychologismus, und die anderen, das sei Ästhetizismus." „Auf diesen Einwand habe ich auch schon gewartet. – Doch setzen wir uns eine Weile dort auf die Bank beim Brünnchen, die Sonne scheint jetzt wärmer." Wir setzten uns und sprachen eine Zeit lang nichts. Es waren kaum noch Vogelstimmen zu vernehmen, doch plötzlich das Geläute der Glocken von dem Dom, also war es kurz vor zehn, und die Sonne war so

klar und warm, daß ‚Sokrates' die Augen schloß. Dann blinzelte er ins Sonnenlicht und sagte: „Nun, auf den Vorwurf des Psychologismus brauchen wir nicht einzugehen. Wenn einer Psychologe ist, sieht er überall nur psychologische Probleme; er reduziert. Aber die harten Denker haben recht, wenn sie uns warnen, das Denken und den Glauben nur auf Gefühle und Stimmungen zu gründen. Sogar das Schöne kann uns nicht nur führen, sondern auch verführen. Wir müssen unser Denken als philosophisch-religiöses wie auch als dichterisches kontrollieren und disziplinieren, immer weiterführen bis wir auf eine Grenze stoßen, wenn nicht auf letzten Grund, damit wir in Gefühls- und Stimmungsphilosophie nicht stecken bleiben."
„Wie aber wäre das Kriterium des rechten Weges und der Wahrheit zu gewinnen?" „Nur in der Freiheit, nicht in der Übereinstimmung, der adaequatio mit einer Sache, einer Regel, einem Dogma, einer Norm, nicht in der Übereinstimmung mit der gesellschaftlichen Macht, auch der Gewohnheit. Doch Freiheit ist nicht Willkür, sie ist Verantwortung im Denken wie im Tun, Selbstverantwortung. Wobei ich mich, in der Gesellschaft existierend, den Kriterien ihres Tuns und Denkens nicht entziehen kann, wären sie auch durchaus technologisch, ich muß, mich kontrollierend, darauf Rücksicht nehmen, auch Vorsicht, Nachsicht üben. Indessen: die Gesellschaft, der ich angehöre, ist das Man; und wenn ich mich nicht gehen lasse, um immer das zu denken, was Man denkt, und das zu tun, was Man tut, sondern mich besinne auf mich selbst, dann suche und versuche ich Person zu werden, und ich verantworte mich auch vor der Person – sei es der Nächste, sei es Gott – und nicht vor der Gesellschaft, besonders wenn sie die geschlossene Gesellschaft ist, die alle wahre Freiheit beschneiden und aufheben möchte um der gesellschaftlichen Freiheit willen. Was aber heißt gesellschaftliche Freiheit, wenn die Philosophie, Religion und Dichtung, ja überhaupt die Kunst, verdrängt, beschränkt und aufgehoben sind nur um des materiellen, technologischen und kybernetischen Fortschritts willen?" „Dann hätte das Harte das Wei-

che schließlich doch besiegt!" „Das aber", sagte ‚Sokrates‘, „wäre, wenn auch nicht im All, so doch auf unserer Erde, der ‚modernen Erde‘, der Untergang der Kreativität, sowohl als ethischer wie als ästhetischer, als philosophisch-religiöser wie als poetischer. Diese ganze Denkart, zu der wir uns bekannten, wäre jenen Zwecken zu- und untergeordnet, also eben nicht mehr frei, nicht mehr freies Spiel; sie hätte fast keinen Spielraum mehr, da auch die freie Muße schwindet." „Aber was könnten wir dagegen tun?" „Nichts anderes, als unsere Existenz, so wie wir sie verstehen, im Widerstande zu behaupten. Das würde freilich die Gesellschaft als Re-aktion bezeichnen. Es wäre gerade das, was wir im freien Spiel der Geisteskräfte jetzt schon tun. Doch es ist gleichsam unser Sonntagsgottesdienst."

Als wir bald danach uns wiedersahen, kam ich auf das Gespräch zurück. Ich sagte: „Wir haben neulich das Problem der Gestimmtheit unseres Denkens noch nicht genug erörtert. Wir sahen dieses Denken verbunden mit gewissen Glaubensweisen und Glaubensformen: dem philosophischen Glauben, dem religiösen Glauben, dem dichterischen Glauben. Sie sagten, wir müßten diesen Glauben zu ergründen suchen nicht nur aus der jahres- oder tageszeitlichen Gestimmtheit unseres Denkens, sondern aus der Gestimmtheit unseres Daseins selbst. Wie aber wäre diese Gestimmtheit zu charakterisieren?" ‚Sokrates‘ antwortete: „Ich lese gerade ein in den letzten Jahren erschienenes Werk des Philosophen Martin *Heidegger,* das Epoche machen wird, wenn es auch trotz der klaren, eigenen Sprache und der überzeugenden Gedanken wohl nicht populär wird, es kann nur auf die Einzelnen wirken. Sein Titel ist ‚Sein und Zeit‘. Darin wird gefragt nach dem Sinn des Seins – das nicht zu definieren ist –, ausgehend von der Analyse unseres Da-seins. Diese Untersuchung fordert, so zeigt Heidegger, eine eigene Aufweisungsart und eigene Begrifflichkeit, sich abhebend von den Begriffen, die dem Seienden zukommen. Da nun als Sinn des *Daseins* die Zeitlichkeit entdeckt wird – wobei, so möchte ich ergänzen, das *Sein* der Horizont ist als Horizont der ‚Ewigkeit' –, ist zu erwarten, daß die weitere Daseinsanalyse von dieser Zeitlichkeit durchfärbt ist. Das muß die Basis jeder Antwort sein auf die Frage nach dem Sinn des Seins. Aber wohlgemerkt: es handelt sich hier nicht um eine Zwei-Welten-Metaphysik. Denn der Zusammenhang zwischen Sein und Dasein ist weder räumlich noch kausal zu denken, sondern eben existentiell (das ist die eigene Aufweisungsart); das Dasein in der Zeit ist Faktum, freilich nicht des wissenschaftlichen, sondern des un- oder vorwissenschaftlichen Erkennens. Ich kann nicht in genauem Wortlaut rezitieren. Sie sollten das Buch selber lesen. Und da ich selber denkend lese, so übersetze ich wohl auch zugleich in meine eigene Denkart und in meine eigene Sprache. Aber immer wieder, wenn ich lese, geht mir darin ein Licht auf: das Licht der Wahrheit, es ist beglückend. Indessen sehe ich voraus, daß man das Werk aus ähnlichen Gründen, wie wir neulich sie erwähnten, als ‚reaktionär' bezeichnen wird, weil seine ‚Aufweisungsart' bewußt nicht wissenschaftlich ist, sondern vorwissenschaftlich; sie ist auch nicht ‚intellektuell', denn sie bleibt stets an ‚Anschauung' (nicht Vorstellung) gebunden, das Dasein in der Zeit ist ein Faktum für den Bauern wie für den Gelehrten." „Deshalb ginge", warf ich ein, „die Daseinsanalyse in der Frage nach dem Sinn des Seins auch jeden an; doch nimmt sich jeder nicht die Zeit, obgleich er in der Zeit ist." ‚Sokrates' nickte mit Bedeutung und fuhr fort: „Man wird Heidegger den Vorwurf machen, sein Denken bewege sich noch in der Welt des Bauern und Handwerkers, nicht der modernen Wissenschaft und Technik, ja es stehe der Wissenschaft und Technik feindlich gegenüber, obwohl es doch nur deren unbedachte Voraussetzungen klärt, die nicht selbstverständlich sind. Deshalb ist es auch nicht ‚fortschrittlich' zu nennen, es kehrt zum Quell zurück, zum Ursprung, es schwimmt, so möchte ich sagen, *gegen* den Strom. Schwimmt doch jeder gegen den Strom, wenn er bei allem Denken, Tun und Treiben die Frage nach dem Sinn des Seins und Daseins stellt, wie es schon Sokrates getan hat." „Es ist", bemerkte ich, „auch immer leichter, erfolgreich *mit* dem Strom zu schwimmen." „Ja, das philosophische Denken gilt als Perversion, wenn es nicht wissenschaftlich ist, es vollzieht sich zumal heute abseits der Tendenzen der Gesellschaft – siehe Kierkegaard und Nietzsche. Nun ist der Strom eine Metapher für das Dasein nicht nur in der Zeit, sondern auch in der Welt. Und dieses In-der-Welt-Sein nennt Heidegger des Daseins Grundverfassung. Wir sind schon immer ‚in‘, und können dieses In-Sein nur erhellen, um gesammelt inniger zu sein. Das In-Sein ist Existenzial, kein Vorhandensein. Es hat, sagt Heidegger, die Bedeutung von *colo* im Sinn von *habito* und *diligo,* also von Kultur als Wohnen, Lieben, Achten, Pflegen, Wachsen. Das ist fürwahr ein bäuerlich-handwerklicher Denkansatz, der mit meiner eigenen Denkart übereinstimmt, mag sie auch als unzeitgemäß erscheinen. Das Denken, das ich liebe, ist konkret, also gewachsen, nicht das abstrakte und gemachte oder machende, so notwendig auch dieses ist." „Jetzt sind wir, so vermute ich, auch nahe bei der Gestimmtheit und der Grundstimmung des Daseins und des Denkens." „Richtig. Aber lesen Sie das Buch, und mit Erstaunen werden Sie entdecken, wie vielfältig dann die Struktur des Daseins ist, die sich ergibt. Das ist wie Filigranarbeit des Denkens und doch ein wunderbares Sinnbild, da es nicht eigentlich begrifflich, sondern anschaulich und in der Sprache schon fast dichterisch ist. Ich bin noch nicht damit zu Ende, doch ich vermute, das Werk kann gar kein Ende finden; es ist vollkommen und doch unvollendbar. – Nun aber die Grundstimmung des Daseins: Wenn die Grundverfassung das In-der-Welt-Sein ist, wie sollte nicht der Satz zutreffen, den schon Jesus sprach: In der Welt habt ihr Angst? Das ist die Enge der Zeitlichkeit, Vergänglichkeit und Endlichkeit, also bewußte oder unbewußte, vorweggenommene Todesangst. Wir kämpfen in dem Dasein um das Dasein, und dieser Kampf ist mühevoll und leidvoll, er bringt Schmerzen. Wer könnte es leugnen? Dennoch wird es beschönigt, verdrängt, vergessen; das ist sogar gesellschaftliche Konvention, ihr dienen Wünsche,

Glückwünsche und Illusionen aller Art, manchmal auch philosophische und religiöse. Aber andererseits: nährt nicht das Leben, das vom Leid sich nährt, wie Hölderlin gesagt hat, sich auch vom Vergessen? und gibt es trotz der Grundstimmung der Angst nicht auch Vertrauen, trotz des Leides nicht auch Freude? Schopenhauer meinte, das Leid sei positiv, das Glück, die Freude seien negativ zu werten, als Abwesenheit des Leids. Doch er hat das Glück des Geistes und die Freuden, die er selbst dadurch gewann, nicht unterschlagen. Das war recht und war nicht billig, er bedeutete damit die Gnade der philosophisch-religiösen Lebenskunst, verbunden mit Entsagung – für ihn sogar mit der Verneinung: das Dasein wäre besser nicht. Nun, er hat es gleichwohl bis in sein hohes Alter gut überstanden. Aber die Verstimmung, bis zur Mißstimmung und zur verzweifelten Verneinung, wäre doch nicht möglich, wenn nicht das Dasein immer schon gestimmt und in der Gestimmtheit sich in seinem Daß überantwortet wäre. Dieses ‚Daß es ist‘, sagt Heidegger, ist seine ‚Geworfenheit‘ ins Da. ‚Die Stimmung bringt das Dasein vor das Daß seines Da, als welches ihm in unerbittlicher Rätselhaftigkeit entgegenstarrt‘. Ist das nicht treffend?" ‚‚Erstaunlich", antwortete ich; ‚‚zwar das Faktum ist nicht neu, aber die Art und Weise der Erkenntnis ist es doch." ‚‚Nur, bitte, nehmen Sie, was ich berichte, als vor-läufig entgegen und laufen Sie" – so sagte er im Wortspiel – ‚‚nach, es lohnt sich." ‚‚Aber wie wäre die Rätselhaftigkeit zu lösen?" ‚‚Durch *Ent*schlossenheit zum Da-sein, das uns als In-der-Welt-Sein durch jene Grundstimmung *er*schlossen ist. Freilich: wenn Sie die Psychologen oder Soziologen fragen, dann werden sie versuchen zu erklären: die Rätselhaftigkeit zu reduzieren auf diese oder jene Ur-sache, sie jeweils subsumieren unter einen Fall, um dieses rätselhafte Dasein in seiner Stimmung und Verstimmung als neurotisch, anti- oder asozial wissenschaftlich-therapeutisch zu behandeln. Sie bieten Mittel an, um die Rätselhaftigkeit des Daseins zu beheben, die Angst zu heilen. Vordergründig kann das auch gelingen. Aber der eigentliche *Grund, Abgrund* des

Daseins wird dadurch verdeckt, nicht aufgedeckt. Es gibt kein ‚Mittel‘ gegen die Geworfenheit und Überantwortung des Daseins zu sich selbst als die Entschlossenheit zum Dasein, wie immer es auch sei.“ Ich fragte: „So würden wir in der Entschlossenheit auch unserer Stimmung Herr?“ „Gewiß, und darin möchte ich ein Zeichen unserer Freiheit sehen. Doch Herr der Stimmung werden wir, sagt Heidegger, nicht stimmungsfrei, da ja die Grundgestimmtheit bleibt, sondern aus einer Gegenstimmung. Ich frage mich, ob nicht *die Frömmigkeit primäre Gegenstimmung* ist zur Angst – die Frömmigkeit des Glaubens und Vertrauens, also auch des Denkens, in Übereinstimmung mit ‚Sein‘, das Ja und Amen der Versöhnung. Aber freilich: die Frömmigkeit allein genügt nicht, um das Dasein mit dem Sein ins ungefähre Gleichgewicht zu bringen, sie muß auch wirken in die Welt – die dinghaft und mitmenschlich ist – als Sorge und Fürsorge. – Noch vieles wäre zu erörtern; doch ich möchte weder Sie noch mich überfordern. Deshalb schlage ich Ihnen vor, daß wir jetzt ins Weinhaus gehen.“ Dahin gingen wir denn auch.

Dem Rat des ‚Sokrates‘ folgend las ich alsbald Heideggers „Sein und Zeit“. Um in die schwierigen Gedanken dieses Werkes (die auch den Geist des ‚Sokrates‘ bewegten in der leider nur noch kurzen Zeit bis zu seinem Tod) tiefer einzudringen und sie mir in Freiheit kritisch anzueignen, schrieb ich später die folgenden Notizen nieder:

6. Anmerkungen zu ‚Sein und Zeit‘

1. *Die Frage nach dem Sein* ist mein Existenzproblem. Denn es hat nur Sinn von Sein zu sprechen im Zusammenhang mit meiner Existenz. Ich bin, ich existiere, und deshalb frage ich nach Sein, nach dem Sinn des Seins. Die Frage nach dem Sein ist eine Sinnfrage: die Frage nach dem Sinn des Seins.

2. Die Frage nach dem *Sinn des Seins* ist nicht die Frage nach dem Sinn des *Seienden*, dieses oder jenes Seienden oder allgemein des Seienden, sie werde denn gestellt im Hinblick darauf, daß es *ist*.

3. Denn die Sinnfrage ist nicht die Frage nach dem Zweck oder die Frage nach dem Wert. Ich kann fragen nach dem subjektiven oder objektiven *Zweck und Wert des Seienden*, in Verbindung mit der Frage nach der „Formalursache",„Materialursache", „Wirkursache", „Instrumentalursache", aber nicht so fragen nach dem *Sinn des Seins*. Das Sein hat keinen Zweck und keinen Wert, denn alle Zwecke, alle Werte sind gegründet auf den *Sinn des Seins*, es ist der Grund der Gründe. *Hat* das Sein denn aber Sinn? Das ist die Frage, die Frage aller Fragen, die Grundfrage.

4. Nach dem Sinn des Seins haben Menschen, soweit wir, selber Menschen, von den Menschen wissen, von jeher gefragt, sobald sie anfingen zu denken, – sich in der Zeit, in der sie waren, Zeit nahmen zu denken: nicht nur, was, warum, wozu *dies oder jenes* ist, sondern, was, warum, wozu das *Sein* ist; das aber heißt nach unserer Unterscheidung: welchen Sinn es hat, – *ob* es Sinn hat oder nicht.

5. Die Menschen haben nicht von allem Anfang an „philosophisch" gedacht, oder gar methodisch-„wissenschaftlich", sondern *mythisch* (das ist nicht: mythologisch), wenn sie fragten nach dem Sinn des Seins. Dachten sie an Götter, an das Schicksal oder Gott, um die Frage nach dem Sinn zu beantworten, so dachten sie nicht „logisch", sondern „mythisch".

6. Das Göttliche war *Mythos*. Aber *Logos*, das war von Anfang an auch Mythos. Da diese Sprache griechisch ist, hat unser Denken seinen Anfang bei den Griechen. Wie unterschied sich bei den Griechen Logos von Mythos? Zunächst garnicht. Was bedeutet dann Logos und was Mythos?

7. Schon *mýthos* bedeutet Sage, Rede, Wort, Erzählung, Botschaft, Nachricht, Gespräch und Fabel, ist also verbunden mit dem Denken, mit der Sprache, mit dem Dichten. Die Mythen

von der Weltschöpfung, von Göttern, Helden, Menschen sind bildhafte Symbole für den *Sinn* des Seins; sie setzen die *Frage* nach dem Sinn voraus, auch wenn das Fragen noch nicht rational, nicht radikal ist und sogar erlahmt, was jedoch nicht ausschließt, daß es bei diesem oder jenem stets aufs neue sich belebt. Der Mythos ist eine Form der Religion, und umgekehrt: die Religion ist ,zunächst' mythisch, auch als Kult und als Magie. Selbst wenn das Fragen rational und begrifflich wurde, blieb die Denkweise des Mythos noch bestehen. Der Begriff, der den Sinn des Seins begreifen will, ist – selbst als mathematischer – noch Bild und Symbol. Er antwortet bedeutend, ist kultisch und beschwört. Die vorsokratischen Philosophen gleichen deshalb Priestern und Propheten. Noch Platon spricht und deutet mythisch, dennoch war er maßgebender Denker. Niemals kann das philosophisch-religiöse Denken verzichten auf mythisches Denken. Seine Entmythologisierung wäre das Ende der Philosophie und Theologie.

8. Auch *lógos,* abstammend vom Worte *légein* = sammeln, bedeutet sinnvoll Wort, Rede und Erkenntnis; *lógoi* heißen die Reden der Rhetoren, philosophische Dialoge, Berichte der Historiker, Sprechteile des Dramas im Gegensatz zu Chören. Noch das Evangelium des Johannes beginnt bekanntlich mit dem Satz: ,,Im Anfang war der logos, der logos war bei Gott und Gott war der logos". Das Wort *logos* selbst ist mythisch, so bei Heraklit, der es, wie andere, auf das Sein bezieht und das Sein *logos* nennt, aber auch *Feuer,* das nach Maßen sich ewig selbst verzehrt. Diesem Sinn des Seins entspricht dann, was der Mensch als Denker ,,sammelt"; *logos* gründet in dem Sein, bedeutet deshalb auch das Sagen, ähnlich wie das mythische.

9. Die fragende Existenz verhält sich zu dem Sein als Transzendenz; das Fragen nach dem Sinn des Seins stützt sich auf das Sein als das befragte. Die Existenz, die fragt, *ist* schon ,,bevor" sie fragt, sie ist sich selbst ein Rätsel, mithin sich transzendent. Indem sie nach dem Sinn des Seins fragt, fragt sie nach des Da-seins Sinn.

10. Das Sein *ist,* und es ist Transzendenz schlechthin. Existenz *ist da;* sie unterscheidet sich von allem Seienden, das auch da oder möglich ist, indem sie *fragt* und fragen *kann.* Das Fragenkönnen zeichnet dieses Dasein vor allem anderen Dasein aus.

11. Doch dieses Dasein, das fragt, ist nicht abstrakt zu denken, es ist konkret als Dasein in der Welt: in Natur und in Geschichte (Dasein in Zeit), als Dasein in dem Leib, und dieser Leib hat sein ‚Geschlecht'.

12. Wir sind Natur (natura) dadurch, daß wir *geboren* werden *(nasci);* wir sind geschichtlich dadurch, daß wir *gebildet* werden in der Zeit, die Weltzeit ist (Äon, Epoche) und zugleich je unsere Zeit. Mit „Natur" ist nicht gemeint die vorhandene Natur, sondern die entstehende, schöpferische *(physis,* von *phýein* = wachsen). Und „geschichtlich" bedeutet nicht „historisch"; die Historie ist sekundär, wie die *natura naturata.*

13. Geschlechtlichkeit der Leiblichkeit deutet auf *Ko-existenz,* die sich – doch sekundär – gruppiert: zur Gemeinschaft, zur Gesellschaft, auch zur Masse.

14. Mein Daseinsverständnis in dem Sein umfaßt – unmittelbar und unbegrifflich und ehe die Begriffe noch geklärt sind – ein vorwissenschaftlich vages (fließendes und schweifendes) Verstehen meines Da-seins in der Welt: konkret in Leib, Geschlecht und Zeit. Es umfaßt auch schon das Ahnen und das Wissen davon, daß Dasein gefährdet ist. Daher die *Angst* zu sein oder nicht zu sein, daher die *Furcht* vor diesem und vor jenem. Wächst „wo aber Gefahr ist, das Rettende auch"? (Hölderlin, Patmos). Oder sind wir darauf angewiesen, uns durch Wissenschaft, durch Kunst und Technik selbst zu retten? Das ist das Hauptproblem des *Daseins,* das sich so selber vorgeworfen ist (próblema) und sich behaupten will. Wir *sorgen* uns um unser Dasein, aber auch um Mit-dasein, um andere, zumal den „Nächsten". Die Frage ist jedoch, ob wir den Ruf der Sorge hören, ob wir ihm folgen. Das ist der Schuldkomplex, noch vor dem Geldkomplex.

15. Wir schulden dem Sein das Da-sein, wir schulden es uns selbst und anderen. Wir werden ohne Schuld in diese Schuld „geworfen", so absurd das ist, das Sein ist schuldlos. Zeitlebens bleibt in uns die Frage als Frage unserer Existenz: Wie *lösen* wir die Schuld und das Schuldproblem, – werden wir *erlöst* von Schuld?

16. Die Schuld ist nicht abstrakt, deshalb auch nicht abstrakt zu lösen, sondern immer nur konkret.

> Und nun sei ein heiliges Vermächtnis
> Brüderlichem Wollen und Gedächtnis:
> *Schwerer Dienste tägliche Bewahrung,*
> Sonst bedarf es keiner Offenbarung.

> *Goethe*, Divan

17. Die Abstraktionstendenz des Denkens ist immerzu rück-zubeziehen (zu relativieren) auf Existenz in dieser Zeit, die her-künftig und zukünftig gegenwärtig schuldet: nicht nur etwas, sondern sich.

18. Dafür muß sie *auf*geschlossen, dazu muß sie *ent*schlossen sein in einer Form, Art, Stufe dessen, was ich *Liebe* nenne. Die Liebe balanciert die *Angst* des Daseins in dem Sein, indem sie es bejaht, wie immer es auch sei. Ist diese Antwort etwa Kurz-schluß?

19. Aber die Liebe konkretisiert das Denken, damit es nicht abstrakt ist; liebend konkretisiert mein Denken sich, anfangend bei dem Denken an das Sein. Deshalb ist das Sein nur liebend zu bedenken, liebend zu verstehen, liebend zu ergründen. Dieses Denken oder diese Denkart, die philosophisch-theologisch ist, bewegt sich aufwärts (sursum corda) in einer Sprache, die ver-bunden ist mit Liebe und die Liebe sucht. Darauf verweist mein Schlüsselwort: *Sein und Liebe*. Das philosophisch-theologische Denken bedarf im Unterschied zum wissenschaftlich-techni-schen der Liebe.

20. Das ist nicht „Wissenschaft" zu nennen. Liebt schon, wer definieren kann, was Liebe ist? Aber auch was „Sein" ist, kann

keiner definieren, dennoch *ist* er. Spreche ich von „Liebe", dann denke ich nicht biologisch, sondern mythisch und poetisch, also meta-biologisch, „religiös" in Bindung an das Sein.

21. Sein ist kein Begriff, Existenz ist kein Begriff, Liebe, die ich meine, ist auch kein Begriff, sofern ich den Begriff und das Denken in Begriffen auf *Seiendes* beziehe. Hier wird in jeder Erkenntnis, jeder Aussage, die sich des Hilfszeitwortes „sein" als Kopula bedient, in dem Satz etwas gesetzt, festgesetzt und prädiziert. Das Prädikat ist objektiv, auf den Gegenstand bezogen. Das *Sein* des Seienden, die Transzendenz, wird, wenn ich liebend denke, liebend spreche, *nicht von mir gesetzt*. Sein ist, indem ich existiere, immer schon voraus-gesetzt. Das ist die Hypothese aller Hypothesen, weil sie absolut ist. *Sein ist*, das ist „Tautologie", aber eigentlich der Zirkel, in dem ich in dem Da-sein mich bewege.

22. Deshalb sagt Heidegger: ‚Sein als das *Gefragte* fordert *eine eigene Aufweisungsart*, die sich von der Entdeckung des Seienden wesenhaft unterscheidet". Und auch das *Erfragte*, der *Sinn von Sein*, auf den hin alles Seiende *befragt* wird, verlangt eine eigene Aufweisungsart, *eine eigene Begrifflichkeit*.

23. Die eigene Aufweisungsart muß, da sie nicht begrifflich ist im Sinn der Wissenschaftsgeschichte, „phänomenologisch" sein, das heißt ausgehen von dem was schon immer ist: vom Sein, um nach dem Sinn des Seins zu fragen, – vom Da-sein, um zugleich nach dem Sinn des Seins wie des „Da" zu fragen. Wir müssen *das Sein sein lassen,* wie es ist, doch um der Wahrheit willen auch versuchen, *aufzuweisen* wie es ist. Das ist die philosophisch-theologische *Gelassenheit:* wir lassen sein und lassen uns ein. Es ist Gelassenheit in Liebe; denn nur die Liebe läßt letzten Endes sein, was ist, um es zu lieben wie es ist, ihm vertrauend und sich anvertrauend.

24. Selbst das Denken *Hegels*, der die Philosophie und Theologie Wissenschaft genannt hat, bewegte sich in einer „eigenen Begrifflichkeit": des „konkreten Begriffs". Seine Denkart und sein Denkweg bestimmten seine Sprache, die, weil sie unge-

wöhnlich ist, auch schwer verständlich ist; das Gewöhnliche, Gemeine und sogar Allgemeine ist leichter zu verstehen. Ähnlich verhält es sich mit jener eigenen Begrifflichkeit und Sprache *Heideggers.* Ja von jeher hat die Denkart und die Sprache der Philosophen und der Theologen anstößig gewirkt, Anstoß und Ärgernis erregt, soweit sie sich nicht popularisierten, das heißt versuchten sich gemein und allgemein zu machen. Die Denkart und die Sprache der Unternehmer und der Nehmer ist notwendig eine andere.

25. Der Grund des Anstoßes ist Sein und die mit ihm verbundene *vita contemplativa* im Vorrang vor der *vita activa.* Kontemplation ist schon die ,,Anschauung", der beispielsweise Kant, Goethe, Schopenhauer Vorrang ließen, weil dem Sein, das ist, und das sie ,,Ding an sich", ,,Urphänomen" und ,,Wille" nannten, der Vorrang zukommt, – nicht der Existenz und dem erkennenden Subjekt, das macht und hat, wenn auch nicht zu bestreiten ist, daß in dem ,,Kampf ums Dasein" Macht und Besitz notwendig sind. Was aber ist der Sinn (nicht Zweck) des Machens und Besitzens? Das ist die Frage nach dem *Sinn* des Seins und Daseins.

26. Mein philosophisch-religiöses Denken folgt *der Sprache,* die gleichsam das Sein spricht, in dem ich unterwegs zu meiner eigenen Sprache bin. Nur so kann sich das Sein konkretisieren, sowohl im Denken wie im Tun. Jede Erkenntnis ist dann zugleich Bekenntnis.

27. Entspricht dem Sein kein Begriff, so daß es nicht zu definieren ist (wenn definitio fit per genus proximum et differentiam specificam), dann muß ich ihm auch eine ,,eigene Anschauungsart" zuordnen vor jeder ,,eigenen Begrifflichkeit". Zwar schaue ich das Sein nicht an wie ich ein Ding anschaue. Gebe ich dem Sein als Transzendenz schlechthin den Namen *Gott,* so wird auch Gott nicht angeschaut, und dennoch *ist* er. Die Anschauung ist ,,innere Schau" zu nennen, obgleich das Sein in jedem Seienden sich birgt, wenn auch nicht offenbart. Sie ist nicht ,,Kategorie", sondern ,,Existential". Wie die Innenschau

nicht dinghaft ist, ist sie auch noch nicht bildhaft; eher könnte ich sie traumhaft nennen, wenn ich nicht an Träume denke (auch Alpträume) in der Nacht, sondern an Träume, die am Tag der Dichter und der Künstler, der Philosoph und Theologe träumt. Die Mythen sind und waren Träume. Indem ich mich im Sein befinde, bin ich durch Sein *gestimmt*. Die ,,innere Anschauung'' umschließt Gemüt (thymós), Befindlichkeit, Gestimmtheit in der Zeit und Leiblichkeit des Daseins. Spreche ich im Hinblick auf Sein als Grund von ,,Grundanschauung'', dann entspricht ihr als Grundbefindlichkeit und Grundgestimmtheit die *Angst des Da-seins*, die jedoch zu leugnen und zu überspielen ist, ,,sie hat nichts weiter zu bedeuten''. Beispiel wäre der Versuch, ob einer in der Einsamkeit die Stille der Natur aushält, oder in seinem Raum daheim allein die Sonntagsstille, oder in der Kirche allein die Gottesstille.

Dieser ,,Anschauung'' folgt nicht ,,Begreifen'', sondern ,,Verstehen'' als denkende Besinnung auf den Sinn.

28. *Heidegger* sagt: ,,Als der Sinn des Seins *des* Seienden, das wir *Dasein* nennen, wird die *Zeitlichkeit* aufgewiesen ... Mit dieser Auslegung des Daseins als Zeitlichkeit ist nicht auch schon die Antwort auf die leitende Frage gegeben, die *nach dem Sinn von Sein überhaupt* steht. Wohl aber ist der Boden für die Gewinnung dieser Antwort bereitgestellt ... Dasein *ist* in der Weise, seiend so etwas wie *Sein zu verstehen*. Unter Festhaltung dieses Zusammenhangs soll gezeigt werden, daß das, *von wo aus* Dasein überhaupt so etwas wie Sein *un*ausdrücklich versteht und auslegt, *die Zeit* ist.''

Wie kann ich, ausgehend von diesem Ansatzpunkt, von *Sein und Liebe* sprechen?

29. Zeit, die man mathematisch, das heißt wissenschaftlich mißt, ist eine andere als die Zeitlichkeit des Daseins. Jeder hat seine eigene Zeit, was nicht bedeutet: seine eigene Uhr und Uhrzeit. Ich kann in einem Wortspiel unterscheiden zwischen Ur- und Uhr-Zeit. *Una harum ultima* – dieses Wort gilt jedem, dem seine letzte Stunde schlägt, schon wenn er in Erwartung

des letzten Schlages existiert. Die Uhr geht weiter, solang sie aufgezogen wird, der Mensch wird nicht mehr aufgezogen. Zwar er könnte auferstehen in einer neuen Zeit, die eben dann ganz anders wäre als die Zeitlichkeit des Daseins und die Meßzeit: vielleicht sie übergreifend und umgreifend „Ewigkeit" zu nennen.

30. Die Zeit ist also zweideutig: Meßzeit und Zeitlichkeit der Existenz. Doch auch die „Anschauung", von der ich sprach als Grundverhältnis zu dem Sein und Dasein, ist zweideutig. Geläufig wurde statt „Philosophie" das Wort „Weltanschauung", als ob der Mensch erhaben im Rang seliger Geister die Welt betrachten, kontemplieren könnte wie sie an und für sich ist. Aber das Sein ist kein theatrum mundi, so schön das Gleichnis ist. Der Mensch spielt mit, es wird ihm mitgespielt, indem er existiert. Deshalb ist Existenzphilosophie auch keine „Weltanschauung"; die „Anschauung", von der ich sprach, ist durchtränkt und ist bewußt durchdrungen von der Zeitlichkeit des Daseins in der Welt, auch von „Weltangst". Der „Begriff" hingegen ist bestrebt, Zeitlichkeit abzusaugen, um sie möglichst restlos (als ob der „Rest" nicht Schweigen wäre) wissenschaftlich aufzuheben und technisch auszuwerten. Die Existenz, des Menschseins Kern und Seele, wird scheinbar damit ausgewertet, modern gesprochen: ausgebeutet (denn dieser Wert ist Beute).

31. „Sein und Liebe" verstehe ich als eine Antwort auf „Sein und Zeit", oder bescheidener gesagt: als eine Anmerkung, als eine Frage zu „Sein und Zeit". Die Antwort der „Liebe" setzt demnach die Analyse der „Zeitlichkeit" voraus, um existentiell die Konsequenz zu ziehen. Einerseits die *Existenz in Angst,* andererseits die *Existenz in Liebe.*

32. Von Liebe sprach schon *Platon,* von Liebe sprach dann *Jesus.* Wie sich die eine Liebesart (und Lebensart) zur anderen verhält, ist ein besonderes Problem. Doch ist es ein Verhältnis, das immerzu dem Denken Schwierigkeiten macht. Es ist nicht nur die Schwierigkeit, den Menschen in der Liebe zu versöhnen mit dem Sein, sondern auch die Schwierigkeit, die griechische

Antike mit der christlichen Antike zu versöhnen, aus der das Christentum erwuchs: das Kreuz mit Rosen zu umflechten, ohne es doch „aufzuheben". Es ist sogar die Schwierigkeit bis heute, die Philosophie, die Wurzeln schlug im alten Griechenland, zu versöhnen mit der Theologie, obwohl die eine wie die andere „antiken" Ursprung hat, ja beide schon als antiquiert bezeichnet werden – wie auch die Liebe, die ich meine. Müßte nicht erst recht die Liebe überbrücken, statt daß „die Liebsten nah wohnen, ermattend auf getrenntesten Bergen", wie Hölderlin in „Patmos" dichtet?

> Nah ist
> Und schwer zu fassen der Gott
> . . . .
> So gib unschuldig Wasser,
> O Fittige gib uns, treuesten Sinns
> Hinüberzugehen und wiederzukehren.

33. Aber wir haben kaum mehr reines Wasser, geschweige denn unschuldig Wasser. Und wo sind Fittige treuesten Sinns?

Er, der das Tiefste gedacht, spricht vom Lebendigsten. Es ist das Göttlichste, das ist, und ist das Menschlichste, das liebend ihm verbunden ist. Dazwischen die Welt getrenntester Berge.

34. „Das Wovor der Angst als Grundbefindlichkeit des In-der-Welt-seins ist die Welt als solche", weil sie vergänglich ist, weil Sein in Zeit sie nichtet. Jedes Lebewesen ist durch Geburt dem Tod geweiht; aber nur der Mensch weiß oder kann das wissen, auch stets verdrängen und vergessen, um sich dem Leben hinzugeben oder einfachhin zu überlassen. In unserem Innersten jedoch bohrt die Angst als Schmerz der Existenz, sie ist „Existential". „In der Welt habt ihr Angst (thlipsis, pressura)" (Joh. 16, 33). Die Angst der Existenz ist positiv, da Existenz die Position des Seins als Da-sein ist. Sie ist, des Selbstmords ungeachtet, auch positiv zu „überwinden" nur durch *„Entschlossenheit"* zum Da-sein, und nicht zu überwinden durch die Flucht.

„Die Angst offenbart im Dasein das *Sein zum* eigensten Sein-können, d. h. das *Freisein für* des Sich-selbst-wählens und -er-greifens." „Dieses Sein aber ist es zugleich, dem das Dasein als In-der-Welt-sein *überantwortet* ist." Also ist die Flucht des Menschen aus der Angst Flucht vor sich selbst, Flucht aus der Einsamkeit und Selbstverantwortung, Feigheit, Unentschlos-senheit, Sich-verbergen, Sich-verleugnen, Sich-verleugnen-las-sen. Ich bin nicht zuhause. „Die verfallende Flucht *in* das Zu-hause *der Öffentlichkeit* ist Flucht *vor* dem Unzuhause, d. h. der Unheimlichkeit." Der Grund ist Heimatlosigkeit.

35. Und was ist *Freude*? Ist die Befindlichkeit der Freude im kairós ebenfalls Existential, und deshalb Potential des Daseins? Als Potential des Daseins wäre sie das *Ja zum Dasein* in der Angst und trotz der Angst, also die *Entschlossenheit* zum Da-sein aus der *Freiheit* meiner Existenz. Das aber ist das Ja zur Welt, zum Leib, zur Erde, das Ja zur Menschlichkeit und zur Mitmenschlichkeit – Humanität, nicht Bestialität. Indessen auch das *Nein* kann ein Akt der Freiheit sein.

36. Das Ja erinnert mich an *Nietzsches* Ja, der zwar von „blonder Bestie" sprach, aber keine war. Gewiß verstand er dieses Ja nicht idealistisch und nicht christlich (weil er das Chri-stentum vielleicht nicht recht verstand), sondern *dionysisch*. Es war die Antwort auf den „Nihilismus" besonders Schopenhau-ers wie auch des bürgerlichen Christentums (denn Christus selbst griff er nicht an) – Antwort auf die Lehre vom Leid und Mitleid, Antwort auch auf den Schmerz der Angst, den Dorn im Fleisch der Existenz. Das war wie Renaissance im 19. Jahr-hundert: Wiedergeburt, „neue Gesundheit". Doch diese Re-naissance war nicht mehr lebenslustig wie bei Hutten, sondern tragisch, die Tragödie der Antike noch einmal in der „Wieder-kehr des Gleichen", aber nicht historisch, sondern existentiell. Mir scheint, die Antwort hat Bestand, wenn sie auch unvoll-kommen, weil unvollendet war. Nur ist für mich die Frage, ob nicht die *Liebe* die dionysische Freude überragt oder auch ver-tieft. Diese Frage ist kein Spiel *mit* Worten, vielmehr ein Spiel

der Existenz *im* Wort, also in der Sprache, die verbindlich ist wie auch das Denken für den, der selbst denkt.

37. Jedoch im Zeitalter des Nihilismus (der, falls das Urteil über ihn Werturteil sein kann, nicht nur negativ, sondern auch positiv bewertet werden muß als Geschick des Seins, das nichtet) ist weiterhin zu fragen, ob denn nicht auch die Botschaft Christi tragisch zu nennen ist. Das ist eine Frage, die nicht nur Theologen angeht, sondern auch Philosophen, aus dem Grunde also beide.

38. Ich habe Freude, nicht nur als Lebenslust, wenn ich bewundere (statt etwa zu beneiden). Ich bewundere, was sich mir als Wunder zeigt: schön, gut, erhaben, so daß es mich erhebt. Das ist die höhere Stufe der Lebenslust mit Lebensfreude. Ich bewundere am Tag das Licht der Sonne wie es sich widerspiegelt in allem Seienden der Erde. Ich bewundere den Mond, die Sterne in der Nacht. Der Sonne schönster Spiegel ist der Wasserspiegel.

39. Wie es ein Wunder ist, daß Sein ist, so ist es auch ein Wunder, daß Licht ist, ich kann des Lichtes Herkunft nicht erklären. Ich bewundere das Sein im Licht, und das Licht wird zum Symbol, auch in der Farbenbrechung, den ,,Taten und Leiden des Lichts", wie Goethe sagte. Das sind Lichtspiele, die sich um uns ereignen am Himmel und auf Erden. Licht ist aber Feuer, in dem gleichsam das Sein brennt ohne zu verbrennen, obgleich es uns verbrennt, vielleicht bereits in Höllen auf der Erde. Das ist die Nichtung, die uns ängstigt, obwohl uns doch das Licht entzückt. Wie wäre unser Dasein, wenn wir täglich unser Brot lebenslang im Dunkeln essen müßten? Es gliche einem Maulwurfsdasein.

40. Wir erblicken und bewundern Licht und das, was es erleuchtet. Ob sich das Licht auch selbst erblickt, vermag ich nicht zu sagen. Doch kann ich sagen, daß selbst der Blinde sieht, nicht nur deshalb, weil wir mit- und füreinander sehen, sondern auch, weil Licht Symbol der Wahrheit ist. Ein Gedankensprung, der zwar gewagt ist, aber nicht so weit ist wie es scheint.

Bleibe ich bei der Bewunderung nicht stehen, sondern frage, was Seiendes, was Sein ist, dann ist Bewunderung der Anfang der Begeistung. Mich wundert, daß Sein ist, ich frage in der Sprache nach dem Wesen, nach dem Sinn. Das Licht der Wahrheit ist das ferne Licht, das auch den Blinden noch entzückt, wenn er nicht geistig blind ist, sondern erkenntnisfreudig existiert.

41. Wie das Licht in Farben spielt, wie die Musik als Ausdruck der Gestimmtheit unseres Daseins in den Tönen spielt, so spielt die Dichtung in der Sprache, und auch die Sprache der Philosophen und der Theologen ist eine Art von Dichtung, ihr Gespräch ist Miteinander-Dichten. Wird so das Nichten balanciert?

42. Das Nichten wird im Grund durch Liebe balanciert, in Liebe zu dem Sein, das als das Licht in Farben, Tönen, Bildern und Gedankenbildern spielt. Das Licht, das „ward", wird Licht und es entzündet Freude, indem ich liebe, Ja sage zum Licht. Das Vergängliche wird im Ereignis mir zum Gleichnis, und die Liebe zieht hinan. So endet „Faust" im Chorus mysticus. Und dem Guru Goethe hat es der Erzengel verkündet, daß

> Die Sonne tönt nach alter Weise
> In Brudersphären Wettgesang,
> Und ihre vorgeschriebene Reise
> Vollendet sie mit Donnergang.
> Ihr Anblick gibt den Engeln Stärke,
> Wenn keiner sie ergründen mag;
> Die unbegreiflich hohen Werke
> Sind herrlich wie am ersten Tag.

43. Die Angst des Daseins wird dadurch nicht überspielt, auch wenn wir, was so selten ist wie Religion, den Farben, Tönen, Bildern und Gedankenspielen unseren Glauben schenken. Leid und Schmerz des Daseins wird nicht überspielt, sie sind der Grund des Spiels „in Brudersphären Wettgesang" auch hier, aber Liebesspiel im Ja zum Sein, wie immer es auch sei.

44. Gleichwohl drückt die Sorge. Drei graue Weiber treten mit ihr auf um Mitternacht: der Mangel, die Schuld und die Not. Vor des Reichen Tür kehren die Drei um, aber „die Sorge, sie schleicht sich durchs Schlüsselloch ein". Doch mit der Sorge, scheint mir, bleibt die Schuld, sie wird durch Reichtum aus dem Bewußtsein nur allenfalls verdrängt. Denn wer *da* ist, schuldet, weil er sein *Dasein* schuldet bis zum Tod.

45. Die Liebe verbindet und verbündet sich mit Sorge, zumal als Sorge für . . . In der Befindlichkeit der Angst, der „Grundbefindlichkeit", ist die Sorge des Daseins Grundcharakter. Die Sorge würde uns zu Boden drücken, bis zur Verzweiflung und Vernichtung, wenn Liebe nicht zu Hilfe käme – nicht etwa nur als sinnliche, sondern auch als „übersinnliche".

46. Ist aber Liebe nicht ein Schicksal oder eine Gnade? Ist nicht das Dasein selbst schon Schicksal oder Gnade? Ist jedoch mein Dasein mir überantwortet, dann spiele ich verantwortlich in Freiheit mit. Die Liebe ist ein Akt der Freiheit in der Erschlossenheit zur Welt und der Entschlossenheit zum Dasein in der Welt. Dieser Akt der Freiheit als Mysterium ent-spricht als Antwort dem Mysterium des Seins. Das Ja zum Sein ist *schöpferische Freiheit*, das Nein totale Resignation, deren Konsequenz der Selbstmord wäre. Weshalb *Camus* („Le Mythe de Sisyphe") geschrieben hat: „Il n'y a qu'un problème philosophique vraiment sérieux: c'est le suicide. Juger que la vie vaut ou ne vaut pas la peine d'être vécue, c'est répondre à la question fondamentale de la philosophie. Le reste, si le monde a trois dimensions, si l'esprit a neuf ou douze catégories, vient ensuite."

47. Das Ja zum Leben und umfassender zum Sein schließt ein das Ja zur Zeitlichkeit des Seins, das heißt zuletzt zum Tod. Das ist Bejahung der „Krankheit zu dem Tode", wie Kierkegaard gesagt hat, mit allen Konsequenzen – statt der Flucht in die Geschäfte, um die Toten und den Tod möglichst zu vergessen. Denn Flucht in die Betriebsamkeit, das ist nicht die Besonnenheit der Sorge im liebenden Besorgen, Vorsorgen, Fürsorgen.

48. Wer denkend so den Tod bejaht, damit das Leben in der Zeit, stirbt als ein Märtyrer des Seins, als Zeuge in Person, der sich zum Sinn bekennt, auch wenn er zu der Wahrheit nur immer auf dem Wege war. Für die Richtigkeit der Wissenschaft und Technik braucht einer nicht zu sterben, denn sie beweist sich mathematisch, praktisch.

49. Das Fragen nach dem Sinn des Seins als Fragen nach der Wahrheit ist das edelste Geschäft, weil es „unnütz" ist, aber doch zurückstrahlt auf alle anderen Geschäfte, damit sich deren Sinn erhelle, nicht nur deren Zweck. Das hat schon Sokrates gezeigt auf der Agorà, als er die Handwerker, Politiker und Dichter zu befragen pflegte nach dem Sinne ihres Tuns. Gebe ich dem Sein den Namen Gott, dann ist die Sinnfrage damit noch nicht gelöst. Wenn Gott sich offenbart statt sich zu verbergen, dann gibt er in der Offenbarung die Frage nach dem Sinn an uns zurück. Offenbar braucht er die Menschen, die denken, weil sie lieben und indem sie lieben.

50. Wir haben uns das Dasein nicht erwählt, können uns auch nicht erinnern, daß wir, präexistierend, des Daseins Los gezogen haben. *Aber wir sind,* in Sein und Zeit „geworfen" oder uns „gegeben", „aufgegeben", und mit der Aufgabe des Aufgegebenseins verbindet sich die Angst, die Sorge und die Schuld, wie mit dem Wissen das Gewissen. Im „Rufe" des Gewissens werden wir aufgerufen aus der Bestialität, der Kommunität, der Vitalität zu uns selbst, ohne daß wir dieses Selbstsein je ergründen, es steht uns immer noch bevor. Das Sein schweigt und der Ruf ist schweigend, doch wir schulden Antwort, geben Antwort in der Sprache. Gott ist im Gespräch der Liebe.

Es mag „absurd" erscheinen und nicht nur „paradox", wenn ich abschließend sage, daß der Unter-, Hintergrund der Freude, die wir gewinnen in dem Dasein, die Angst und Schwermut ist, – daß diese Gegenpole verbunden sind wie Existenz und Transzendenz. Ähnliches hat Sokrates bemerkt im „Phaidon", kurz vor seinem Tode, als im Gefängnis ihm die Fesseln endlich abgenommen wurden. Wir existieren in Absurditäten, ja die Existenz ist selbst absurd als Existenz zum Tode. Einerseits ist das der Grund zur Verzweiflung bis zum Selbstmord oder Mord an anderen, vielleicht sogar im Krieg, und es ist andererseits der Grund zur Hoffnung bis zum Credo *quia* absurdum. Das, was absurd ist oder scheint, wird dann bejaht, wird angenommen, indem ich selbst mich annehme in dieser meiner Existenz. Ich kann sagen: das Absurde ist der Weisheit letzter Schluß, und ich kann auch sagen: der Glaube und die Liebe sind, verbunden mit der Hoffnung, der Weisheit letzter Schluß. Das ist die Waage Sein in Transzendenz und Existenz. Radikal betrachtet, ist nichts mehr selbstverständlich, weil Gott nicht selbstverständlich ist, alles wird absurd und erfordert den Entschluß: Ja oder Nein. Angst und Freude, Schmerz und Lust, Haß und Liebe, Verzweiflung und Hoffnung werden ständig ausgewogen, wobei jedoch das Wagnis der Existenz mit ins Gewicht fällt, – das Wagnis der Bejahung oder der Verneinung des Seins, das ist.

Absolut vorausgesetzt ist also, daß Sein ist. Alles Seiende ist relativ zum Sein, deshalb kommt ihm auch das Prädikat zu, daß es ist. Daß das Sein absolut ist und dennoch relativ zum Seienden, oder umgekehrt: daß das Seiende relativ ist, aber zum absoluten Sein, das ist die Paradoxie des Seins, die Absurdität. Der Sinn des Seins erscheint als Widersinn, nicht nur als „Differenz" zwischen Sein und Seiendem. Der Widersinn zeigt sich dann immer wieder in allen Aussagen, die sich auf Sein beziehen (nicht nur auf Seiendes) oder auf Seiendes im Verhältnis zu dem Sein. Wie kann das Denken diesen Widersinn beheben, wie ist der Denker zu erlösen aus der Absurdität des Seins? Am nächsten liegt, daß er das Denken aufgibt, – daß er darauf verzichtet, nachzudenken über *Sein* und das Verhältnis des Seienden zu ihm, – daß er sein Denken positivistisch auf *Seiendes* beschränkt. Das heißt, daß er es aufgibt, zu philosophieren und zu theologisieren, falls die Grundfrage der Philosophie und Theologie, *die radikale Frage*, in die alle weiteren Fragen münden, *die Frage nach dem Sein, nach Gott* ist. Indessen: wenn der Satz besteht – da das Sein besteht –, daß „Sein ist", wird er daran doch nicht vorüberschleichen können, vielmehr das Sein umschleichen wie die Katze einen heißen Brei. Immer wieder, „aus gegebenem Anlaß", wird ihn danach verlangen zu erfahren, was Sein ist, was Gott ist, was der Sinn des Seins ist, da doch der heiße Brei ist und er selbst ist. Das ist das unglückliche Verhältnis des unglücklichen menschlichen Bewußtseins, das fragend nach dem Sinn, nach seinem Glück verlangt. Es *ist* ganz nah am Brei, es sieht und riecht gleichsam den Brei, und kann ihn dennoch nicht erreichen. Dazwischen ist die „Differenz", die absurd erscheint. Doch das Gleichnis hinkt; denn für die Katze kühlt der Brei sich ab, und sie kann ihn dann verschlingen. Für unser unglückliches Bewußtsein kühlt das Sein sich nie ab, es bleibt uns ewig unerreichbar. *Gott ist, und ist doch ewig unerreichbar.*

Gebe ich also dem Sein den Namen Gott, dann ist Gottes Sein absurd. Auch er ist absolut und ich bin relativ zu ihm; also ist er doch nicht absolut, sondern relativ zu mir, zu uns. Die meisten beschränken sich auch hier darauf, nicht weiter nachzudenken, sie lassen Gott „den guten Mann" sein mit dem weißen Bart. Es geht Ihm wie dem Sein, dem „Gott der Philosophen", der doch kein anderer ist als der der Theologen; man drückt sich, schleicht an ihm vorbei und schielt doch immer wieder nach ihm hin. Das Seiende, *die Welt,* schiebt sich dazwischen hier wie dort: man wendet sich der Wissenschaft, der Wirtschaft und der Technik zu, oder auch den „Vorstellungen" der Metaphysik und der Theologie, die den absurden Knoten doch nicht lösen, vielmehr oft nur beschönigen und verbergen. In uralten Zeiten, die noch mythisch waren, hat es Gott verboten, ein Bild von ihm zu machen, weil jedes Bildnis falsch gewesen wäre. Doch die Absurdität der absoluten Transzendenz in dem Verhältnis (Relation) zur Existenz, das Mißverhältnis ist, hat nie ein Mensch ertragen können. Er konnte weder Gott ertragen in seiner reinen Transzendenz noch konnte er das reine Sein ertragen in seiner Transzendenz. Wenn er den Blick nicht abwandte, um sich, selber seiend, nur noch um sein Verhältnis zum Seienden zu bekümmern, dann brauchte er die Bilder, auch Gedankenbilder, in Zuwendung zu Gott, zum Sein, fragend nach dem Wesen, nach dem Sinn. Wurde die Absurdität dadurch „aufgehoben", war der Denker von seiner Qual erlöst? Mitnichten. Alle Denker, ob sie sich Ontologen oder Theologen nennen, *scheitern an der Transzendenz.* Der Stein des Sisyphos, mühsam hinaufgewälzt beinahe bis zum Gipfel, muß zerschellen. Die Trümmer rollen den Hang der Zeit hinab, werden mißverstanden und vergessen, und immer wieder werden alte und neue Bild- und Trümmersteine den Berg hinaufgewälzt. Das ist ein grausam schönes Spiel. Denn der Mensch, ob er es wissen will, ob nicht, weiß daß Sein ist wie daß Gott ist, unerreichbar transzendent, unauflösbar paradox, absurd. Aber nicht nur, daß der Berg so steil ist, macht ihm Qual, sondern daß der Gipfel unendlich hoch im Nebel sich verbirgt. Die moderne Geologie und die Astronomie haben genug gerechnet, um die Distanzen der Erde und des Himmels zu ermessen, jedoch kaum auszumessen. Das Sein ist nah, da wir ja sind, und doch unendlich fern. Gott ist nah, und doch unendlich fern. Ich kann auch sagen: Gott ist so nah, so fern wie der Tod es ist. Denn: ist der Tod nicht seine Maske?

Hat die „Inkarnation", Fleischwerdung Gottes in Gestalt von Jesus, nicht die Absurdität gelöst? War eine andere Lösung möglich als eben diese, daß die Transzendenz sich wandelte in Existenz, daß Gott Mensch wurde, daß er des Menschen Leben und des Menschen Tod erlitt? Oder ist der Glaube fromme Blasphemie? Gleichviel: er ist des Hiobsproblems Lösung. Teile ich den Glauben nicht (credo *quia* absurdum), dann bleibt das Sein Absurdität. Das Mysterium des Absurden bleibt für mich bestehen, und ich kann es stoisch nur ertragen, falls ich nicht darauf verzichte, des Seins zu gedenken, agnostisch oder nihilistisch bis zum Selbstmord: „Es gibt kein Sein, gibt keinen Gott." „Ich bin kein Fall, weder Gottes noch der Wissenschaft, sondern ich bin schlechthin Zufall, *ein absurder Zufall* trotz Zeugung und Geburt, wie auch mein Tod ein Zufall ist." Das Absurde scheint das Ende alles Fragens der Philosophie, wenn es radikal ist, also an die Wurzel geht. Ist Gott, nach einem Aphorismus *Lichtenbergs,* „die personifizierte Unbegreiflichkeit", dann ist das Sein „unpersonifizierte Unbegreiflichkeit".

Aber ich lebe fort, nicht dumpf und triebhaft wie ein Tier, sondern mit Vernunft, die ihre Grenzen hat. Ich halte das Absurde aus, *dank* auch der Antwort, die im Denken und im Tun große Menschen gaben in einem großen Vorbild, – die vielleicht *Gott selbst* durch sie gegeben hat und gibt. Aushalten in Liebe, Glaube, Hoffnung *trotz* der Absurdität, das überschreitet die Grenzen bloßer Vernunft, ja die Vernunft selbst kann nur existieren, indem sie überschreitet, so weit es möglich ist, in Liebe, Glaube, Hoffnung. So überwölbt das Sein des Himmels unendlich unser Pünktchen Erde und unsere Existenz. Am Anfang war das Unbegreifliche und es wird am Ende sein, denn das Sein ist unbegreiflich. *Goethes* christlich durchfärbtes Credo lautete: „Das schönste Glück des denkenden Menschen ist, das Erforschliche erforscht zu haben und das Unerforschliche ruhig zu verehren." Wie aber kein Mensch sagen kann, er hätte das Erforschliche erforscht, so kann er zwar das Unerforschliche verehren, aber nicht ruhig, sondern nur in der Unruhe des Denkens, das getragen wird von Liebe, Glaube, Hoffnung. Das *sacrificium intellectus* ist zwar mit Recht verpönt, wenn die Vernunft sich opfert: der öffentlichen Meinung, der Partei, der Kirche und dem Staat. Aber Existenz in Liebe, Glaube, Hoffnung umfaßt noch mehr als die Vernunft umfassen und der Verstand begreifen kann. Sie opfert sich dem Sein, dem sie geopfert ist, indem sie ist, und es ist nur die letzte Frage – eschatologisch zu verstehen – ob sie Ja sagt oder Nein. Aber „die letzten Dinge" sind die ersten.

7. Über die Denkeinsamkeit

An einem kalten Nebeltag, ich glaube Ende Oktober – oder war es schon November? – besuchte ich den ‚Sokrates‘ in seiner Wohnung, die in der Altstadt lag, nahe bei dem Rhein. Er hatte mich zum Frühstück eingeladen, da ich noch Junggeselle war, wie er sein Leben lang. Der Nebel war so dicht, daß wir durch die Fenster kaum die hohen Giebel der Nachbarhäuser sehen konnten, und der kleine Platz dazwischen war, obgleich es Werktag war, still wie ein Friedhof. Die Sonne drang den ganzen Tag nicht durch, aber wir hatten sie als Feuer in dem weißen Kachelofen aus der Zeit des Rokoko, die Flammen flackerten als wäre es schon Winter. Es war recht behaglich, und wir fühlten uns geborgen trotz der Ungeborgenheit des Daseins. Das bescheidene Frühstück hatte ‚Sokrates‘ schon selbst bereitet, es duftete nach frischen Brötchen und Kaffee. Mitten auf dem runden Tisch stand ein Strauß von Dahlien, in allen Farben leuchtend, und dieses Leuchten hob sich beinahe tröstlich aus dem trüben Tageslicht heraus, es war wie Rokokomusik zum Frühstück. Kein Wunder, daß wir heiter waren. Und heiter wirkten ringsum an den Wänden die Stiche und die Zeichnungen von Rom, Venedig und Athen, und die langen Büchereihen. Ich wiederholte, was wir einander oft gesagt: „Nur in der Idylle kann man glücklich sein“. ‚Sokrates‘ lächelte: „In der Idylle wohnt aber auch das Denken in seiner Einsamkeit – das Wort Idylle hängt zusammen mit Idee –, und die Einsamkeit ist schwer.“ „Wenn sich die Idee“, so sagte ich, „mit der Existenz verbindet, also nicht abstrakt bleibt. Die Existenz hat Schwergewicht.“ „Einerseits die Existenz, und andererseits das Sein.“ „*Ist* aber denn nicht beides?“ „Das sind die beiden Unbekannten einer Gleichung, die wir nicht lösen können, und die Welt dazwischen löst sie auch nicht, weder als Wissenschaftswelt, noch als Wirtschaftswelt, noch als Welt der Technik.“ „So ist das Rätsel Sein nicht aufzulösen, auch nicht in der Idylle?“

„Nein, trotz glücklicher Augenblicke, zumal des Dichtens und des Denkens. Weshalb auch diese Bücher, diese Bilder um mich her mehr versprechen als sie halten. Das ist des Dichtens und des Denkens Schwere, ich kann auch manchmal sagen: Qual, die Qual zugleich der Qualität. Die Quantität als Rechnung und Berechnung hat es leichter, bei aller Exaktheit, aller Härte." „Da liegt es nahe, alle Qualität möglichst in Quantität zu überführen, was ja der Tendenz der modernen Wissenschaft und Wirtschaft auch entspricht. Denn würden Sie nicht sagen, daß die Einsamkeit des Dichtens und des Denkens, in unserer Art zu denken, der Gipfel ist der Einsamkeit des Menschen?" „Es scheint zwar arrogant, doch so ist es. Wir wollen uns ja nicht darauf berufen, daß wir selbst schon auf dem Gipfel sind, wir steigen nur hinauf, und dieser Aufstieg ist schwer. Andererseits kann auch der Ungelehrte dichten oder denken und dennoch auf dem Gipfel sein, je nachdem, was er erfährt und aushält." Er deutete auf die Bücher hin und sagte: „Schauen wir doch nur, welche Zeugnisse der Einsamkeit des Denkens uns hier umgeben, und weichen wir nicht aus! Da stehen Heraklit, Lao-tse und Tschuang-tse, Platon, Augustinus, Seneca und Marc Aurel, Montaigne und Pascal, Spinoza, Kant, Rousseau, Goethe und Hölderlin, Dostojewski und Tolstoi, Schopenhauer, Kierkegaard und Nietzsche, Rilke und Stefan George, schließlich Heidegger und Jaspers, und jeder steht auch noch für andere und neben anderen, die ich nicht nannte. Ich habe auch zum Beispiel Buddha und Jesus nicht genannt, die nichts geschrieben haben." „Sie haben Sokrates vergessen." „Freilich: auch Sokrates", so sagte er, „der nichts geschrieben hat." „Aber Platon hat für ihn geschrieben. Was wäre Sokrates ohne Platon." „Und was wäre Platon ohne Sokrates." „Ist Sokrates wirklich als einsam zu denken?" „Sie meinen, weil er doch Xanthippe hatte? Denn merkwürdigerweise waren fast alle Philosophen Junggesellen." „Nein, das allein ist nicht entscheidend. Wir sprachen von der Einsamkeit des Denkens und des Dichtens, der Einsamkeit der Existenz, die sich oft zeigt schon in der Einsamkeit des Kindes." „Ich stimme Ihnen zu. Und Sie könnten es nicht sagen, wenn Sie's nicht selbst erfahren hätten." Es war mir, muß ich nun gestehen, etwas peinlich, daß er auch meine Existenz so drastisch in das Spiel zog. Ich nickte nur und schwieg.

Als ich das Gespräch fortsetzen wollte, läutete es – nicht etwa am Telefon, denn ‚Sokrates' besaß keins, sondern an der Tür, ‚Sokrates' ging hinaus, und ich hörte, daß eine Frau, wohl eine Nachbarin, ihn bat, ihr auszuhelfen mit ein paar Brötchen, was er auch tat mit der Bemerkung: „Sie sind ganz frisch von heute". Unser Frühstück war bereits abgeschlossen. Als er sich wieder setzte, fuhr er selber fort: „Die Einsamkeit des Denkens kann schweigend sein, sie kann auch ihre Sprache finden. Das Schweigen drängt zur Sprache, so daß wir eigentlich schon innen Sprache haben. Wir sprechen miteinander, da wir schon mit uns selbst sprechen. Ich bin sogar versucht zu sagen: die Sprache spricht mit sich." „Indem mit uns das Sein spricht? Dann müßten wir auch innen Ohren haben, unsichtbar, und könnten mit ihnen sowohl hören wie auch nicht hören und uns verhören. Die Vernunft vernimmt." „Hm", sagte ‚Sokrates', „ein neuer Gedanke. Wenn aber das Sein schweigt?" „Dann existieren wir auch schweigend." „Oder fragend, nicht nur als Lebewesen, sondern mehr noch: als Fragewesen. Und es ist schwer zu sagen: fragt die Sphinx des Seins oder fragen wir. Denn wir blicken einander gleichsam fragend in die Augen, Gott und Mensch, wenn auch nicht immer, so doch in diesem Augenblick. Das ist die höchste Einsamkeit." Der Gedanke, der uns zuteil geworden war, bewegte uns so stark, daß wir uns erhoben; wir fühlten uns sogar durch ihn gehoben und gingen in der Stube hin und her. Dann blieb ‚Sokrates' am Ofen stehen und ich an einem Fenster. Ich fragte ‚Sokrates': „Also ist das Sein sich selber fraglich, nur daß *wir* die Fragezeichen sind? Wo aber ist des Fragens Ursprung – ‚dort' oder ‚hier'?" „Das kann niemand wissen, wenigstens beweisbar. Ich möchte glauben: ‚dort', weil wir als Fragezeichen jeweils enden, Sein aber bleibt. Die moderne Wissenschaft, mithin auch der moderne Mensch, denken jedoch umgekehrt, zumal sie weder mit dem Sein noch mit dem Ende *rechnen* können; beides ist unberechenbar. Die abstrakten Forscher, die sowohl die Existenz wie das Sein als Transzendenz ausklammern, forschen endlos, experimentieren endlos und rechnen endlos in und mit dem Seienden. Sie führen deshalb eine andere Sprache. Oder, wenn auch diese Sprache entsprechend ihrer Denkart ein Geschick des Seins zu nennen wäre, so müßte man das Sein für zweisprachig halten." „Dieser Gedanke ist sehr kühn; denn er könnte zu der Blasphemie verführen, daß Gott schizophren ist." „Das liegt schon nahe, wenn man spricht von der Gespaltenheit des Seins in Sein an sich und Seiendes. Aber wie könnten wir den Zwiespalt, der die moderne Krise des Denkens wie der Sprache ist, nun lösen, überbrücken? Denn es leidet doch der Mensch, *er* wäre schizophren zu nennen, nicht Gott. Und wenn der Mensch auch in der Neuzeit oder Neuesten Zeit, die auf ihn zukommt, noch zu verstehen wäre als Person, ginge der Spalt durch ihn hindurch, gleichsam durch seine Mitte, und führte zum Identitätsverlust, der sich besonders in der Sprache zeigt. Das wäre eine andere, noch schwerere Einsamkeit als jene, von der wir sprachen." „Oder die epochale, schicksalhafte Variation." „Sie kommt mir aber vor wie eine ungeheure Spannung, die ständig wächst, und unter der der Mensch schließlich zerbrechen könnte." „Es sei denn", sagte ich, „er würde fatalistisch oder zynisch zur Einsprachigkeit der technologischen Gesellschaft sich entschließen, für die die Sprache nur ein Instrument ist wie andere Instrumente auch. Anzeichen dieses Fatalismus und Zynismus sind täglich heute schon erkennbar. Aber mit der Sprache und den Sprachen wandelt sich der Mensch; er würde, den Tendenzen des Schicksals oder der Gesellschaft folgend, selbst zum Instrument." „Könnte sich das Instrument noch einsam fühlen?" fragte ,Sokrates' ironisch. „Wohl kaum", erwiderte ich, „es ist brauchbar oder unbrauchbar, und über Art und Maß der Brauchbarkeit entscheidet das Experiment und sein Erfolg." „Es gibt noch eine andere Möglichkeit der Lösung", meinte darauf ‚Sokrates'. „Und welche?" „Den Fall gesetzt, daß die Entwicklung in dieser einen Dimension des Denkens, der Sprache und des Machens nicht schicksalhaft und epochal ist, – daß der Mensch noch Freiheit und noch Spielraum hätte, – oder daß das Schicksal selbst wieder eine andere Wendung nähme, könnte doch die Sprache der philosophisch-religiösen Denker und der Dichter, also die *Sinn-Sprache,* den Vorrang wiederum gewinnen vor der *Zweck-Sprache,* die mithin nicht allein die Herrschaft hätte, wenn sie auch unentbehrlich ist." „Dann hätte nicht der homo faber, also der Fabrikmensch, Vorrang, sondern ..." „... im Verhältnis zu dem Sein als Transzendenz der Mensch als Denker, Dichter, Beter – so lächerlich das auch für viele ist. Das wäre die Brücke zur Genesung des Einzelnen wie der Gesellschaft, sofern sie leiden unter dem Identitätsverlust." „Wer aber soll die Brücke bauen?" ‚Sokrates' schwieg eine Weile, offenbar betroffen, und sagte dann: „Das eben ist von jeher des Geistes schwierige Situation: daß er nicht bauen kann, er kann nicht ‚machen', und wenn er macht, verrät er, indem er überläuft. Er kann nur immer, ausgehend von der Daseinsanalyse, auch geschichtlich, den Sinn des Seins erfragen, zugleich den Sinn der Frage und der Sprache. Die Antwort, die entdeckt wird, indem sie sich in Freiheit und dank der Gnade offenbart, ist wie ein Wunder des Seins und Daseins selbst. Dem dient die Philosophie. An diesem Dienst als Gottesdienst mögen Sie erkennen, wie unzeitgemäß sie ist."

Es ging schon gegen Mittag; ich dankte bewegt und verabschiedete mich. Aber ‚Sokrates' entschloß sich, noch einen kurzen Gang zu machen bis zum Rhein, und so gingen wir gemeinsam, da ich in dieser Gegend wohnte. Der Nebel hatte sich gelichtet, jedoch die Sonne war verschwommen nur zu sehen. Vom Ufer flogen kreischend die Möwen in den Nebel, Schleppkähne lagen schattenhaft mitten in dem Rhein vor Anker, manchmal ertönte von Kahn zu Kahn ein Ruf. Es war so still als wäre Sonntag. Als ich zuhause war, wollten die Berufsgeschäfte mir gar nicht schmecken. Jedoch ich hatte Akten zu studieren und eine Urteilsbegründung auszuarbeiten, weshalb ich dem Gericht heute ferngeblieben war. Also setzte ich mich an die Arbeit.

8. Über die Kreuzgangtheologie

Als wir einmal an einem Regentag im Kreuzgang unseres Doms spazieren gingen (spatium: der Raum, und es war ein schöner Raum, in dem wir uns ergingen, mit hochgerippten gotischem Gewölbe und Fenstern, die zum Himmel offen waren), kam das Gespräch, wie oft, auf Gott. Deshalb sagte ich zu ‚Sokrates‘: „Immer wieder reden Sie von Gott, und dennoch ist es fraglich, ob Sie an ihn glauben, wenigstens im Sinn der Kirche." „Der Sinn der Kirche ist auch fraglich; bedenken Sie doch nur, wie ihn im Laufe der Geschichte die Theologen formulierten – und nicht nur sie, sondern auch die Philosophen und sogar die Dichter. Ich glaube, indem ich denke und indem ich frage. Sum ergo cogito, cogito ergo credo. Ich bin, und das schließt ein das Geheimnis des Woher und des Wohin." „Aber das Geheimnis macht uns Angst und deshalb suchen wir nach einer Lösung." „Um das Geheimnis wissen und in diesem Wissen tapfer existieren, ist auch schon eine Lösung. Ja ich möchte sagen: ihm einen Kreuzgang bauen, in dem wir denkend uns ergehen, ist eine Lösung, oder doch der Anfang und das Ende jeder Lösung. Indem ich in dem Kreuzgang wandle, glaube ich." „Wenn Sie andächtig wandeln!" „Gewiß. Denn diese Tauben, die ein- und ausfliegen und gurren, gewahren nur den Gang, aber nicht den Kreuzgang. Sie sehen auch die Gräber nicht als Gräber. Andacht ist Andenken an das Geheimnis des Woher und des Wohin." „Ist damit nicht Gefahr verbunden, daß man, indem man sich ergeht, in eine Art Gefühlsreligion versinkt und gar in ihr ertrinkt? Das wäre religiöser Ästhetizismus." Darauf erwiderte er etwas unwillig: „Bitte vergessen Sie doch nicht, daß ich sagte: Ich glaube, indem ich denke. Ich habe freilich oft daran gedacht, auf das Wörtchen Gott zu verzichten oder es wenigstens mit

Anführungszeichen zu versehen, wenn ich niederschreibe, was ich denke, weil es höchst fraglich ist. Jedoch es kommt mir immer wieder in den Sinn, weil ich mit ihm aufgewachsen bin, und so bleibe ich denn in Berührung, ja verbunden mit der Tradition, obgleich sie nicht mehr feststeht, wenigstens für mich. Schon indem ich denke, kommt sie in die Schwebe und in Bewegung, Gott wandelt gleichsam mit mir in dem Kreuzgang, falls ich andächtig bin." "Aber der Kreuzgang setzt das Kreuz voraus." ,Sokrates' sagte: "Mein Kreuz ist, daß ich da bin um zu fragen nach dem Woher und dem Wohin, sowohl im Leid wie in der Freude, der Liebe und der Hoffnung. Selbst Jesus nahm das Fragen mir nicht ab; denn ich muß fragen, wer er war und was die Evangelien besagen und bedeuten. Die Kirche mag verschlossen sein, wenn darin Messe ist, aber der Kreuzgang ist offen. Es kam mir deshalb neulich komisch vor, als ich eine Zeitlang der Messe beiwohnte, dann aber mich entschloß, hinauszugehen in den Kreuzgang, und, als ich ihn betreten wollte, der Kirchenwächter mir entgegentrat mit den Worten: ,Solang da drinnen Messe ist, ist das Umhergehen im Kreuzgang verboten'." Ich lachte, und er sagte: "Ja, ein frommer Römer hätte auch gelacht. Denn sie gehen dort, während Messe ist, sogar im Kirchenraume hin und her, freilich ohne sich dabei etwas zu denken. Man gewinnt den Eindruck: viele denken nicht einmal mehr, wenn sie beten. Ich bilde mir hingegen ein: mein Denken ist Gebet. Nur daß ich keine Antwort finde, die die letzte ist, also schlüssig ist. Ich bin ein unschlüssiger Denker und auch Beter, obgleich ich doch entschlossen bin zu dieser meiner Existenz." "Sie wissen: ich nehme innig daran teil. Aber da stehen wir wieder bei Hegels ,fauler Existenz' mit unglücklichem Bewußtsein." Darauf erwiderte er mir: "Ich danke für Ihre Teilnahme. Doch ich bekenne: ich fühle mich im Kreuzgang oft glücklicher als in der Kirche, besonders wenn er offen ist und ein Brunnen darin fließt zwischen Gräbern, die von Rosen duften; ja drüben im Kloster Eberbach duftet der Kreuzgang gar von Wein." "Es ist nur zu bedauern", antwortete ich, "daß man ihn säkularisiert hat." Worauf er freundlich nickte und meinte: „Vielleicht befällt das Säkulum einmal das *taedium saeculorum.*"

Erst später, nach dem Tod des ,Sokrates', fand ich in den Schriften, die er hinterlassen hatte, folgende Aufzeichnung: „Der Kreuzgang, das ist das Symbol, das mit der Kirche mich verbindet, er ist mein Eingang, mein Umgang und mein Ausgang, ich kann ihn meinen Kreuzweg nennen. Der Gott der Philosophen ist in seinem Grund, vielmehr Abgrund, kein anderer als der Gott der Kirche oder Kirchen. Jedoch im Kreuzgang habe ich zum Göttlichen ein anderes Verhältnis, weil ich Gott immer noch bedenke, also in Frage stelle wie er mich in Frage stellt. Darin bedenke ich das Sein, mein Dasein und das Nichts, denn dieses ist nicht aufzufangen, ist nicht aufzuheben, weil das Sein selbst nichtet, es ist entgleitend, nicht nur indem ich denke, sondern existiere. Paradox, absurd – gleichviel: ich philosophiere, existiere weiter. Ist dies Glaube im Unterschied zum Denken, das keine letzte Antwort findet? Aber dank dem Denken kein Glaube in der Ruhe, sondern Unruhe. Wieso dann Dank, ist das ein Geschenk? Ich bin mir selbst gegeben und weiß doch nicht woher, bin in Gefahr mir zu entgleiten und weiß doch nicht wohin. Wie sagt der Meister Martin? ,Mich wundert daß ich fröhlich bin.' Bei aller Unruhe des Denkens in dem Kreuzgang bin ich bereit zu gehen, ja entschlossen, solange ich das Leben habe und mithin auch die Zeit zu denken. Weil der Kreuzgang offen ist, vielleicht sogar der Himmel blau, und weil die Rosen blühn? Den Kreuzgang und das Kreuz umwinden Rosen. Das Leid wird so nicht aufgehoben, aber doch umspielt. Der den Kreuzgang baute, hat ja selbst gespielt, und ich spiele nach, ich spiele in der Unruhe des Denkens mit. Höre ich von drinnen Orgelspiel, dann lausche ich, indem ich denke, den fernen, frommen Tönen und denke manchmal: nicht das Denken ist der Weisheit letzter Schluß, sondern das hörende Vertrauen. Man kann dagegen sagen, das sei Verrat des Denkens: des durchgehaltenen radikalen Fragens. Doch schon wenn ich anfange zu denken, muß ich das Sein bejahen und das Geheimnis, das es ist, – das ich selber bin. Freilich kann ich auch das Sein und jeden Sinn verneinen. Indessen hebe ich damit das Sein nicht auf; selbst dann, wenn ich mich tötete, höbe ich vielleicht nur mich auf, nicht das Sein. Kann ich aber nicht auch weiterleben ohne zu vertrauen: ohne zu glauben, zu lieben und zu hoffen? Kann ich also leben gleichsam wie die Tiere, wie Tauben, die im Kreuzgang fliegen, ruhelos nur Futter suchend, um sich fortzuzeugen? Das wäre möglich, aber kaum mit Willen, sondern nur durch Schicksalsschlag, der mich vernichtet in meinem Menschsein. Es scheint zwar, daß es Menschen gibt, die sich mit Willen in ein Tier verwandeln, mit einem bösen Willen. Aber nie gelingt es ganz; das ist ein Trost und eine Hoffnung. Ich kann das nicht beweisen; es ist mein eigener Trost und meine eigene Hoffnung, die, wenn ich versage und verzage, mir der Kreuzgang spendet. Ja, in dem Kreuzgang sieht der Glaube anders aus als drinnen in der Kirche, obgleich der Kreuzgang mit der Kirche doch verbunden ist. Darf ich vermuten, daß man ihn nur baute, damit die Gläubigen im Wandel um den Garten und den Friedhof meditieren? Hier ist dem Glauben die Natur benachbart und der Tod. Und so vollzieht sich mein ganzes Denken wie mein Dichten in der Nachbarschaft zu der Natur wie auch zum Tode, es ist Natur- und Totenkult im Kreuzgang.

Das Wort Glauben hängt vielleicht im Deutschen etymologisch zusammen mit geloben, lieben und vertrauen (was wiederum zusammenhängt mit hoffen). Das mag einem, der es besser weiß oder auch zu wissen meint, als eine spielerische Spekulation erscheinen. Doch die Sprache spielt von selbst, und gerade deshalb ist der Glaube nicht so einfach, wie ihn die Kirche manchmal lehrt und vorschreibt um der Einheit willen. Wie die Sprache ist der Glaube in dem Spiel. Wie der Glaube ist das Denken, das ihn begleitet, aber nicht übertrifft, im Spiel. Sie spielen miteinander, doch der Glaube führt. So war es von Anfang an, wie die Geschichte des Theologisierens, Philosophierens und des Dichtens zeigt, in der das eine Denken sich mit dem anderen kreuzt, verbindet und verschlingt, weil diese Denkgeschichte um das Geheimnis kreist, das ebenso Geheimnis des Denkens wie des Glaubens ist, nur daß das Schwergewicht im Glauben liegt. Ich schreibe das als Dilettant, der selber spielt: denkend in der Sprache mit der Sprache spielt (und die Sprache spielt mit ihm), denkend in dem Glauben mit dem Glauben spielt (und das Geheimnis spielt mit ihm). Es ist ein schönes Spiel, jedoch ein schweres Spiel, das ich nicht beherrsche, vielmehr beherrscht es mich. Alles Schöne ist schwer. Das Schwere liegt in dem Vertrauen, dem Sichanvertrauen. Das ist zugleich ein Wagnis, das deshalb kritisch ist."

Es wunderte mich nicht, daß er im Kreuzgang eines Tages von seiner „Kreuzgangtheologie" sprach, die zugleich Philosophie und noch auszubauen sei. „Lassen Sie mich einmal das Unvorhergesehene und Unvorhersehbare *improvisieren,* wie es das Wort schon einschließt, nur daß ich kritisch denkend und kritisch glaubend Ausschau halte: zurückschaue, nach vorwärts schaue, hinaufschaue wie hier zum Dom, der ja ein Gleichnis ist und ein Symbol. Doch blicke ich, wenn ich hier wandle, auch in diesen Garten mit seinem Brunnen und den Gräbern; habe ich doch einige der Domkapitulare, die hier ruhen, noch gekannt. Ich drehe die Entwicklung in Gedanken um, weil sie von sich aus sich verkehrt hat: ich betrachte die große alte Kirche wie eine der Kapellen, die ringsum an dem Kreuzgang hängen und zu denen Pforten, manchmal fast verborgen, oder auch Portale führen. Meines Glaubens Schwergewicht liegt also in dem Kreuzgang, in dem ich meditiere über Gott. Bisweilen unterbreche ich und gehe in die Dom-Kapelle, um gleichsam zu erfahren, ob Gott drinnen ist; diese Erfahrung ist des Glaubens Experiment, denn eine Messe, wenn sie gerade stattfindet, kann mir noch nicht beweisen, daß Gott anwesend ist. Manchmal sage ich zu mir: ‚Du würdest Ihn nicht suchen, wenn du Ihn nicht gefunden hättest'; das ist zwar tröstlich und ermutigend, erspart mir aber nicht das Denken, und so kehre ich mitunter in den Kreuzgang auch zurück und denke weiter. Dieser Kreuzgang, scheint mir, ist der zeitgemäße Weg zu Gott, ob Umweg oder Abweg, Weg der Vertiefung oder Übersteigung meines Denkens, ob neuer Anfang der Entwicklung, nachdem sie sich verkehrt hat, oder Ende." „Wenn ich Sie recht verstehe", bemerkte ich, „sind die Kirche und die Messe für Sie ein Gleichnis dafür, daß Gott feststeht, daß er vorhanden, auch zuhanden ist, wenn man ihn braucht. Der Kreuzgang aber soll bedeuten, daß er immer noch, oder erneut, zu suchen ist. Doch es gäbe keinen Kreuzgang ohne Kirche." „Gewiß. Aber ich verstehe die Kirche, wie sie ist, als in sich geschlossen; und wenn sie sich erweitert, so schließt sie sich doch immer wieder, oft ängstlich und gar machtpolitisch, während der Kreuzgang, den ich meine, offen ist und offen bleibt. Es mögen nur wenige sein, die in ihm wandeln und verweilen. Jesus war auch ‚wenig' (das bedeutet etymologisch: schwach, gering, bejammernswert), er hat sich dadurch nicht multipliziert, daß er Fünftausenden zu essen gab. Die Freiheit und der Akt der Liebe sind immer Ausnahme, ob im Denken oder Tun; weder sind sie zu verteilen noch zu regulieren noch zu manipulieren, nur die Gnade und das Beispiel wirkt und die Nachfolge der ‚Wenigen'. Wer wiederliebt, folgt nach in Freiheit. Das bedeutet aber: der Ursprung ist ein Je und Jäh, – Durchbruch und Einbruch dessen, was wir göttlich nennen, schön, heilig und erschreckend wie ein Blitz. Wird das Göttliche gewöhnlich, dann ist der Blitz vorhanden und zuhanden – Licht, das man anknipst in der Finsternis, und ich kann nicht leugnen, daß es allen zuverlässig leuchtet, sanft, angenehm und feierlich. Daß Gott existiert, wird dadurch bewiesen, daß man ihn zelebriert." „Sie zitierten selbst: ‚Du würdest mich nicht suchen, wenn du mich nicht gefunden hättest'." „Doch ich fuhr fort, daß mir dadurch das Denken nicht erspart bleibt, weshalb ich immer wieder in den Kreuzgang gehe. Das ist die crux des Denkens wie des Glaubens, daß sie nicht festzustellen sind, daß wir der Weisheit letzten Schluß nicht finden. ‚Weise' sind nur solche, die es werden möchten, aber wissen, daß sie es nicht sind, oder die man fälschlich dafür hält. Wer aber ist in Wahrheit weise?" „Gott", sagte ich. Er antwortete: „Ja, der Verborgene." Wir schwiegen und wir dachten nach, indem wir weitergingen, bald auf die Grabsteine und die verfallenen Skulpturen schauend, die in dem Kreuzgang standen oder hingen, bald auf den Brunnen draußen und die Gräber, die jetzt im Schein der Sonne lagen. Schließlich bemerkte ich: „Muß nicht im Denken und im Glauben etwas *gestiftet,* etwas *gegründet* werden, woran man sich dann halten kann? Kann man sich halten ans Unergründliche, Unendliche? Sind Fragezeichen Rettungsanker? Wir könnten nicht im Kreuzgang kreisen, wenn nicht die Kirche in der Mitte stünde. Die Kirche ist die feste Burg wie es der Staat sein soll als status: geordneter Zustand der Interessen der Gesellschaft. Deshalb denkt der Staat politisch und die Kirche denkt ihrerseits politisch, vielleicht als Staatskirche; sie können zwar dem Einzelnen die Freiheit lassen, müssen aber beide zuerst an die Gesellschaft denken, sogar als Herde oder Masse, wenn dies der status der Gesellschaft ist. Man könnte uns den Vorwurf machen, daß wir als Einzelne das nicht erkennen oder anerkennen." ‚Sokrates' erwiderte: „Wenn aber der Blitz der Wahrheit, auch als Blitz der Schönheit, Güte, Heiligkeit, also als ursprüngliches Ereignis, nur je und jäh den Einzelnen trifft, zehren dann nicht Staat und Kirche aus der Geisteskraft der großen Einzelnen? Deshalb dichtet Hölderlin: ‚Doch uns gebührt es, unter Gottes Gewittern mit entblößtem Haupte zu stehen, des Vaters Strahl, ihn selbst, mit eigner Hand zu fassen und dem Volk ins Lied gehüllt die himmlische Gabe zu reichen.' Das könnte manchem als eine Anmaßung erscheinen, besonders heute, da die Verwalter des Staates und der Kirche mehr denn je genötigt sind, ihrerseits das Maß zu geben, weil die Interessen der Gesellschaft selbst, und nicht mehr die des Einzelnen und der Gemeinschaft Einzelner, das Übergewicht haben. Diese Entwicklung betrifft sowohl den Staat wie auch die Kirche. Die antike Zeit und selbst das Mittelalter (es wirkte nach bis Hegel), in denen Philosophie und Theologie sich verschränkten und verstrickten, weil sie die gleiche Frage hatten, wenn sie verschiedene Wege gingen, erscheinen jetzt nur in romantischer Verklärung. Denn der Status der geschlossenen Gesellschaft mit geschlossener Denkform liegt nicht, wie man lange dachte, hinter uns, sondern steht uns noch bevor. Der Großinquisitor, wie ihn Dostojewski dichtete, ist eine moderne Gestalt, ob er nun Kardinal ist oder Staatsmann." „Dann ist sein Jesus auch modern." „Gewiß, er kehrt ja wieder als der Einzelne, der liebt, nicht rechnet und nicht rechtet; und es ist anzuerkennen, daß der Großinquisitor heimlich ihm die Freiheit gibt, das Gefängnis zu verlassen, freilich unter der Bedingung, daß er nicht nochmals wiederkehrt und die geschlossene Gesellschaftsordnung stört." „So stünde also", sagte ich, „im Mittelpunkte Ihrer Kreuzgangtheologie Jesus?" „Und seinesgleichen: Vorgänger wie Nachfolger. Denn auch andere suchten Maß und gaben Maß als Einzelne. Ging nicht zum Beispiel ein Johannes Jesus voraus, folgten ihm nicht ein Johannes und ein Paulus nach? Es gab in allen Landen die großen Weisen und Propheten: Denker, Beter, Künder, Warner, die nichts von dem beweisen konnten, was glaubwürdig war. Sie waren gleichwohl Gründer in dem Unergründlichen, Rufer in der Wüste. Sagte nicht Jesus: Wüste habt ihr allezeit, aber mich habt ihr nicht allezeit?" „Genau so hat er's nicht gesagt; aber ich verstehe: wir können, was er sagte, genau nicht wiederholen." „Es ist wie mit der Auferstehung: sie hat auch nicht so stattgefunden, wie sie die Kirche lehrt und das Volk sie glaubt oder nicht glaubt. Doch wehe dem, der denkt. Ich versuche, wenn ich in dem Kreuzgang denke, gleichsam nochmals an dem Ursprung anzufragen. Das heißt: ich kehre um und immer wieder um, das ist mein *metanoein*, mein Bemühen, das Sinnbewußtsein zu verwandeln. Aber gerade der Alleingang wird von der Obrigkeit nicht gern gesehen und sogar verboten. Wenn sie den Blitz schon nicht verhindern kann, so möchte sie ihn doch ableiten und verwalten im Allgemeininteresse. Dem dient zumeist die Theologie." „Was Sie im Kreuzgang zu begründen suchen, obgleich des Unergründlichen bewußt", antwortete ich ihm darauf, „ist eine neue Gnosis verbunden mit der Mystik. Das ist nur möglich auf dem Grunde dessen, was immer schon historisch gegründet ist." „Sehr richtig", sagte er; „nur stelle ich das Gegründete in Frage, weil es sich zur Frage stellt, ich existiere ja geschichtlich in der Geschichte als ein Fragewesen. Und überhaupt: ist nicht der Grund der Gründe Abgrund des Mysteriums, so daß das philosophisch-religiöse Denken immer in der Mystik endet? Goethe, der zur Mystik ein kritisches Verhältnis hatte, sagte doch: ‚Der Mystizismus ist die Scholastik des Herzens, die Dialektik des Gefühls‘, und selbst sein Faust endet mystisch." „Ja", gab ich zu, „gerade dadurch unterscheiden sich die Denkarten der Philosophie, Theologie und Poesie von den Wissenschaften. Kann doch das Endliche nie das Unendliche begreifen, das am Anfang ist und am Ende bleibt. Den einen ist das Weisheit in der Gelassenheit, den anderen eine Torheit, die Ärgernis bereitet." Worauf er mir erwiderte: „Erinnern wir uns doch daran, daß ‚Faust‘ endet mit den Versen des Chorus Mysticus:

> Alles Vergängliche
> Ist nur ein Gleichnis;
> Das Unzulängliche,
> Hier wird's Ereignis;
> Das Unbeschreibliche,
> Hier ist's getan;
> Das Ewigweibliche
> Zieht uns hinan.

Das ist sowohl ein philosophisches wie auch ein theologisches Bekenntnis im Gewand der Poesie – schon als Bekenntnis Poesie. Könnte einer sagen, Goethe hätte sich dabei weiter nichts gedacht, kritisch nicht gedacht, er hätte nur gereimt, was ihm so eingefallen sei durch Intuition? Könnte einer übersehen, daß dies der letzte Schluß eines langen Denkens ist, und nicht allein des eigenen Denkens, sondern auch Nachdenkens dessen, was der Geist der Menschheit in Epochen der Geschichte auf Höhepunkten vorgedacht? Und warum sollten solche Blitze der Wahrheit aus der Dunkelheit – ‚unter Gottes Gewittern' – nicht *alle* Offenbarung sein, eine ‚frohe Botschaft'? Faßt man sie in Dogmen, dann sind die Dogmen nur ein Gleichnis. Und zieht das Gleichnis uns hinan, ist dann die Geisteskraft, die zieht, nicht Kraft der Liebe? Der Begriff der Wissenschaft ist nicht mystisch, er kann nicht mystisch sein, er darf als solcher sich auch nicht in Grenzbereiche des Mysteriums wagen, das wäre Pseudowissenschaft. Aber eben deshalb, weil er das nicht kann und nicht wollen kann, bedürfen wir, um Mensch zu sein, zu bleiben und zu werden, der ‚Dialektik des Gefühls', das heißt aber der *Liebe* in der *Denkart* und der *Sprache* der Philosophie und Theologie. Ist dieses Denken zu dogmatisieren, ist es zu analysieren, das heißt zu reduzieren auf Begriffe? Es läßt sich nur *symbolisieren,* es versteht sich als ein Gleichnis und es bleibt im Gleichnis. Selbst das Wort ‚Gott' ist Gleichnis, und deshalb ist es auch der Mensch, der ihm gleicht als Ebenbild. Das nennt die Wissenschaft abwertend Poesie. Es ist auch Poesie, doch kann sie mehr umgreifen als Wissenschaft begreift. Denke ich doch Gott, wenn ich im Kreuzgang wandle, auch nicht als einen Wissenschaftler oder Macher, Ur-Macher, sondern als Schöpfer. Und so ist die Liebe, die hinanzieht, schöpferisch, gleichsam die Seele des Mysteriums des Seins. Sie höret, wie einst Paulus sagte im ersten der Korintherbriefe, nimmer auf, sie ist unendlich, unerschöpflich. Hingegen unsere Liebesakte sind unbeholfene Anfänge, selbst wenn wir liebend philosophieren, theologisieren und poetisieren. In dieser Unvollkommenheit des Daseins sind mir die Fortschritte der Wissenschaft und Technik gar kein Trost; ich gehe deshalb lieber jenen anderen Weg im Kreuzgang, auch wenn ich auf die Wissenschaft und Technik nicht verzichten kann." Ich: „Die Theologen werden sagen, Sie sollten lieber in die Kirche gehn." „Das tue ich ja auch, so hin und wieder, wohl wissend was ich ihr verdanke, und würde gewiß länger darin bleiben, wenn die Liturgie sich plötzlich öffnete für solche Verse, wie sie der Chorus Mysticus

in Goethes ‚Faust‘ spricht. Sie verstehen: auch das ist Gleichnis.“ ,,So recht verstehe ich noch nicht: Gleichnis wofür?“
,,Gleichnis dafür: daß Gottes Geist auch in dem Kreuzgang
weht und in dem Kreuzganggarten; daß der Gott der Theologen
auch der Gott der Philosophen ist, falls diese nicht begrifflich
philosophieren; daß der Gott der Dichter auch der Gott der
Theologen und der Philosophen ist, wenn sie von ihm sprechen.
Denn Gott ist überall, wo er *frei und ernsthaft im Gespräch ist*,
nicht nur gelehrt, nicht nur gebraucht, mißbraucht wird. Ist
Gott nicht zwischen uns? Aber freilich: er ist dazwischen. Wie
dort der Schmetterling, der über Rosenbüschen flattert, so ist
er; doch wir können ihn nicht fangen, er bleibt ewig in der
Schwebe, unendlich leicht und doch so schwer, weil er das heilige Rätsel ist.“

9. Über das Dämonische und das Pedantische

‚Sokrates‘ nannte sich ironisch Philosoph und ironisch Christ,
zumal, so meinte er, gar nicht das philosophisch-religiöse *Wissen* der Weisheit letzter Schluß sei, sondern das *Existieren* in der
Weisheit. ,,Was aber ist das Existieren für ein Schluß“, so sagte
er einmal im Kolloquium mit seinen Schülern, ,,wenn ich auf
einmal nicht mehr existiere? Es ist nur Zwischenschluß. So ist
die Weisheit oder Wahrheit stets *dazwischen*, ich ahne, höre sie
und kann sie doch nicht fassen, nicht begreifen und nicht greifen. Ich kann mich selber nicht begreifen und nicht greifen, wie
sollten andere es können. ‚Philosoph‘ und ‚Christ‘, das sind
Symbole, mit denen man sich gerne schmückt oder schmücken
läßt, doch will kaum einer auch den Leidweg oder Kreuzweg
gehen, der dazugehört, und der aus dem Symbol eher ein Ma-
kel- als ein Ehrenzeichen macht. Am Kreuz hing ein Verbre-
cher, Gotteslästerer in Augen vieler. Im Evangelium des Matthäus (7, 14) steht der Ausspruch Jesu: Die Pforte, die zum
wahren Leben führt, ist eng, der Weg ist schmal, und es sind

wenige nur, die ihn finden. Das ist jedoch der Weg nicht nur des Christseins, sondern auch des Philosophseins. Stifter sagt im ‚Nachsommer‘: Manchen hat es Gott gegeben, daß sie dem Schönen nachgehen müssen wie einer Sonne, von der sie nicht lassen können, doch können ihrer nicht viele sein. Dagegen die das Alltägliche tun, müssen in großer Menge sein, damit die Welt in ihren Angeln bleibe, das Stoffliche gefördert werde und alle Wege im Betriebe sind. Das ist Mengenlehre. Und auf den Einwand, es sei doch traurig, wenn der rechte Zweck verfehlt werde, erwidert der Freiherr: schon der Weg, das Suchen habe Sinn. Wenn jeder triebhaft das höchste Ziel erreichen könnte, wäre eine viel schönere und reichere Blume dahin: die Freiheit der Seele. Also steht es *jedem frei,* sich zu bemühen, Philosoph und Christ zu sein, doch die Pforte ist eng und der Weg ist schmal. Gott bewahre uns davor, daß das Philosophsein oder Christsein Mode werde! Nur wenige Menschen, die wir große Menschen nennen, haben es vielleicht erreicht und bezeugt für viele, damit der eine oder andere nachfolgt – in Demut und in Ironie.“

Da warf ein Schüler ein: ,,Aber in unserer sozialen Gesellschaft muß doch prinzipiell alles allen erreichbar sein!“ ‚Sokrates‘ erwiderte: ,,Was soll das heißen: soziale Gesellschaft? ‚Sozial‘ heißt gesellschaftlich: Du meinst also ‚gesellschaftliche Gesellschaft‘? Gibt es auch ungesellschaftliche Gesellschaft?“ Der Schüler errötete und sagte: ,,Ich meine sozialistische Gesellschaft.“ Darauf ‚Sokrates‘: ,,Das ist schon besser. Es wäre etwa die Gesellschaft, in der nicht nur das Recht herrscht, sondern die Gerechtigkeit – was mehr als Recht ist, sagen wir das wahre Recht, wobei noch offen ist, ob man es auch gefunden hat. Wahrscheinlich gehört die Gnade mit dazu, weshalb man sagt: Gnade geht vor Recht. Formulieren wir es einmal auf lateinisch mit suum cuique – Jedem das Seine, was nicht heißt: Jedem das Gleiche, denn wir sind als Brüder oder Schwestern immer nur einander ähnlich. Also: Jedem *sein* Recht, da zu sein, da er schon da ist, um in seiner Art und Fähigkeit zu wachsen und zu reifen. Und es gilt vom Menschen wie vom Wein: was reifen will, muß älter werden. Um auf das Problem, von dem ich sprach, zurückzukommen: jeder hat das Recht, wenn er kann und wenn er will, Philosoph und Christ zu sein oder beides miteinander. Der Andrang auf dem schmalen Weg und bei der engen Pforte wird, so vermute ich, nicht stark sein."

Der Schüler, der mir dann von dem Gespräch berichtete, ergänzte: „Ich gestehe, ich verstummte und ich war beschämt, und mir erging es wie dem Alkibiades: ich ärgerte mich über mich selbst, ich wollte ein anderer sein und wußte doch nicht wie, ich wollte zwar das Ziel erreichen, aber mir den schmalen Weg ersparen, und als ich ihn dann ging, zweifelte ich immer wieder, ob es der rechte Weg auch sei und kehrte um. Die anderen, die breite Wege gingen, kamen schneller vorwärts und hatten bei den Zwecken, durch die das Stoffliche gefördert wurde, mehr Erfolg im Leben." Ich nickte nur und sagte: „Das ist die alte Frage nach dem Verhältnis zwischen Denken und Tun, Theorie und Praxis, oder genauer – da auch das Denken schon ein Tun ist – die Frage nach der Übersetzung in das Ethos; ,ethos anthropo daimon', sagte Heraklit, und das ist schwer zu übersetzen, schon im Bereich der Sprache selbst." Er fragte: „Wer war Heraklit?" Und ich sagte: „Ein Philosoph vor Sokrates. Er entstammte einem alten Herrscherhaus, besaß als Erbe seines Vaters den Rang und Namen eines *basileus*, eines Opferkönigs, doch er überließ das seinem Bruder, der es wohl besser konnte. Seine ,Sprüche' sind Fragmente einer Buchrolle, die verloren ging, die aber auch zu seiner Zeit gar nicht verstanden wurde, so daß er sie im Tempel der Artemis von Ephesos, seiner Heimatstadt, deponierte. Die zuhörten, wenn er daraus vorlas, waren gleichsam taub, anwesend abwesend, so sagte er in einem anderen Spruche resigniert. Also heißt lesen zuerst hören, dann auch verstehen, und im Verstehen erfüllt sich eines Menschen Schicksal: daimon. Das ist der Wahrheitsfunke Platons (7. Brief), der überspringt auf den, der empfänglich ist; in ihm entfacht er einen Brand der Existenz, woraus sich weiterhin das

Geistesfeuer nährt. Können wir nicht glauben, daß dadurch schon die Welt verändert wird?" "Freilich", meinte er, "doch es darf nicht trübe brennen, sonst sind wir trübe Gäste auf der Erde, und das wäre auch ein Schicksal."

Als ich bald danach den ‚Sokrates' befragte über den Spruch des Heraklit, sagte er unter anderem: "Es gab in den Jahrhunderten der europäischen Geschichte manche Ideale des Mensch-seins: den homo humanus, den Humanisten, auch in Gegenstellung zum homo christianus oder gar christianissimus, – den honnête homme, – den gentle man, – schließlich den guten Bürger und gar Bildungsbürger, aber alle diese Ideale waren doch gesellschaftliche Ideale, ethisch verankert, aber nicht dämonisch im Sinne Heraklits. Zum Dämonischen gehört die Einzelheit und Einsamkeit, nicht die gesellschaftliche Situation, sondern die Ausnahmesituation, vielleicht als Grenzsituation. Es ist deshalb kein ‚Ideal', wie Heraklit zu existieren. Er existierte aber denkend, betend, handelnd im *Symbol,* ähnlich chinesischen Philosophen. Nur negativ war er *zoon politikon, logon echon,* obwohl das doch die Grundsituation des Menschen damals war. Gerade seinen *logos* hat, was er beklagte, kaum einer verstanden; und er lebte, wie es heißt, auch außerhalb der *polis* in der Nähe eines Tempels als Eremit. Als einmal Touristen kamen, um ihn zu besichtigen, saß er am Backofen, um sich zu wärmen. Sie blickten scheu, und er rief ihnen zu: ‚Tretet nur näher, auch hier sind Götter'. Er meinte wohl: die Götter sind auch da, wo Brot gebacken wird, falls es in Frömmigkeit geschieht. Und was das ‚tägliche Brot' bedeutet, dessen gedenken wir im ‚Vater unser', wenn es nicht abgeleiert wird. Doch ich bin abgeschweift von unserem Ausgangsspruch: ethos anthropo daimon, wobei das Schwerstgewicht auf dem daimonion liegt, von dem auch Sokrates dann sprach." "Sprach nicht davon noch Goethe?" sagte ich. "Gewiß. Und er hat sich selbst höchst aufschlußreich noch kommentiert, bevor die Wissenschaft ihn kommentieren konnte in dem Bemühen, dem *ethos* und dem *daimon* sich zu nähern, freilich am Backofen der Universität, wo vielerlei gebacken wird, nicht nur nahrhaftes Brot. Als Goethe seine ‚Urworte Orphisch' erläuterte, schrieb er, der Dämon (daimon) bedeute hier die notwendige, bei der Geburt unmittelbar ausgesprochene, begrenzte Individualität der Person, das Charakteristische, wodurch sich der Einzelne von jedem Anderen bei noch so großer Ähnlichkeit unterscheidet. Und in Gesprächen mit Eckermann, etwa ein Jahr vor seinem Tod, äußerte er, in früheren, dunklen Zeiten sei das Dämonische mächtiger gewesen als in unseren prosaischen Jahrhunderten. So fänden sich seine Spuren im Alten wie im Neuen Testament, sogar bei Christus. In einer klaren, prosaischen Stadt wie Berlin fände es aber kaum Gelegenheit sich zu manifestieren." Dieser Ausspruch erheiterte uns beide. Doch konnte ich auch nicht umhin, gleich wiederum die Frage nach dem Mysterium der Freiheit zu berühren. ‚Sokrates' aber winkte ab mit der Bemerkung, das führe jetzt zu weit. „Indessen", sagte er, „wird deutlich, daß das Problem psychologisch oder anthropologisch kaum zu lösen ist, weil es viel tiefer noch verankert ist, schon bei Heraklit. Wir müßten sowohl die alten Götter wie den neuen Gott zu Hilfe rufen, um es vielleicht zu lösen. Und deshalb meinte ich, bereits die sprachliche Übersetzung des Ausspruches Heraklits sei schwierig. Weshalb ich auch des Rätsels letzte Lösung noch nicht fand. Das Rätsel übersetzt sich aber, wie wir sahen, im Laufe der Geschichte selbst, geschichtlich und geschicklich. Und gewiß sann Heraklit am Backofen darüber nach. Aber die Touristen konnten es wohl nicht bemerken und dachten nur, er spinne." Wir schwiegen eine Weile; dann fuhr ‚Sokrates' fort: „*ethos* – dieses Wort bedeutete damals auch Standort, Heimat mit alledem, was sie umschließt. Doch *daimon* verweist auf den noch tieferen Grund des Daseins in dem Sein. Das ist *arché*, der Ursprung, der nicht etwa längst gewesen ist, sondern noch immer ist, und so könnten wir die Philosophen und die Theosophen, die des Rätsels Grund bedenken, Archaiosophen nennen." „Wenn sie doch immer nah beim Feuer des Backofens säßen!" antwortete ich. Aber ‚Sokrates' meinte: „Dort immer nur das Eine zu bedenken, würde vielen langweilig. Gott selbst ist ihnen langweilig geworden, während die Götter noch immer unterhaltsam sind. In unseren Zeiten ist alles Elementare wissenschaftlich, technisch, sprachlich schon erfaßt, zum Gebrauche reguliert und um des wissenschaftlichen Fortschritts willen zum alsbaldigen Verbrauch bestimmt." Wir schwiegen wieder eine Weile, dann fuhr er fort: ,,Das Wort *archè* ist längst museumsreif geworden, nur ab und zu gelingt es der Touristik, es wieder zu beleben, wobei man auch des Kunstlichts sich bedient. Aber diese Wiederbelebungsversuche verlaufen sich im Sand des vielen Wissens. Versuche ich es selbst, meinem Dasein auf den Grund zu gehen, zum *daimon* gleichsam betend, dann macht man mir den Vorwurf, ich wiederholte mich andauernd, wird meines Denkens und Nachdenkens überdrüssig." Er machte ein Gesicht, als sei er dieses Vorwurfs selbst schon überdrüssig. Doch dann erheiterte er sich wieder und ergänzte: ,,Es ist das Schicksal eines Philosophen, falls er in Wahrheit einer ist, daß er unzeitgemäß ist in der Zeit, wenn er dem Sein, das göttlich ist, zu dienen sucht. Das ist die lange Weile eines Gottesdienstes, der sich wiederholt, denn Gott wiederholt sich selbst; was gewesen ist, west nach, und was von großen Menschen schon gedacht ist, denken wir nach. Nur darf ein solches Denken nicht pedantisch sein. Das wissenschaftlich-technische Denken muß pedantisch sein um der Exaktheit willen. Falls aber Philosophen – und ich wünschte: auch die Theosophen – das Ursprüngliche bedenken, müssen sie Sprünge machen – Gedankensprünge, Sprachsprünge, gar Satyrsprünge. Was für geniale Meisterspringer waren beispielsweise in unserem Sprungraum Lichtenberg, Jean Paul, der eine Kurz-, der andere Weitspringer – der eine aphoristisch philosophierend, der andere phantastisch metaphorisch. Von jeher gibt es aber auch Pedanten in der Philosophie, wenn sie Wissenschaft zu werden strebt, besonders in der Neuzeit und der neuesten Zeit. Platon war kein Pedant, aber schon Aristoteles war manchmal einer, und dank ihm wurden dann viele Theologen des Mittelalters auch

Pedanten – Schulmeister Gottes. Denn – Sie wissen es vielleicht – in der Antike nannte man die Schulmeister Pedanten, und so traten sie auch in Komödien auf. Die Methoden der Pedanten sind freilich nützlich, insofern auch berechtigt, so daß wir ihnen danken müssen bei unseren unmethodischen und unnützen Sprüngen und Absprüngen, wenn sie uns das Sprungtuch halten. Gott selbst springt dauernd ab, und deshalb ist er nicht zu fassen, gelingt nicht die Theodizee." Ich unterbrach ihn mit der Bemerkung: ,,Einstein behauptet, Gott würfele nicht." ,Sokrates': ,,Das ist sein Glaube, Wissenschaftsglaube. Ich aber glaube: Gott würfelt, wenn nicht immer, so doch oft. Er spielt. Vielleicht verspielt er einmal unsere Erde wie Menschen auf der Erde ihr Hab und Gut verspielen. Denn er ist Freiheit, und unsere Freiheit ist von Gottes Gnaden. Da fällt mir wiederum ein anderer Ausspruch Heraklits ein, in dem er das Weltall einem mit sich selbst brettspielenden Kind vergleicht." ,,Immerhin", sagte ich, ,,es geht nicht ohne Brett und ohne Steine."

10. Über die Liebe

,,Der Glaube", sagte ,Sokrates' in einem Symposion mit seinen Schülern – es waren nur ein halbes Dutzend und ich war dazu eingeladen – ,,gründet sich auf Liebe und auf Hoffnung. Alle Zungenreden, schrieb Paulus in dem ersten Brief an die Korinther, bewirken auf die Dauer nichts ohne Liebe, sie sind wie tönendes Erz oder klingende Schelle, mag das Erz auch noch so dröhnen, die Schelle noch so süß erklingen wie Glöckchen an dem Weihnachtsbaum. Gott ist kein Weihnachtsmann, der mit Paketen sich behängt. In einer heiligen Sternennacht, so lautet die Legende – das heißt: das was zu lesen und zu bedenken ist – lag er arm in einer Krippe als ein Menschenkind, das geborgen war in Liebe und Liebe offenbarte. Auf diese Liebe stützte sich von Anfang an der Glaube, die Liebe weckte Hoffnung. Alle Zungenreden, sagte Paulus, sind vergeblich ohne Liebe. Deshalb sind Glaubensreden Liebesreden, und kraft der Liebe lassen sie uns hoffen. Die Fertigkeit im Zungenreden ist zu erlernen. Aber wie lernen wir lieben, wie lernen wir hoffen, um die Wahrheit auch zu glauben? Erinnert euch an Platons Gastmahl. Das waren lauter Liebesreden, denn alle, die da sprachen, liebten in irgendeiner Form, und sie versuchten zu erkennen, was der Liebe Wesen ist. Ein Glück, daß Sokrates dabei war; denn er überragte schließlich alle Redner, nicht als größter Zungenredner, sondern als größter Liebender. Doch ich wünschte, es wären dann statt Alkibiades Jesus oder Paulus noch hinzugekommen, geschichtlich viel zu früh, es war nicht an der Zeit, der Weltgeist hat, wie Hegel sagte, keine Eile. Gottes Mühlen mahlen langsam und sie mahlen schmerzlich fein. Nennen wir den ersten Gang den Liebestrieb, den zweiten Eros, den dritten Agape." „So gäbe es", warf ein Schüler ein, „auch drei Glaubensgänge?" „Drei Glaubens- und drei Schmerzensgänge, wenn wir vereinfachen; denn es gibt noch Übergänge, Umgänge und Seitensprünge. Um das Kreuz gibt es den Kreuzgang, in dem ich selbst mich gern bewege. Aber Platons Gastmahl kann noch lehrreich sein sogar für Christen, die sich auf die Liebe in ihrer höchsten Phase (das Wort Phase hängt mit *phainesthai* zusammen, also auch mit *phos*, das Licht) noch nicht verstehn und noch einmal den Kursus wiederholen wollen. Denn Gott ist groß geworden unter Göttern und muß sich unter Göttern immer noch behaupten, auch wenn es nicht mehr die antiken Götter sind, sondern moderne. Denkt von der Liebe wie auch von dem Glauben nicht zu leicht, zu einfach, zu gering. Beides ist die größte Kunst in Graden oder Stufen, und auf jeder Stufe kann einer stolpern oder abstürzen."

Dann fuhr er fort: „Andererseits müssen wir, um besser noch zu philosophieren, auch in der Bibel lesen. Die Lektüre ist schon deshalb schwierig, weil sich die Bibel in jeder Sprache anders liest: in Hebräisch, Griechisch, Lateinisch, Lutherisch oder in modernem Deutsch. Und nicht nur spricht die Zunge zungenfertig, sondern auch vielzüngig, scharf, spitz, feurig, lahm, belegt, falsch, böse, giftig und so weiter. Was ist der reine, ursprüngliche Text, wo ist die reine Zunge? Deshalb rufen wir den Heiligen Geist um Hilfe an, wenn wir lesen, wenn wir sprechen – nachsprechen, hörend lesen. Denn in jedem Fall muß einer nicht nur mit den Augen lesen, sondern auch mit den Ohren lesen, er muß hören; also braucht er offene Ohren. Die Wahrheit kommt auf Taubenfüßen in dem Lärm der Welt. Taubenfüße sind keine tauben Füße, denn die Wahrheit tanzt. Das sind Figurentänze und Metapherntänze. Der Geist bewegt sich flüchtig wie ein Rauch, wie ein Hauch, ist deshalb schwer zu greifen, zu begreifen. *Er ist im Augenblick,* dem Augenblick der Liebe. Nur die Liebe faßt ihn, die Treue hält ihn fest, sie gelobt und glaubt augenblicklich. Dieser Augenblick war für die Griechen göttlich, sie nannten ihn *kairòs.* Was geistig uns zuteil wird, ist an den Augenblick gebunden, nicht machbar, nicht verfügbar, es ereignet sich nicht logisch, sondern kairo-logisch. Lesen heißt nicht nur denkend lesen, sondern auch liebend lesen. Es geht mir nicht um Wissen – die Bibel-Wissenschaft –, sondern um die Weisheit auf dem Weg zur Wahrheit. Das Wissen, das nicht wurzelt in dem Weisheitsstreben, bleibt an der Oberfläche, nur zum Gebrauch bestimmt. Gründlich wissen heißt aus dem Ursprung wissen – den erreicht wohl keiner, es sei denn, er hätte jene Liebe, von der Paulus spricht. Ich will die fortschreitende Bibel-Wissenschaft, wenn ich ihr begegne, nicht mißachten, sondern dies und jenes von ihr lernen, doch ich lese die biblischen Geschichten als Geschichten von Gott und Mensch und Welt, so wie ich auch die Philosophen und die Dichter lese, und ich bedenke kritisch, wer ich selbst bin, woher ich komme und wohin ich gehe.‘‘

Dann las ,Sokrates‘ das dreizehnte Kapitel des Korintherbriefs und schloß auch noch die erste Hälfte des vierzehnten Kapitels an. Die zweite Hälfte unterschlug er, weil darin geboten wird, daß die Frauen in der Versammlung der Gemeinde schweigen sollen; im Zweifelsfalle sollten sie zuhause ihre Männer fragen, wie die Texte auszulegen seien.

Beim nächsten Symposion sagte er unter anderem: ,,Laßt es uns immer wiederholen, daß Philosophieren keine Fertigkeit im Zungenreden ist, nicht die Kunst viel und vielerlei zu wissen, sondern Liebeskunst, geistige Liebeskunst. Wer liebt hofft, wer liebt glaubt, gelobt. Das heißt platonisch denken und zugleich christlich denken. Doch es ist merkwürdig, daß die Juden *bildlos* glaubten, wie ihnen Gott gebot, aber die Griechen *bildhaft* glaubten, obgleich dann Platon sagte, in Wahrheit sei das Göttliche ohne Fleisch und Farben und allen übrigen Tand (phlyaria), sondern sonnenklar und rein (eilikrinés, katharón), obwohl er es das Schöne nennt (tò kalòn). Schön nennen wir die Kunst oder das Kunstwerk, und wir verbinden mit der Schönheit auch die Liebe, Liebeskunst. Aber Platon, philosophisch denkend, fragt, was denn *in Wahrheit* schön, *als* Wahrheit auch zu lieben, deshalb in Wahrheit *gut* sei. Es ist für ihn das Göttliche im Dreiklang der Wahrheit, Schönheit, Güte. Und dahin deutet, strebt die aufsteigende Liebe. Diese Liebe ist also geistig: sinnlich-übersinnlich, um es paradox zu sagen. Es ist vergleichbar dem christlichen Paradox; denn auch die Christen, so sehr sie sich dagegen wehren, von den Griechen abhängig zu sein, um Gott von anderen Göttern streng zu unterscheiden, lieben, glauben, denken, beten, hoffen bildhaft: sinnlich-übersinnlich. Da liegt denn die Verwechselung des wahren Glaubens mit dem Aberglauben nahe, so menschlich und verzeihlich sie auch ist – ich möchte sagen: so volkstümlich sie ist. Mir bekannte kürzlich ein Kollege: was ihn am stärksten hinziehe zum Katholizismus sei das Heidnische im Katholizismus." Diese Bemerkung zu wiederholen bereitete ihm sichtliches Vergnügen. Doch er ergänzte: ,,Als ich noch jung war, von der Kunst und Schönheit der Griechen heftig affiziert, sprach mich die höchste Form der Liebe, von der Platon schließlich sprach, noch gar nicht an, sie war mir zu platonisch. Stürzt doch, wer die höchste Stufe zu erreichen strebt, am Ende immer wieder ab; das erfordert lange Übung, *áskesis*. Doch nun bin ich alt, da wird es leichter. Und da auch Diotima, die Priesterin aus Mantinea, die den Sokrates belehrte, was wahre Liebe sei, alt und welk geworden war, konnte sie die Botschaft leicht verkünden. Jeder spricht von Wahrheit, und dennoch geht ein jeder ihr lieber aus dem Wege. Ähnlich verhält es sich mit Freiheit. Woraus zu schließen ist, daß die Wahrheit und die Freiheit eng verbunden sind. Darüber ein andermal."

Aber einer der Symposiasten oder Gymnasiasten bat: „Warum nicht hier und jetzt?" So besann sich ‚Sokrates' und setzte seine Rede fort: „Ich möchte nur vermeiden, daß ich zum Rhetor werde. Denn das Wahre ist schlicht und einfach, so wie Gott, das Sein. Deshalb wiederholt sich meine Rede, langmütig bis zur Langeweile. Das Schwergewicht liegt in dem Suchen nach der Wahrheit. Die Wahrheit ist nicht Richtigkeit, die man messen kann, die man mißt an dem Erfolg und Nutzen. Wer kann die Liebe messen, wer kann die Schönheit messen, wer kann die Güte messen – ja wer kann Gott, das Sein ausmessen, damit es nützlich werde? Wir sprechen von der Welt: dem Kosmos, der Materie. Wir blicken von dem Pünktchen Erde, einem Stäubchen gleichsam der Materie, auf dem wir eine Weile da sind, mit Augen und mit Instrumenten zu der Sonne, zu den Sternen hin, zur Milchstraße auf, und wir errechnen in der Milchstraße Milliarden Sterne, Lichtjahre entfernt, wir errechnen weiter, daß es in dem weiten Himmel Milliarden anderer Sternnebel, Milchstraßen, gibt. Eine schwindelhafte Rechnung, die uns hinweist auf die Unendlichkeit des ‚Großen'; kehren wir sie um, so führt sie uns zu der Unendlichkeit des ‚Kleinen'. Kehren wir die Rechnung selbst um, oder in der Rechnung um, dann ist es *Umkehr in die Wahrheit*, die ich meine. Sie ist nicht Resultat der Rechnung, sondern offenbart sich im denkenden Erschauen und Erstaunen. Wir nennen sie in unserer Sprache umfassend *Gott*. Fragt man mich: Wo ist er denn? dann breite ich die Arme aus, so kurz sie sind, und sage: ‚Überall und nirgends. Gott ist das Sein'. In diesem Sein birgt sich die Wahrheit, die ich liebe, denkend suche jenseits aller Rechnung, so berechtigt diese Rechnung ist. Und ich gewahre sie, wie Platon und noch Goethe sagt, im Ab-glanz. ,Am farbigen Abglanz haben wir das Leben.' Das aber nenne ich die Frömmigkeit des Denkens. Doch mit dem Benennen ist es nicht getan. Was ist zu tun? Liebend denken, glauben an die Wahrheit, an das Sein, das ewig ist, *und es zur Sprache bringen.* Mir kommt es vor, als wollten wir damit die Ewigkeit einholen, was freilich paradox ist, – die Paradoxie des philosophisch-gläubigen Denkens selbst."

Wir hatten zugehört und schwiegen nun ergriffen. Das aber war ihm sichtlich unbehaglich, so daß er selber schwieg und dann das Thema wechselte mit der ironischen Bemerkung, daß wir doch nicht in einer Kirche säßen, worin er zu uns predige. Wir sollten antworten.

11. Die allgemeine Demaskierung

Als ich nach einigen Tagen ihn wieder traf, sagte ,Sokrates' zu mir: ,,Wir sprachen neulich bei dem Gastmahl mit den Schülern von der sinnlich-übersinnlichen Liebe. Entschuldigen Sie bitte, daß es dazu nur Tee gab." Ich antwortete ihm: ,,Nichts zu entschuldigen. Zwar ist der Wein der dionysische Trank, ein Zaubertrank, ein Liebestrank, der trunken machen kann, aber auch der Tee belebt die Philosophie, wie uns die Inder und Chinesen zeigen." ,,Gewiß", gab ,Sokrates' mir zu; ,,aber bedenken Sie das schon erwähnte Paradox des sinnlich Übersinnlichen, das meinen Schülern wohl so schwer verständlich war wie mir in meiner Jugend. Überhaupt das ,Über' – hat es mit Recht nicht Nietzsche demaskiert, neben ihm Marx, dann Freud? Oft fallen aber schon beim Wein die Masken." ,,Philosophische Gespräche sind nicht mehr Maskenfeste", erwiderte ich ihm, ,,sondern schon Aschermittwoch. Spätestens um Mitternacht beginnt die Demaskierung. Dabei fällt mir Alkibiades ein, der am Schluß von Platons Liebesreden hereinbricht mit der Schar der Trunkenen." ,,Das war das Satyrspiel in der Tragödie – denn tragisch war die Rede Diotimas immerhin. Aber Sokrates hat sich im Satyrspiel bewährt, da ihn der schöne Alkibiades ja nicht nur übersinnlich lieben wollte, sondern sinnlich, und Sokrates gewiß nicht frei war von aller Sinnlichkeit, wie andere Dialoge Platons zeigen. Es ist zu bedauern, daß Xanthippe keine Memoiren hinterließ; aber sie konnte wahrscheinlich gar nicht schreiben." Damals kam Freud in Mode und ich hatte begonnen ihn zu lesen. Dabei geriet ich oft in die Verhaltensweise jener, die alles psychoanalysieren wollten, um nach dem bekannten Schematismus alles zu erklären; und wenn ein anderer nicht zustimmte, war eben dies noch der Beweis, daß er was zu verdrängen hatte. Deshalb antwortete ich: ,,Wir müßten Freud zu Hilfe rufen." Er: ,,Um Platon niedriger zu hängen, die Übersinnlichkeit der Liebe auf Sinnlichkeit der Triebe zu reduzieren oder auf Verdrängung? Das hieße dann wohl demaskieren. Es ist merkwürdig, daß nach dem ,Ende' der Philosophie – wenn Hegel Recht behält – die allgemeine Demaskierung fast gleichzeitig begann: die des Christentums durch Feuerbach und Nietzsche, die des Bürgertums und seiner Wirtschaft durch Karl Marx, die des Geistes und der Seele durch Sigmund Freud. Es war die große Krisenzeit nicht nur für die Philosophie in Gestalt der Metaphysik, sondern auch für die Religion, ja überhaupt die bisherige abendländische Kultur." ,,Wurde sie nicht ausgelöst durch die Entwicklung der Wissenschaft, Wirtschaft und Technik?" ,,Aber vermittels der Ideologien." ,,Wie soll ich das verstehen?" ,,Man hinterfragte die Übersinnlichkeit – wenn ich das ganze Maskenfest und seine Demaskierung zusammenfassend so charakterisieren darf – nicht um die Übersinnlichkeit wahrhaft noch zu steigern, also hinaufzusetzen, sondern um sie herabzusetzen; und das geschah teils wissenschaftlich, teils pseudowissenschaftlich – eben nicht mehr geistig, sondern ideologisch, das heißt: zweckbestimmt, um damit etwas zu erreichen, nicht sinnbestimmt im Suchen nach dem *Sinn*, damit das Dasein sich immer besser noch erfüllt. Es folgte so dem Maskenfest die Demaskierung als Materialisierung, als Pragmatisie-

rung, Proletarisierung. Doch des Menschen Sinn drängt paradoxerweise immer wieder zum Übersinnlichen. Damit will ich
nicht sagen, daß für ihn die Demaskierung nicht heilsam werden
könnte. Das wäre zumindest eine Reinigung und Prüfung, wie
sich erwiesen hat. Aber man soll die Kirche im Dorf stehen
lassen." „Sie meinen, wenn ich recht verstehe: die Religion wie
auch die Philosophie?" „Ganz richtig", sagte er; „wir können
das in einem anderen Gleichnis so formulieren: man darf des
Menschen Übersinnlichkeit, die Geistigkeit, zwar ironisieren,
aber nicht negieren, sonst nimmt er Schaden an der Freiheit
seiner Seele. Der Mensch hat nicht nur Triebe, sondern auch die
wahre Liebe als Liebe zu dem Sein in seiner Wahrheit. Das ist
die Paradoxie und Schwierigkeit des Daseins, unter der die Tiere nicht zu leiden haben. In dem Bewußtsein der Würde dieser
Geistigkeit ist Religion verbunden mit Philosophie, und umgekehrt die Philosophie mit der Religion. Und die Dichtung, ja
Kunst überhaupt, spielt mit in diesem Spiel, das ich heilig nennen möchte, wenn ich auch selbst kein Heiliger bin." Eine Weile schwieg er, dann fuhr er fort: „Für Marx und Freud – ich
lasse Nietzsche jetzt aus dem Spiel, wir haben oft von ihm
gesprochen – ist die Idee, das Übersinnliche schlechthin nur
Überbau, vereinfachend gesagt ‚Opium des Volkes', ob als Religion, Kunst oder Philosophie. Von Haus aus waren beide auch
Philosophen, der eine infiziert von Hegel, der andere von Schopenhauer. Marx destruierte diesen Überbau, um als Unterbau
die wirtschaftlichen Produktionsverhältnisse ans Licht zu bringen, und Freud wies auf das Unbewußte hin, insbesondere die
sexuellen Triebverhältnisse, die aus gewissen Gründen das Bewußtsein sich verbarg, indem es sie verdrängte. Beide versuchten wissenschaftlich, dogmatisch, ja autoritär die Kondition des
Menschseins umzustürzen. Soweit es Marx nicht tat, half der
Marxismus, soweit es Freud nicht tat, der Freudianismus. Das
war dann aber nicht mehr reine Wissenschaft, sondern Pseudowissenschaft, eben Ideologie, wozu die Ismen in der Regel nei-
gen, besonders in Gestalt der Gegen-Ideologie. Ist der Sinn des

Philosophierens das Suchen nach der Wahrheit, nach dem wahren Sein, dann ist der Gegen-Sinn die ‚Lebenslüge‘ der Verdrängung, die dem Menschen schadet, auch indem er das philosophische Fragen unterläßt. In diesem Sinne galt das ‚gnothi seautón‘ (Erkenne dich selbst) des Sokrates und Platon nicht dem empirischen Subjekt, sondern der Existenz im Hinblick auf die Transzendenz. Wird dieser ‚Überbau‘ empirisch-wissenschaftlich reduziert, dann wird die Philosophie, das wahre Sein und Gott, verdrängt und bald vergessen – zumindest in des Denkens verkürztem Pragmatismus, so notwendig und nützlich er auch sein mag. Mit anderen Worten: mit der Untergrabung des übersinnlichen Bereichs verliert der Mensch die Freiheit – so negativ sie immer ist, weil sie nicht beweisbar ist. Damit verliert er das Bewußtsein seiner Würde, die Humanität.“ Er schwieg, dachte weiter nach und ergänzte: „Das Sinnliche ist erkennbar und systematisierbar, aber nicht das Übersinnliche, und doch ist es der Anfang wie das Ende, Alpha und Omega.“ Ich erwiderte: „Gott läßt sich nicht systematisieren.“ Und er antwortete mir: „Eben deshalb auch nicht regulieren, nicht manipulieren. Das aber widerstrebt des Menschen Machtgeist, Wissenschafts- und Wirtschaftsgeist. Die Macht der Ratio hat Grenzen.“ „Aber auf Grenzen stößt doch auch, wer das Übersinnliche bedenkt!“ „Indessen weiß er, daß er es nicht wissenschaftlich denken kann, weshalb er, vom Standpunkte der Wissenschaft gesehen, nichts weiß. Das war die Weisheit eines Sokrates, aber auch Montaignes und Pascals.“

In dem *Tagebuch* des ‚Sokrates‘ fand ich, als ich später seinen Nachlaß sichtete, eine Aufzeichnung, die sich beziehen läßt auf das voraufgegangene Gespräch. Er schrieb:

„Der Wille zu der Wahrheit ist kein Vorurteil, wie Nietzsche meinte. Die Wahrheit ist auch kein ‚Wert‘. Nur die Richtigkeit ist ‚Wert‘ zu nennen, weil sie nützt, im Maße als die Sache und der Sachverhalt, um den es geht, uns nützt, so daß wir uns anpassend fügen. Die Wahrheit ist das *Sein*, in ihm ist sie geborgen und verborgen. Das Suchen nach der Wahrheit ist nicht zu verdrängen – so ferne uns die Wahrheit ist, obgleich wir doch selbst *sind* – ohne daß wir Schaden nehmen an der Seele, nicht allein im Sinne Freuds. Wir wollen in der Wahrheit sein aus Liebe zu dem Sein, um in Wahrheit auch zu sein. Nicht der *Irrtum* ist das Gegenspiel zur Wahrheit – denn wir suchen irrend unseren Weg – sondern die *Lüge*, ob wir uns nun selbst belügen oder andere. Deshalb erröten wir, äußerlich und innerlich, in Scham, haben wir vor der Wahrheit, durch sie bedrängt und sie verdrängend, Angst – Angst zu existieren in der Wahrheit, die zum Tode führt, dessen geheimes Wesen wir nicht kennen. Verneinen und verraten wir, wenn wir der Wahrheit aus dem Wege gehn, nicht auch das Sein, statt uns darin zu üben, es zu bejahen? Gott ist die Wahrheit, der Teufel ist die Lüge. In der Liebe zu dem Sein in seiner Wahrheit heiligt sich das Leben in der Zeit. So leben wir im Vorhofe des Tempels, ob wir denken, beten oder dichten. Unsere Reden sind Vorreden, die sich, wenn wir tot sind, vielleicht in Nachreden verwandeln.

Die Philosophie, sagt *Hegel* immer wieder, müsse *systematisch*, sie dürfe nicht *erbaulich* sein. Er gebraucht das Wort ‚erbaulich' meist ironisch. Dem zum Trotz ist zu entgegnen, daß die ‚erbauliche Philosophie' sich stets zu Wort gemeldet hat, um das unvollkommene System zu stören, zu ergänzen oder zu zerstören. Das ist die Philosophie *der Existenz* mit ästhetischem Charakter, ethischem Charakter, politischem Charakter, religiösem Charakter. Das Wahre ist nicht als Substanz an sich, noch als Subjekt an sich, sondern als Existenz *mit* Transzendenz. Alle *Systeme* sind deshalb *System-Entwürfe* für die in Sein und Zeit geworfene Existenz. Alle Systeme, ob Seinssysteme, Weltsysteme, Wirtschaftssysteme, politische Systeme, Religionssysteme, Rechts- und Moralsysteme der Gesellschaft müssen in der Systemgesetzlichkeit und der Systemgerechtigkeit durchbrochen und gar übertreten werden durch je des Menschen Existenz. Kritisch fragend, selbst mitverantwortend, wägt er das mächtige System auf der kleinen Waage seines Daseins, so lächerlich und gar gefährlich das auch ist. Dieses Wägen ist zugleich Wagen. Realisieren heißt existieren, de jour en jour, de minute en minute, wie *Montaigne* schreibt, den ich Hegels Gegenspieler nennen könnte, weshalb ihn Hegel auch am Rande nur als Philosophen gelten läßt. Diese – von Hegel her gesehen – *Existenz am Rande,* in der Randsituation, ist aber die *notwendige Ergänzung* zum Systemgeist jeder Art und Form, – des Menschen *wahre Situation,* denn zu ek-sistieren hat ihn das Sein bestellt. Nouvelle figure: un philosophe impremedité et fortuite. Die Ergänzung ergibt zwar nicht das Ganze, ist aber geschichtlich und geschicklich des Menschen Weg zu ihm, auf dem er stürzt und scheitert bis zum Tod – in der Hoffnung, so lächerlich das klingt, daß er auf diesem Weg ‚Unsterblichkeit‘ gewinnt. Das hat selbst *Kant* in seiner Ethik postuliert. Sein Postulat stützt sich auf Gott, auf die Freiheit, auf die Hoffnung. Das philosophisch-theologische Denken, so objektiv es sich auch gibt oder zu geben scheint, ist nicht logisch, auch nicht psychologisch, sondern *im Grunde existentiell. Auf dieser Spitze* steht jeweils das Sein, von dem wir sprechen, das wir ansprechen, indem es uns anspricht, selbst schweigend; es spricht uns aber in den großen, maßgebenden Menschen an. Es ist gerade so, als spitze sich das Sein, das wir als göttliches bejahen und verehren, auf den Menschen zu (‚Gott ward Mensch‘). Wir leiden an der Spitze, wenn auch nicht alltäglich und immer uns bewußt, und oft bricht die Spitze, tragisch oder komisch. Die göttliche Tragödie, die göttliche Komödie. Selbst Hegel und Montaigne haben sie gespielt, und Gott hat mitgespielt.‘‘

12. Theologie und Anthropologie

Ein Schüler sagte im Symposion zu einem anderen, der Theologie studieren wollte: ihn selbst interessiere nicht die Theologie, sondern die Anthropologie, also die Wissenschaft vom Menschen, nicht die von Gott. Denn nicht von Gott oder vom

Göttlichen oder gar von Göttern her sei das Sein zu erklären oder zu verstehen, sondern nur vom Menschen her. Was ist der Mensch? – das sei das Hauptproblem. ‚Sokrates‘ hörte lächelnd zu, und auch wir anderen waren darauf gespannt, wie das Problem sich lösen würde. ‚Sokrates‘ schwieg zunächst. Der angehende Theologe meinte: „Wenn aber Gott den Menschen doch geschaffen hat, so ist die erste und die letzte Frage, um die sich alles dreht, die nach dem Willen Gottes." Der Mitschüler erwiderte: „Doch nur der Mensch kann wissen, daß ihn Gott geschaffen hat – entweder von sich aus wissen oder vom Hörensagen wissen, das heißt durch eine Offenbarung, die überliefert wurde und an die alle oder doch die meisten glauben. Dieses Glaubenswissen ist zwar kein wissenschaftliches Wissen, aber immerhin: menschliches Wissen. Also ist der *Ansatzpunkt* des einen wie des anderen Wissens doch *der Mensch* – selbst wenn er Jesus heißt –, nicht Gott." Der angehende Theologe kam etwas in Verlegenheit. Der andere, zartfühlend genug, wurde selbst etwas verlegen, zumal ‚Sokrates‘ schwieg, und sagte: „Die Anthropologie könnte ja die Theologie noch mit umfassen. Sie wäre dann Physiologie, Biologie, Psychologie, Soziologie und so weiter, schließlich auch Theologie. Das wäre die moderne Revolution des Denkens, eine wahrhaft kopernikanische Wendung. Denn in Jahrtausenden der Geschichte ging man *von Gott* (oder Göttern) *aus,* von jetzt an, da der Mensch vollends mündig wurde, geht er aus *von sich,* was nicht ausschließt, daß er auf Gott zugeht, wenn er so weit gehen will und kann, indem ihm Gott vielleicht entgegenkommt. Freilich muß der Mensch dann kritisch fragen, wer und wo Gott ist, um ihn in Wahrheit zu erkennen." Nun nahm ‚Sokrates‘ das Wort und sagte: „Ich würde diese neue Wissenschaft dann aber nicht als Anthropologie bezeichnen, sondern als Anthroposophie, in Abwandlung des Wortes Philosophie. Dadurch würde freilich des bisherigen Denkens Richtung ‚kopernikanisch‘ umgekehrt, aber des Denkens Achse nicht gebrochen oder verkürzt; denn das wäre weiterhin die Achse Mensch-Gott oder Existenz-Transzendenz, falls überhaupt das Sein, von dem wir ausgehn, oder auch: auf das wir fragend zugehn, mit einer Achse zu vergleichen ist und nicht vielmehr mit einem Ring – Ring der Unendlichkeit, der Ewigkeit, der Zeit zum Trotz, ja die Zeit umgreifend. Aber auch noch dies wäre ein menschlicher Gedanke, ein Symbol, das ich besonders deshalb liebe, weil es antik ist und erinnert an den entzweigebrochenen Ring, an dessen Teilen zwei Liebende sich erkennen und anerkennen, wenn sie heimkehren aus der Fremde." Der Theologe sagte, zu ‚Sokrates' gewandt: „Ich würde dann auch die Theologie als Theosophie verstehen in Verbindung mit der Anthroposophie." „Nur müßtest du ausgehen von der Anthroposophie", wandte der andere Schüler ein. Die Antwort war: „Wenn es ein Ring ist, können wir von hier wie auch von dort ausgehen. Das Ziel bestimmt den Weg, der Weg sucht sein Ziel. Der Mensch ist, wenn er seiner sich bewußt ist, im Besitz der einen Hälfte eines Rings, und er sucht die andere Hälfte, die Ergänzung, die Versöhnung. Es ist aber ein Ring der Liebe, meine ich, deshalb nicht nur des Denkens, sondern auch des Glaubens und der Hoffnung." ‚Sokrates' stimmte zu, er hörte seine eigenen Worte.

13. Philosophieren ist Trauerarbeit

„Die Frage nach dem Wesen der Philosophie", sagte ‚Sokrates' zu seinen Schülern, „müßt ihr immer wieder stellen; sie ist bereits das Philosophieren selbst, mögen die Logiker auch sagen, daß ihr euch im Kreise dreht. Ihr dreht euch aber um euch selbst, oder ihr schraubt euch denkend in euch selbst hinein, obgleich das eine Schraube ohne Ende ist. Wäre es Schraubarbeit zu nennen, nur eben geistig? Gleichviel, ihr müßt euch in euch selbst befestigen, so sehr die Schraube sich auch immer wieder lockert, zumal sie ohne Ende ist. Ihr müßt wissen, was ihr tut, wenn ihr philosophiert, – anders arbeitet als andere. Gewiß ist es ein Denken, denn ohne Denken könnt ihr auch nicht wissen, also ist es Denkarbeit. Ich möchte aber lieber sagen: es ist Trauerarbeit. Auch andere trauern, doch leisten sie nicht Trauerarbeit, aus welchen Gründen immer. Der Mensch als Philosoph hat die Aufgabe, um seiner selbst willen, um anderer willen, die Trauer zu verarbeiten. Es ist nicht genug, daß wir in Trauer existieren, wir müssen auch Tragödie spielen – philosophisch spielen, also Hiobsgespräche führen, uns die Arbeit einer Lösung und Versöhnung nicht ersparend mit Phrasen, die gängig sind und billig überliefert sind. Philosophieren heißt sterben lernen. ,Wer aber stirbt, eh' er stirbt, der stirbt nicht, wann er stirbt.' Das deutet auf Verarbeitung des Todesgrundes in dem Leben – auf des Lebens Trauerarbeit. Nicht ohne Humus, aber auch nicht ohne den Humor, in dem des Lebens Säfte sich bekömmlich mischen. Mancher könnte sagen, ich dächte pessimistisch. Aber Pessimismus ist wie Optimismus nur ein psychologisches Verhalten, das wir noch übersteigen, also transzendieren müssen. Keine tiefe Freude ohne Trauer. In der Trauerarbeit suchen und gewinnen wir die Freude, die aber nicht nur sinnlich, sondern geistig ist. Geistig im Sinne der Bejahung dieses Seins, wie immer es auch sei, Bejahung selbst des rätselhaften, unheimlichen Todes. Das ist der Sinn der religiösen Kunst und das Kriterium der großen Kunst. Da wir leiblich geistig sind, spielen unsere Sinne mit, wenn wir denkend die Tragödie spielen. Bleiben wir jedoch der Sinnlichkeit verhaftet, dann betrügen wir uns um die Kátharsis, die Reinigung, die Lösung. Trauerarbeit (auch als Traumarbeit) ist das Versöhnungsopfer. Ich spreche, wohlgemerkt, nicht von der Kunst im engeren Sinn, sondern vom Gesamtkunstwerk: der Philosophie, der Theologie, der Dichtung, Bildkunst, Tonkunst, Tanzkunst. Also Trauerarbeit, um wahre Freude zu gewinnen – die Freude durch die Wahrheit in dem Ja zur Wahrheit statt in dem Betrug der Lebenslüge, die sich optimistisch aufspielt, um den Tod entweder zu vergessen oder an den Rand zu drängen. Philosophieren – das ist Verwandlung der Tragödie in die göttliche Komödie. Ich sagte einmal: es sei Müßiggang.

Doch es ist auch Kreuzgang. Geht es bei aller anderen Arbeit als der Trauerarbeit denn nicht um Ware, Geld und Geltung? Wie viele Dinge, sagte Sokrates, gibt es, die ich nicht brauche. Was er in Wahrheit brauchte, das zu suchen war er immer unterwegs. Denkt darüber nach! Aber bedenkt: es handelt sich nicht nur um eure eigene Trauer, sondern auch um die der anderen, die nicht nachdenken; denkt für sie mit.

Unseres Daseins Grund ist Schmerz, von Geburt an bis zum Tod. Der Schmerz bewirkt das Leid. Die Philosophie, die Religion, die Kunst verarbeiten das Leid, um Freude zu gewinnen, Freude durch den Geist des Seins, der mir heilig ist. Freude ist das Ja zum Sein. Gibt es aber nicht auch schwerwiegende Gründe, das Dasein zu verneinen in dem Schluß, es wäre besser nicht? Und führt der Schluß nicht oft zu dem Entschluß, es zu beenden? Denn manche finden jene Freude selten oder nie, die Leidverarbeitung mißlingt. Ich kann nicht leugnen: auf des Messers Schneide ist das eine wie das andere möglich. Sind doch selbst der Lust noch Schmerzen beigemischt und zugesellt. Weshalb das Räsonieren letzten Endes nicht den Ausschlag gibt. Was gibt den Ausschlag? Wer gibt den Ausschlag? Nietzsche stellt an sich und uns die Frage: ‚Bejahst denn *du* im tiefsten Herzen dieses Dasein? Genügt es dir? Willst du sein Fürsprecher, sein Erlöser sein? Denn nur ein einziges wahrhaftiges Ja! aus deinem Munde – und das so schwer verklagte Leben soll frei sein.‘ Gibt das Räsonieren nicht den Ausschlag, dann nur der Glaube, der mit Hoffnung sich verbindet: der Glaube an die Ewigkeit und nicht nur Zeitlichkeit des Seins, das göttlich ist.

Ich las kürzlich wieder in Gottfried Kellers ‚Grünem Heinrich‘, keiner rotbäckigen, sondern problematischen Existenz in unserer Epoche, und las, was ich früher überlas: ‚Aus Nichts hat Gott die Welt geschaffen! Sie ist ein krankhafter Abszeß dieses Nichts, ein Abfall Gottes von sich selbst. Das Schöne, das Poetische, das Göttliche besteht eben darin, daß wir uns aus diesem materiellen Geschwür wieder ins Nichts zurückabstrahieren, nur dies kann eine Kunst sein!‘ Was soll ich dazu sagen?

Hat Gott die Welt aus Nichts geschaffen, so ist nicht nur die Welt ein Nichts, sondern Gott ist selbst das Nichts. Wenn aber das Nichts *ist*, dann ist das *Sein*. Es kann gesund und krankhaft sein, aber jeder Fall und Abfall bleibt in seiner Fülle. Und alle Kunst besteht darin, den Glauben an die Fülle zu bestärken, damit das Kranke auch gesunde. Das ist kein billiges Rezept. Kunst ist ein teures Medikament, täglich dreimal zu gebrauchen, in abgemessenen Dosen. Die Fülle dieses Seins ist auch nicht zu verwechseln mit des Menschen Wohlsein in der Körperfülle. Es gibt, wie Nietzsche sagte, ‚höhere Gesundheit‘. In der niederen Gesundheit wird alles vermarktet, auch die Kunst, ja die Krankheit wird vermarktet. Der Künstler wird vermarktet, auch wenn er es nicht will, weil er weiß, daß der Wert des Werkes nicht der Lust- und Marktwert ist, sondern die Trauerarbeit. Alle großen Geister leisteten Trauerarbeit. Doch auch mit der Trauerarbeit ist noch ein Geschäft zu machen.

Der Abfall Gottes ist des Menschen Abfall von der Göttlichkeit des Seins. Das Nichts nichtet in Angst, Verzweiflung, Unentschlossenheit, im Lebensüberdruß, in Glaubens- und in Hoffnungslosigkeit, im Sophismus und Zynismus bis zum Nihilismus. Doch das Sein triumphiert. Da hilft nur Ja und Amen, nicht als Erkenntnis, sondern als Bekenntnis, also das ‚Gebet‘ als der Weisheit letzter Schluß.

Die echte, wahre Sprache ist nicht das Gerede und Gebete, sondern ist ein Akt. Und nur in diesem Akt, der kairologisch ist, an die Gnade des Kairos gebunden, west das Mysterium an, und wir sagen Ja zum Leid, zur Schuld, zum Tod. Dies ist mein Gelöbnis, und ich hoffe, daß ich es erfüllen kann.“

II.

AUS DEM TAGEBUCH

1949–1951

1949

Im Frühling. Ein Mensch für sich allein existiert nur potentiell. Erst die Begegnung mit dem „Nächsten" bricht den Bann; nun blüht er auf, nun zeigt sich, wer er ist, nun erst entfaltet sich sein Dasein. Was verbindet beide, die doch nicht wissen wer sie sind? Wir sagen: Liebe. Jedoch, was ist der Grund? Die Schönheit? Das heißt nur das Mysterium mit einem anderen Namen nennen. *Stifter,* in der ‚Mappe meines Urgroßvaters', sagt von einer Frau: „Ich weiß nicht, war sie besser oder schlechter als tausend andere ihres Geschlechts ... Aber einen Vorzug hatte sie vor allen, die da leben, und dieser war, daß ich sie sehr geliebt habe." Zunächst scheint „Vorzug" hinzuweisen auf eine Eigenschaft als Grund der Liebe. Dann aber folgt der paradoxe Nachsatz: „daß ich sie sehr geliebt habe", das übersteigt die Eigenschaften. Das heißt: die Liebe liebt keine Eigenschaft, sie trifft den Wesenskern. Und dennoch liegt der Kern nicht fest, er wandelt sich, er keimt und lebt. Wenn nicht die Dinge, so kann der Mensch beweisen, daß Dasein Gnade ist: Liebe, Glaube, Hoffnung. Die Liebe, die den Menschen zeugt, sie prägt und steigert auch sein Dasein weiterhin. Wie es im Grund nicht zu erklären ist, warum wir in der Welt sind, warum nicht Nichts ist, so ist nicht zu erklären, warum wir lieben. Die Fortpflanzung der Gattung ist nicht der Grund; sonst wäre Liebe sinnlos, die diesen Zweck verfehlt. Auch ist gewiß, daß innerliche Liebe der körperlichen niemals kongruent ist. „Des Abendmahles göttliche Bedeutung ist den irdischen Sinnen Rätsel. Wer hat des irdischen Leibes hohen Sinn erraten? Wer kann sagen, daß er das Blut versteht?" So *Novalis* in den Hymnen an die Nacht; und diese Nacht wird bleiben, tief und selig.

Es schneit in dicken Flocken, wo doch die Erde nun im Frühling glänzen sollte. Aber die Sonne, verborgen durch den Nebel, verbreitet gläsern helles Licht. Ich sah es, aus dem Schlaf erwacht, und sank wieder zurück. Dann hatte ich noch einen Traum – Gedankentraum, Traum ohne Bilder –: der Geist, so träumte ich, ist wie ein Hauch; er haucht sich in der Sprache aus. Die Worte meinen Dinge, sichtbare, unsichtbare. So sind die Dinge ein Symbol des Geistes. In ihnen muß er sich bezeugen. In ihrer Gegenständlichkeit bricht sich sein Licht, durch sie gewinnt er Farbe und Gestalt. Wir leben gleichsam unterm Regenbogen.

Goethe sagte zu Eckermann am 3. Oktober 1828: „Der Mensch bedarf der Klarheit und der Aufheiterung, und es tut ihm not, daß er sich zu solchen Kunst- und Literaturepochen wende, in denen vorzügliche Menschen zu vollendeter Bildung gelangten, so daß es ihnen selber wohl war, und sie die Seligkeit ihrer Kultur wieder auf andere auszugießen imstande sind."
An diesem Ausspruche ist merkwürdig, daß Goethe vom Geiste nicht nur Klarheit, sondern auch Heiterkeit erwartet; dann aber: daß er diese zu gewinnen hofft im Umgang mit Menschen vollendeter Bildung. Als ein Kriterium dieser Vollendung gilt ihm das Wohlsein, die überfließende Seligkeit der Kultur. Sicher dachte er zunächst an die Antike, als er so sprach, und ich, wenn ich es lese, denke zuerst an ihn. „Heiter" ist ein Wort, das er sehr oft gebraucht, er, der meist ernst war. Doch ist die Heiterkeit die Folge seiner Tätigkeit, Beschränkung und Entsagung, sie ist ihm das Kriterium der Weisheit. Er spricht von „heiterer Vernunftfreiheit", von „heiterer Ehrerbietung", von „heiterer Entsagung", und meint: „Wir müssen hoch ernst sein, um nach alter Weise heiter sein zu können."

Trennt uns von Goethe und von den Kunst- und Literaturepochen, die nach alter Weise heiter waren, nicht eben dies, daß
uns bei aller unserer Bildung doch nicht wohl ist, daß wir so
aufgeklärt und doch nicht heiter sind, ja geradezu geneigt sind,
die Forderung zu verspotten, vollendete Kultur sei Seligkeit
und müsse Seligkeit verbreiten? Uns, in Ungenügsamkeit und in
romantischer Verzweiflung, erscheint das Scheitern fast als das
Kriterium der Lebenswahrheit. Gibt es aus dieser Existenz noch
eine Brücke zu Goethes klassischer Gelassenheit?

Pfingsten. Am Morgen Sonne, Gewitterwolken, Schwüle. Die
Glastür offen zur Terrasse, die in den Garten führt. Die Glok-
ken läuten feierlich. Im Zimmer Rosen, Kornblumen und
Mohn. Die Sonne spielt auf Teppich und Tapete, das Eichen-
holz des alten Schranks erglüht. In tiefer Stille das Brummen
einer Hummel. Ich tauche in den Sommertag Jean Pauls,
in seinen blauen Himmel, „in den man gleich hineinsprin-
gen möchte wie in eine Flut". Dasein als Leiden und Genießen.

Doch da sind andere Leben, die mir noch nahe sind und nicht
vollendet: Kierkegaard und Nietzsche ... Sind solche Ausnahmen nicht bald die Regel: symptomatisch, typisch, vorbildhaft?
Es ist nicht leichter, ihren Kreuzweg fortzusetzen, weil sie gedruckt sind und berühmt. Was ihnen auflag, übernehmen,
heißt: noch einmal beginnen, ungedruckt und unbekannt, ein
Kreuz tragen, das immer noch bespottet und bespuckt wird.
Doch solche Kreuze wählt man nicht, man wird dazu verurteilt.
Selbst Jesus betete: „Wenn es möglich ist, laß diesen Kelch
vorübergehen."

Lektüre: Goethes Briefe. Er schreibt (September 1780): „Die
größte Gabe, für die ich den Göttern danke, ist, daß ich durch
die Schnelligkeit und Mannigfaltigkeit der Gedanken einen solchen heitern Tag in Millionen Teile spalten und eine kleine
Ewigkeit daraus bilden kann."

Der Himmel ist bewölkt, die Luft kühl wie im Herbst. Im Garten blühen Rosen und Jasmin.

Spaziergang nach Schloß Nymphenburg, die Auffahrtsallee an dem Kanal entlang unter den alten Linden. Laubkronen spiegeln sich und Bögen heller Brücken, darüber Wolken, weiß im Blau. Der See im Park träumt in den Sommerwiesen. Inseln von Wasserrosen, zwischen denen Schwäne ziehn.

Auf einer Bank las ich Goethes ‚Maximen‘. „Alle sind sie Erfahrungsergebnisse, keine zurechtgedachten Blender", sagte Hofmiller. Aber Carus meinte, man müsse *zwischen* den Zeilen lesen können, um sie zu verstehen. Man stelle sich zum Beispiel vor, man säße bei dem Alten in seinem Arbeitsraum, vielleicht zu dieser Jahreszeit, wenn die Bäume seines Gartens die Blätter neu entfalteten, den Raum mit grüner Dämmerung erfüllend. (Er hatte dieses Hausgärtchen, so wird berichtet, dicht mit weißen Lilien bepflanzt, „um sich daran als einer wilden Unschuld zu ergötzen".) Und er spräche sibyllisch diese Worte aus: „Unbedingte Tätigkeit, von welcher Art sie sei, macht zuletzt bankerott." Was er damit sagen will, der tiefsinnig Geheimnisreiche? „Von welcher Art sie sei" – also auch geistiger Art: Kunst, Dichtung, Wissenschaft, Philosophie? Gab denn nicht er das Beispiel der unbedingten Tätigkeit? Doch wendet er sich gegen Tätigkeit um ihrer selbst willen, gegen die Betriebsamkeit ohne Maß und Ziel. Der Bankrotteur ist oftmals ein Verschwender, der mit dem Kapital nicht haushält, weil er das Verhältnis von Zweck und Mitteln nicht zu schätzen, in seiner Wechselwirkung nicht zu verfolgen weiß. Was könnte jener unbedingten Tätigkeit, da Goethe von ihr allgemein spricht, als allgemeiner, jedoch höchster Zweck entgegengestellt werden, damit sie eine Schranke und ein Maß gewänne? Was verhindert den Bankrott? *Die auf Selbsterkenntnis, Selbstkontrolle gegründete Selbstbeschränkung.* Jeweils sich beschränken auf ein konkretes Ziel, das unseren Kräften angemessen ist. Sich weder durch Forderungen, die von außen kommen, noch aus Ehrgeiz, Besitztrieb, Langweile, Angst, Verzweiflung dazu verleiten lassen, industriell zu werden. Es ist bezeichnend, daß jener Spruch erscheint in ‚Wilhelm Meisters Wanderjahre‘, die den Untertitel tragen: ‚Die Entsagenden‘. Aus diesem Werk und anderen Schriften Goethes erfahren wir, welches Gewicht die Leitidee ,,Beschränkung“ für sein Leben hatte. Sie gründet sich auf die Erkenntnis der Endlichkeit des Daseins. In den Wanderjahren ist ,,der Sonntag gewidmet, unsere Beschränkung zu überdenken“. Sich beschränken heißt: aus der Weite möglichen Daseins sich jeweils sammeln zu dem Einen, das ,,eigentümlich“ werden und in beständiger Folge geleistet werden kann. ,,Durch die Tätigkeit, wenn man es genau besieht, wird die Hoffnung in jedem Augenblick realisiert“; doch soll sie eine Folge haben.

Goethes Worte bedeuten ein antikes, sogar noch mittelalterliches Verhältnis zu dem Dasein. Damals wußte es der Mensch noch besser, daß er *wesentlich bedingt* ist, und er versuchte, mit der Bedingtheit Schritt zu halten, um glücklich oder glücklicher zu werden. Im Gegensatz dazu erscheint der ,,faustische Mensch“ der ,,Neuzeit“ als Bankerotteur schlechthin, der immer Übergewicht hat und sich überschlägt. ,,Der geringste Mensch“, heißt es in einem anderen Ausspruch Goethes, ,,kann komplett sein, wenn er sich innerhalb der Grenzen seiner Fähigkeit bewegt; aber selbst schöne Vorzüge werden verdunkelt, aufgehoben und vernichtet, wenn jenes unerläßlich geforderte Ebenmaß abgeht. Dieses Unheil wird sich in der neuern Zeit öfter hervortun, denn wer wird wohl den Forderungen einer durchaus gesteigerten Gegenwart und zwar in schnellster Bewegung genugtun können?“

Nicht aus ökonomischen Gründen – um bestens mit den Mitteln, mit den Kräften hauszuhalten – fordert Goethe, die Beschränktheit anzunehmen und sich selber zu beschränken. Sondern aus Ethos. ,,Die Wahrheit fordert, daß wir uns für beschränkt erkennen sollen.“ Er wußte nur zu gut, wie man im All ertrinken, in den Verhältnissen des Daseins sich zerstreuen und zersplittern kann. Dinge haben *von Natur aus* ihr Gesetz und ihre Folge; wir aber müssen das Gesetz uns geben. Das heißt im Grunde: wir müssen treu sein, uns selber treu, den Menschen und der Aufgabe, die wir erwählten, treu dem Gott, der uns den Auftrag gab. Welchen Auftrag? Das gilt es in der Stille, in Besinnung, Erinnerung und Vertrauen tastend zu erfahren. Dabei ist zu bedenken, daß uns das „Ganze" nicht gelingen wird: daß wir nicht „alles Mögliche" verwirklichen, nicht das Vollkommene erreichen können. „Niemand bedenkt leicht, daß uns Vernunft und ein tapferes Wollen gegeben sind, damit wir uns nicht allein vom Bösen, sondern auch vom Übermaß des Guten zurückhalten."

Also „bedingte Tätigkeit" aus innerster Wahrhaftigkeit: aus Demut und Entsagung. Vielleicht sogar in Schmerz und Dulden ein Heldentum beschränkten Daseins, das nicht platt ist, sondern plastisch, dessen Geist gewachsen ist und nicht forciert. Könnte so der Geist nicht gar zur Heiterkeit gelangen und zum Glück? Denn „der Mensch ist nicht eher glücklich, als bis sein unbedingtes Streben sich selbst seine Begrenzung bestimmt."

Wie recht hat *Hofmannsthal,* der schreibt: „Von Goethes Sprüchen in Prosa geht heute vielleicht mehr Lehrkraft aus als von sämtlichen deutschen Universitäten." So ward mir auch noch diese Weisheit kostbar: „Unser ganzes Kunststück besteht darin, daß wir unsere Existenz aufgeben, um zu existieren." Das heißt, die Existenz wird nur in Hingabe gewonnen, nach dem Gleichnis des Johannes-Evangeliums: „Wenn nicht das Weizenkorn zur Erde fällt und stirbt, so bleibt's allein." Die Philosophie der Existenz ist deshalb nicht nur Theorie, sondern Praxis, Lebenskunst. Wenn die Rede ist von Existenz, so ist der Sinn der Rede, daß sie hinweist, sich zuspitzt auf das Tun. Wie können wir nun dieses Kunststück leisten? Dadurch, daß in der Hingabe die Liebe sich kristallisiert. Auf diese Liebe spitzt sich dann der Logos zu, von ihr kommt und kündet er.

Sonntag Trinitatis. Nachgeschlagen in den seligen acht Wochen des Schulmeisterleins Maria Wuz aus Auenthal, bei der Stelle: „Du wiegtest im Äther dich und sahest dich rund mit Himmel und Sonne umzogen und hattest keine Schwere mehr." Dann *Hölderlins* Hymne gelesen: „Wie wenn am Feiertage das Feld zu sehn ein Landmann geht des Morgens . . .". Geläut der Sonntagsglocken vom nahen Kirchturm, Wogen des Glücks.

In dem Gedichte steht: „Des gemeinsamen Geistes Gedanken sind still endend in der Seele des Dichters." So ist es. Gehört die Erde und die Sonne und der Geist, der weht, denn mir? Spreche ich's nicht aus für andere? Ich bin ein kleiner Anfang und ein kleines Ende, wo Gott der große Anfang und das große Ende ist. Das Netz, das uns verknüpft, hat viele Knoten, ich selber löse mit und binde. Das ist wie Vorbereitung auf den Fischzug, der endlich unsere Netze füllt. Der große Gott begann den Vers, nun suchen wir den Reim; er gibt uns Rätsel auf, wir stammeln Antwort.

Gang durch den Englischen Garten. Der Himmel wieder leicht bedeckt, die Lüfte wärmer. Zwischen mächtig blühenden Linden durch Margeritenwiesen streifend, kamen mir Gedanken, die nicht Gestalt gewannen. Jedes durchgeformte Denken gleicht der Geburt der Aphrodite aus dem Meer: das Element fließt ab und trägt die Muschel, auf der die Göttin selig über Wellen gleitet. Die Heiterkeit des Schwebens ist Zugabe zur philosophischen Erkenntnis, vielleicht sogar Kriterium ihrer Wahrheit. Doch die Erkenntnis vollendet sich im Wort. Der Kreis der Wirklichkeit ist nicht geschlossen; so oft durch unser Wort die Pole sich berühren, schlägt gleichsam eine Glocke an. Die Töne wandeln uns, die wir dem Hören hingegeben sind; mit der Vernunft begabt, sind wir im Wachen wie im Träumen die Vernehmenden.

Abends in *Ernst Jüngers* Kriegstagebuch ‚Gärten und Straßen' gelesen. Er preist die Gabe, zwanzig Worte so zu fügen, daß ein vollkommener Satz durch sie gebildet wird. In Montmirail, dem Schloß Larochefoucaulds, gedenkt er der ‚Maximen', die seit langem zu seiner „eisernen Ration" gehören. Schließlich auf das Schloß anspielend: „Es kommt bei solchen Werten oft nur darauf an, daß man sie über eine Reihe von kritischen Tagen bringt." Das kann der Mensch auch von sich selber sagen. Denn unser Leben gleicht einer Fahrt durch klippenreiche Gewässer, die wir mit Kunst durchschiffen, um dann wieder eine Zeitlang der Strömung zu vertrauen. Bis die Klippe kommt, an der wir scheitern. Daß wir das wissen, es nicht vergessen, und gleichwohl heiter sind, verleiht uns Größe. Könnten wir aber heiter sein, ohne über den Tod hinaus zu hoffen?

Bei schwüler Luft der Himmel regendrohend; daher zunächst geschrieben. Dann Bummel durch die Stadt, zum ersten Male seit ich wieder hier in München bin. An diesem Montag, dem Tag des Wochengrauens, genoß ich meine Freiheit doppelt, als, während ich vor einem Antiquariat stand, in Zivil der alte Hauptmann vorübereilte, der in französischer Gefangenschaft mein Kompaniechef war. Ich wurde ihn gewahr, als er sich spiegelte in der Schaufensterscheibe, und blickte ihm dann nach. Er ging so grauhaarig, so mager und gebeugt wie damals in dem Lager und tauchte in der Menschenmenge unter, so daß seine Erscheinung wie ein Spuk war. Zwei Jahre sind seit jener Zeit vergangen. Das ist so kurz, daß ich mich frage, ob denn die Gegenwart nicht falsch ist? Bin ich jetzt frei? – Tonnengewölbte Blechbaracke, mit sechsunddreißig Männern dicht belegt. Dreifächiges Holzregal, einer neben dem anderen liegend, ich am Ende, an einem Fenster aus geripptem Glas. Morgendämmerung, bleiches Licht, Schatten huschender Ratten. Unruhige Schläfer, Gemurmel in dem Traum, Aufschrei unter Alpdruck. Der Nebenmann liegt wach, starrt schweigend auf die Decke, er hat noch keine Nachricht von Frau und Kind. Plötzlich gieriger Hunger bei dem Gedanken, daß es als Frühkost heute Nudelsuppe gibt. Gefühl der Dankbarkeit, ja Frömmigkeit, gleichsam ein Morgengebet. Draußen singen Vögel, es ist jetzt Sommer. Aus blauem Himmel wird die Sonne brennen auf den gelben Sand, wir werden vor Baracken sitzen, Wäsche trocknen, Strümpfe flicken, Speisereste kochen und miteinander plaudern. Ich werde in der roten Badehose, die um den braunen Körper nur noch schlottert, zur Steinbank auf den Hügel gehen, hinüber nach dem Waldrand blicken, der in der Freiheit liegt, ich werde lesen oder schreiben. Dann mich dem Flandernzaune nähern, wo unterm Stacheldraht so herrlich blau der Salbei blüht und gelb der Löwenzahn. Farben in dem grellen Licht. Jedoch der Marokkaner, der mir vom Wachtturm eine Weile zuschaut, droht und wirft mit Steinen; er befürchtet, daß ich fliehe. Ich gehe langsam zu der Bank zurück und lese wieder. So war es gestern, wird es heute sein und vielleicht lange noch, wer weiß, wie lange ... Während ich das schreibe, hängt dieselbe Badehose, die ich damals trug, an meiner Tür. Ich bin jetzt „frei", ich habe satt zu essen, ich wohne nun behaglich, auf meinem Tische stehen Rosen in einer weißen Vase. Ich blicke zu der Badehose hin, ironisch lächelnd. Was weiß die schöne Vase von alledem, was war!

Den ‚Wanderer' Hölderlins gelesen, der mich begleitete durch Frankreich, Norwegen und durch die Gefangenschaft. In ihm blieb mir die Heimat gegenwärtig. Ich las vor in der Baracke an jenem Abend im Dezember, als erste Nachricht kam von Eltern und Geschwistern. Wir standen frierend um das kleine Öfchen und alle teilten meine Freude. „Seliges Tal des Rheins! kein Hügel ist ohne den Weinstock, und mit der Traube Laub Mauer und Garten bekränzt." In dem Gedicht war unser aller Heimat gegenwärtig. Das war nicht Literatur zur Unterhaltung, das war Beschwörung und Gebet. Der Geist war unter uns, erregte unser Sehnen, und war so tröstend, als hätte dieses Sehnen sich erfüllt. Bald darauf war Razzia. Wir standen einen ganzen Tag im Schnee, während man in der Baracke wühlte und uns die Bücher nahm. Das war der größte Schmerz der schmerzenreichen Jahre der Gefangenschaft.

Ich fuhr nach Starnberg. Auf der Fahrt bedachte ich, wie wir den Menschen in uns selbst zur Auferstehung bringen können. Das Äußere ist in Geheimniszustand erhobenes Innere, meinte einst Novalis. Ist dann die Aufgabe nicht die, daß wir den Schlüssel zu uns suchen, die Tür nach innen öffnen? Einmal geboren, beginnt für uns die Reihe der Geburten, der Drang zum reinsten Ausdruck unseres Selbstseins und zur Entschlüsselung des Ausdrucks. Oft aber kommt dies Selbst gar nicht zur Welt, das heißt: die Welt auch nicht zu diesem Selbst. Besonders dann, wenn eine uniforme Daseinsordnung nur Gattungswesen fordert, die bestens funktionieren, – nicht Individuen, die, unberechenbar und unaussprechlich, den Apparat zu stören scheinen. Umso dringender bedarf der Mensch dann der maieutischen Hilfe.

Fahrt auf dem Dampfer über den See. Der Schloßpark in Bernried erfüllt vom Heuduft; prachtvolle Buchen, Eichen, Fichten, die noch die Freiheit haben, sich zu entfalten. Uns werden sie zum Gleichnis, zum Symbol. Mir scheint, zu dem Verehrungswürdigsten in der Natur gehören Bäume. Mensch und Baum, – dieses Thema wäre wert, bedacht zu werden. Wobei ich mich des grünen Heinrich erinnere, als er versuchte, die Baumriesen zu zeichnen, und kläglich scheiterte.

Bei Seeshaupt auf der Höhe Blick über Wiesen, silberhelle Seen und schwarze Wälder bis zum Gebirge hin, das in der Ferne blaute.

Dachte, diese Aufzeichnungen überlesend, daß man schreibend sich hervorbringt, wie einer, der die Last hinaufstemmt, bis er sie geistig balanciert. „Ainsi, lecteur, je suis moy-mesmes la matiere de mon livre", heißt es bei Montaigne.

Zur Mittagsstunde in den Isarauen. Am Flußufer wie eine Eidechse auf einer heißen Steinplatte gesonnt. Panische Stille. Im klaren Himmel Wolkenberge mit blendend weißen Hügeln. Ich fühlte meinen Leib bis in die Fingerspitzen, bis in die Zehen. Die Wiesenböschung blühte üppig. Die Luft stand wie in einer Mulde voll Trockenheit und Duft.

Nach Sonnenuntergang Melancholie des Abends. Der Engel Schwermut, der mit allem spielt und alles wieder fallen läßt.

„Wozu?" Dann las ich in Kants ‚Anthropologie'. Er übersetzt das Wort Hypochondrie mit „Grillenkrankheit" (nach Analogie des Aufmerkens auf den tschirpenden Laut einer Hausgrille in der Stille der Nacht, welcher die Ruhe des Gemüts stört, die zum Schlafen erfordert wird). Besonders die auf kindische Art ängstliche Furcht vor dem Gedanken des Todes nähre diese Krankheit. „Wer aber über diesen Gedanken des Todes nicht mit männlichem Mute wegsieht, wird des Lebens nie recht froh werden." An einem solchen Satz erkennt man, daß es mit den Fragezeichen nicht getan ist, wir brauchen auch das Ausrufezeichen, die Befehlsform: Gedenke zu leben! Und was er über Sinnlichkeit der Neigung sagt, wogegen die Gewalt nichts ausrichte, gilt für das Leben überhaupt: „man muß sie überlisten und, wie Swift sagt, dem Walfisch eine Tonne zum Spielen hingeben, um das Schiff zu retten." Worauf ich eine Flasche Wein trank.

Das Trinitatis-Wetter scheint beständig. In der Morgenfrühe in den Schein der Sonne tretend spürt man, daß der Tag sehr heiß wird, und man empfängt ihn dankbar als Geschenk.

Hölderlins ‚Archipelagus' gelesen. Dann Fahrt nach Schleißheim. Während in dem Schloßgut schwere Wagen Heu einfuhren, saß ich auf der weißen Bank bei der Kaskade. Das Wort „Kaskade" ahmt schön nach, wie in Stufen der Wasserspiegel fällt. Barockgarten mit Blumenornamenten, Springbrunnen, Himmelsbläue, nach dem Zenit hin sich verdunkelnd, und ein paar Wölkchen federleicht.

„Was also zum Überflusse da ist", sagte *Kierkegaard*, „das ist recht eigentlich zu Gottes Ehre." Das heißt: um Mensch zu werden, müssen wir im Grunde zweck-los existieren, nicht an dem uns messen, was wir *leisten*, sondern was wir *sind*. Das Menschliche um seiner selbst willen (anders denken die Spezialmenschen, die Spezialisten); es kommt zum Ausdruck, indem wir nach dem „Sinn des Ganzen" fragen, – fragend leben. Das Herz ist unruhig, wenn es nicht ruht in Gott, es will die große

Übereinstimmung mit ihm, sonst nichts. Das ist der ferne Katarakt, der unsere Strömung und die Wirbel lenkt.

Durch den Park am mittleren Kanal entlang nach Lustheim. Hellbrauner Weg im Schatten der Kastanien, zartes Nadelgrün der Lärchen. Kein Mensch zu treffen außer einem Gärtner, der in den Wiesen Heu macht. Das Lustschloß liegt verwunschener denn je. Auf den Sandsteintreppen wächst das Gras, die Fensterscheiben sind zerbrochen, im Innern schlagen Türen in der Zugluft. Den Stamm der Blutbuche umfängt die morsche Bank, auf der ich vor dem Kriege oftmals saß, die Wiesen stehen reif zum Schnitt, die Wege der galanten Paare sind verwachsen. Das hintere Parktor war geschlossen und ich kehrte um.

Abends Wein gekauft und antiquarische Bücher, darunter eine Auswahl aus *Josef Hofmiller:* ‚Von Dichtern, Malern und Wirtshäusern'. Ich las den schönen Essay, der überschrieben ist: Wieder lesen lernen. ,,Wir haben keinen Sinn mehr für die Anmut der sich schlängelnden, für die Lockung der im weichen Gras sich mählig verlierenden, gelegentlich sich kreuzenden und verwirrenden Pfade; wir rennen atemlos der Nase nach ans Ziel, um zu empfinden, daß es sich nicht lohnte, es zu erreichen." Dieser Essay stammt nicht von heute, sondern aus dem Jahre 1909.

Johannistag. Zum Ammersee gefahren. Herbstlich kühl trotz Sonnenschein. Durchs Kiental nach dem Dorfe Erling. Hohe Buchen, Vogelsang, glitzernder Bach. Verweilte bei dem Kruzifix im Walde, dessen Inschrift lautet: ,,Trägst du das Kreuz, so trägt es dich." Dann zum Kloster Andechs. Barocke Farbigkeit und Heiterkeit der Kirche. Die Lebensfreude, Sinnenfreude des Katholizismus, das ist ein heidnisches Erbteil. Deshalb ist er konziliant, sogar dem Aberglauben macht er Konzessionen. Das Ethische und das Ästhetische, das Materielle und Spirituelle, das Weltliche und Jenseitige mischen sich, die Skala dieses Glaubens ist sehr weit. Sein Welt- und Menschenbild ist realistischer als das des Protestantismus. Sein Christentum wird auch dem Heidnischen gerecht. Ist es gar die Fortsetzung des Heidentums auf anderen Wegen und mit anderen Mitteln?

Auf der Terrasse des Wirtshausgartens im Schatten der Kastanien: Blick auf grüne Felder, gelbe Getreidehügel, Flächen dunkler Wälder, dahinter aufgetürmt die blauen Berge.

Trübes Wetter. Im ,Haus der Kunst' entdeckte ich Daumiers Don Quijote. In erheiterndem Kontrast sitzt er stolz aufgerichtet kühn auf dem bebenden Rosinante, der wie mit Leichentuch behängt sich schlotternd fortbewegt, wohl auf ein Abenteuer zu. Des Ritters rechter Arm faßt eine Lanze, der linke, hüftgestützt, den hohen Helm. Zu seinen Füßen Wüstenboden mit vergilbten Gräsern, darüber dunkelblauer Himmel; man spürt die Hitze um so stärker als des Ritters Antlitz nur noch ein brauner Fleck ist, Idee eines Gesichts. Der Weg führt hügelab; auf der Höhe, grau verwischt, taucht Sancho Pansa mit dem Esel auf.

Der goldne Kirchturmhahn zeigte nach Osten und glühte in der Morgensonne hell. Wieder nach Schloß Nymphenburg, wo jetzt die Linden blühn. Auf einer Bank im Parke sitzend, bedachte ich das Wesen dieser Aufzeichnungen. Kierkegaard sprach von *Experimentalphilosophie*. Wäre nicht genauer noch zu sagen: ,,Philosophisches Experimentierbuch"? Buchführung über die Versuche zu erfahren, wer ich bin und was ich soll. Die Welt, in der wir uns bewegen, wird gleichsam porträtiert, wir selber gehen ein ins Bild. Weltaneignung in Beschränkung, perspektivisch, fragmentarisch und symbolisch; Lebenstiefe, Geistestiefe. Aber dennoch Urgrund, in dem wir wurzeln, vor dem wir schaudern, der Grund der Ehrfurcht! Wer nur die Furcht kennt, aber nicht die Ehrfurcht, ist noch nicht Mensch, ist nicht mehr Mensch.

Gelesen in *Ernst Jüngers* Tagebüchern. Dann ins Isartal. Klarer, heißer Tag. Auwege, schmal und trocken, sich durch Weidengebüsch schlängelnd; der Isar Rauschen in der Stille. Die Schönheit schmerzt die Augen wie ein zu grelles Licht, und schlägt uns doch mit Trunkenheit des Glücks. Man möchte das Geschaffene noch einmal schaffen, man möchte es inwendig haben in allen Sinnen, es kennen wie ein Liebender, der nicht die Form nur, sondern auch den Stoff durchfühlt. Qualvolle Lust des zeugenden „Erkennens", sie ist im kleinsten Schöpfungsakt, sie ist schon da, wo wir ins Schauen tief versunken sind.

Ich lag am Isarufer auf den Kalksteinplatten in der Sonne und las in *Nietzsches* ‚Ecce homo'. Spann träumend die Gedanken fort, indessen in der Talbiegung bläuliches Licht sich vor dem Grün des Fichtenwalds ergoß.

„Mein Herz, auf dem mein Sommer brennt, der kurze, heiße, schwermütige, überselige: wie verlangt mein Sommer-Herz nach deiner Kühle! Vorbei die zögernde Trübsal meines Frühlings! Vorüber die Schneeflocken meiner Bosheit im Juni! Sommer wurde ich ganz und Sommer-Mittag, –

– ein Sommer im Höchsten mit kalten Quellen und seliger Stille: Oh kommt, meine Freunde, daß die Stille noch seliger werde!" –

Jedoch man weiß, sie kamen nicht. Die Kühle ward zu Eis, die Einsamkeit ward ungeheuer, Philosophie ward ihm zum Leben im Eis und Hochgebirge, Aufsuchen alles dessen, was fremd und fragwürdig im Dasein war.

Und nun hier ich. Ist dieses Ich denn isoliert? Erweitert nicht die Einsamkeit, die Sehnsucht nach dem Du schon Herz und Geist? Ist jeder Mensch nicht Ich und Du zugleich, ist diese Grundspannung nicht Basis jeglicher Begegnung, der Hort des Leitbilds? „Um Mittag war's, da wurde Eins zu Zwei ..."

Am Ammersee im Strandhotel. Vor meinem Fenster spiegelglatt der See, vom Blau des Himmels überwölbt. Perlmuttern schimmernde Wasserfläche, umkränzt von hell und dunklem Grün, Boote mit weißen Segeln, die Pflanzenblättern gleichen. Im Sonnenschein zu Schiff nach Dießen, zu J. M. Fischers Rokoko-

kirche in Weiß und Gold. Bühnenaltar Cuvilliés' mit dreifachen
Kulissen, die ausgewechselt werden konnten. Noch andere
Künstler wirkten mit: Tiepolo und Straub, Feichtmayr, Diet-
rich, Ignaz Günther ...Nachdem ich dieses Spiel genossen,
wanderte ich nach Herrsching um den See, durch eine lange
Allee von weißen Birken. Dem See breit vorgelagert Schilfwie-
sen, olivengrün, darüber silberige Bläue. Geschwommen, dann
geaalt in heißer Sonne. Bedacht, daß es des Menschen würdig
ist, vom Rätsel dieser Schöpfung, von ihrer rätselhaften Schönheit angerührt, zu lieben, zu schauen und zu ruhn. So reimt
sich's bei Silesius:

Ein Narr ist viel bemüht – des Weisen ganzes Tun,
das zehnmal edler ist, heißt Lieben, Schauen, Ruhn.

Sonnenuntergang jenseits des Sees. Rotglühend sank die Kugel
in den Wald, während noch der Himmel von ihrem Feuer
flammte. Auf dem Wasser breite Streifen Golds, über die mit
schlaffen Segeln vereinzelt Boote trieben. Dann Gewölk, grau
wie Rauch, rosa angehaucht, allmählich sich verdunkelnd und
erblassend, bis die ersten Sterne sichtbar wurden. Fernher Stimmen, dann die Stille, dann die Nacht. Als ich noch lange Zeit
den Schlaf nicht fand, rauschten unterm Fenster ruhelos die
Wellen.

Morgenstimmung überm See. Mit weißem Rumpfe wiegen sich
die Jachten in der Sonne, glänzend braun die Masten, Jungen
und Mädchen, leicht bekleidet, rudern hinüber und takeln Segel
auf. Während ich noch schreibe, manövriert die Flotte, um hin-
auszuziehn.

Mittags auf dem Heiligen Berg, im Kloster Andechs. Es ist
ein halber Feiertag: St. Peter und St. Paul; das Volk aus der
Umgebung labt sich auf schattiger Terrasse an Speis und Trank,
Blechmusikinstrumente und Klarinetten spielen auf. Drinnen
musiziert die Kirche in Weiß und Grün und Gold mit Pfeilern,
Bögen, Schnörkeln, Gittern und barocken Vasen.

Die Dorfgassen im Sonnenlicht sind menschenleer. An Zaun und Mauern duftet der Holunder, in Gärten blühen Rosen; Gewitterwolken steigen auf.

Nach dem Bade, spät am Abend, nahm ich noch ein Boot und ruderte hinaus. Der Himmel war bedeckt, die Wasserfläche unbewegt, schwarz und silbergrau. Auf einmal brach die Sonne nochmals mit breiten Strahlen durch und türmte gläsern einen Dom von Licht. Vom Ufer drüben läuteten die Glocken. Ich zog die Riemen ein und ließ mich, sanft geschaukelt, treiben; ich machte mit dem Tag meinen Frieden.

Der Himmel regendrohend, stürmisch der See mit schäumenden Wogen. Auf der Höhe längs des Sees ging ich nach Erling, dann feldein zum Würmsee. Mein Leben wiederum bedacht. Was wäre Glück? Als Zustand wäre es nicht menschenmöglich, es gibt nur Glück im Augenblick, wenn schwer der goldene Tropfen fällt. Sinnenglück bis in die Fingerspitzen, Erkenntnisglück, wenn wir das Wort besitzen, wie es „im Anfang war". Im Anfang aber war das Wort bei Gott.

Wieder daheim. In der Morgenstunde blühte in der Vase auf dem Tisch vor meinen Augen eine Rosenknospe auf, so plötzlich, daß ich fast erschrak. Die Knospenschalen sprangen auseinander, und die Rose entfaltete sich dann zu einem Weiß, so zart und schimmernd, wie wenn ein Leib sich für das Licht entkleidet. Doch nicht das Licht nur, ihre Unschuld machte sie so schön. Das war ein andächtiger Augenblick. Darf man nicht sagen, daß wir in solchen Augen-Blicken Beter sind, auch wenn wir keine Worte haben, nicht einmal wissen, zu wem wir beten? Berührt uns nicht ein Hauch der Unschuld, so daß wir wie im Traum jenseits von Wissen und Gewissen sind?

Ist es Ästhetizismus, ist es Eitelkeit, wenn ich das schreibe? Das kann ich kaum entscheiden, es kommt auf den an, der es liest, – auf den Sinn, in dem er selber das Gespräch führt. Ich meine nicht zu schreiben zur Schaustellung und zur Erbauung, sondern aus Not und Pflicht. Aus einer Not, die tiefere Wurzeln hat als Nöte unseres Alltags, – aus einer Pflicht, die lästig ist wie eine Schulaufgabe. Weshalb ich auch das Pensum oft versäumte und manchmal sitzen blieb. Zum Tagebuch muß man sich zwingen wie ein Kaufmann, der nach des Tages Wirren die Einnahmen und Ausgaben verbucht, nicht weiß, was sie wohl wert sind und was ihm bleibt. Wir gehen, ohne noch zu wissen wohin der Weg führt, – ob es der rechte Weg ist, und wann er endet. Wir lassen uns entmutigt nieder, fürchten uns vor Einsamkeit und Tod; und dennoch, wenn die Nacht kommt, trösten den Erstaunenden die Sterne, heißen ihn hoffen. Das geschriebene Wort ist wie ein Siegel. Aber nichts ist damit abgetan; es ist geweiht: dem Vorsatz, der Erinnerung.

Lektüre: *Goethes* Briefe. Er schreibt aus Rom, mit siebenunddreißig Jahren: ,,Täglich werfe ich eine neue Schale ab und hoffe als ein Mensch wiederzukehren." . . . ,,Ich habe nur *eine* Existenz, diese hab ich diesmal *ganz* gespielt und spiele sie noch. Komm ich leiblich und geistig davon, überwältigt meine Natur, mein Geist, mein Glück diese Krise, so ersetz ich Dir tausendfältig, was zu ersetzen ist. *Komm ich um, so komm ich um, ich war ohnedies zu nichts mehr nütze.*"

Der ,,ganze" Mensch war Goethes und der Klassik Sehnsucht. Das Ganze scheint nur Ideal, ein Wunsch- und Traumbild in der Ferne. So denke ich es auch manchmal. Jedoch, das ist es nicht; es ist, wenngleich sich steigernd und erweiternd, hier und jetzt. Es ist *Idee in Existenz.* Nietzsche nannte es, in einem Brief an Peter Gast (23. 6. 1881), ,,einen leidenschaftlichen Zustand". Die Leidenschaft des Geistes, selbst in den Grenzen seines Daseins. ,,Leidenschaft" klingt psychologisch, man meint, das Wahre müsse ,,an und für sich" sein. Das ,,wirklich" Wahre aber ist konkret, lebendig, und wenn es sich als Irrtum offenbart, so hat der Irrtum noch mehr Lebenskraft als die Erkenntnis, die sich nicht hinauswagt und in der Schwebe bleibt. Das Denken, das den Menschen selbst angeht, ihn

„ganz" ergreifen soll – das philosophische – hat andere Kriterien als das wissenschaftliche. Das Wort ist ohnmächtig, wenn nicht der Mensch zu seinem Worte steht. Woraus erkennbar wird, daß Intellekt nicht gleichbedeutend ist mit Geist. Man könnte eher sagen, daß Geist besitzt, wer seinen Intellekt aufs Spiel setzt, um ihn zu bewähren.

Manche geistigen Probleme sind freilich Scheinprobleme, die die Natur und Zeit heilt, oder die das Tun auflöst und nicht das Denken. Man kann es metaphorisch nehmen, was Goethe seinem Eckermann erklärte: „Was Euch fehlt, ist gewiß nicht der Mühe wert, wahrscheinlich nichts als eine kleine Stockung, die durch einige Gläser Mineralwasser oder ein wenig Salz zu heben ist." Die Stockungen der Seele sitzen freilich tiefer, im Unter- und im Unbewußten. Man hält bisweilen für abstrakt und absolut, was doch konkret und relativ ist. Wir setzen unseren Geist ins Rechte, wenn wir ihn „ganz" verstehen, das heißt organisch. Hat er nicht Erde, hat er nicht auch Wurzeln? Hat er nicht Körper und sogar Geschlecht, ist er nicht unseres Körpers Innenseite, wo sich die Physis ins Unendliche, in die Bezirke des Geheimnisses verliert? Gewebe unseres Daseins, Stoff und Farbe und Figur, immer ist es „ganz", doch nie vollendet. Die Frage, die uns quält: „Was ist der Mensch?" hat deshalb produktiven Sinn: wir bringen in der Antwort ihn hervor.

28. August. An diesem Tage, vor zweihundert Jahren, wurde Goethe geboren. Zur Feier las ich wiederum in seinen Briefen. Aus Rom, am 8. Juni 1787: „Übrigens habe ich glückliche Menschen kennen lernen, die es nur sind, weil sie *ganz* sind; auch der Geringste, wenn er ganz ist, kann glücklich und in seiner Art vollkommen sein, das will und muß ich nun auch erlangen, und ich kanns, wenigstens weiß ich, wo es liegt, und wie es steht, ich habe mich auf dieser Reise unsäglich kennen lernen."

Man kennt seine Bemühungen, ein ganzer Mensch zu werden; sein Leben gibt darüber Aufschluß – sein Leben, von dem das Werk ein Teil ist, „Bruchstücke einer großen Konfession".

Er hat so manche Kunst geübt, vor allem aber jene konstanten Tätigseins in der Beschränkung. Er hatte Maß und wußte Maß zu geben. Unser Denken soll mit unserem Tun, das Tun mit unserem Denken, das Wirken mit den Kräften Schritt halten. Das Ein- und Ausatmen im Rhythmus der Natur, auch wenn wir „höhere Natur" sind. Die Anschauung, die Fühlung, das Gemüt. Und allen Einsichten voran: „Gedenke daß du Mensch bist!" Ein Mensch, der Größe haben kann und der vergeht. Und dennoch kann er glauben (nicht skeptisch, hypothetisch, sondern freudig hoffend), daß er aufersteht zu ewiger Verwandlung, wenn seine Sehnsucht stark ist, sich zu vollenden sucht. Es geht auch hier ums „Ganze", um dessentwillen setzt er sich aufs Spiel.

Auf einer Fahrt zum Ammersee in Goethes West-östlichem Divan gelesen, unter anderem das Gedicht von der Erschaffung der beiden ersten Menschen, „Gottes zwei lieblichsten Gedanken". Da liegen sie, bei Mondeschein, im Paradeis, im Schlafe tief versunken, vollkommen schön und gut. Mit welcher Wollust muß sie Gott erschaffen und liebevoll betrachtet haben! Sie waren ihm als sein Geschöpf durchsichtig bis zum Grund; mit seiner Allmacht verband sich ja Allwissenheit. Und dennoch hatten sie die Freiheit, Gott durch Eigenmacht zu überraschen, sich zu empören wider ihn, zu sündigen? Das ist mysteriös, doch als Mysterium nur denkbar, wenn im Prinzip der Freiheit der Teufel mitgeschaffen ist. Wenn Gott dem Menschen Freiheit gab zum Guten wie zum Bösen, so schuf er ihm den Teufel in den Leib. Das Teuflische als Möglichkeit und Wirklichkeit, als Versuchung, Verführung und als Tat. Wie kam also das Böse in die Welt? Durch Gottes Schöpfung. So ist das Böse Teil von Gottes Schöpferkraft? – der lieblichste von „Gottes lieblichen Gedanken" Freiheit zum Guten wie zum Bösen? Fürwahr, der Teufel ist so alt wie Gott, zum mindesten so alt wie diese Schöpfung. Und man versteht sogar den Glauben des iranischen Zarathustra, wonach dem guten Lichtgott der böse Gott der

Finsternis von Anbeginn an *gegenüberstand*. Sei dem wie ihm will: die Schöpfung hätte keine Spannung, keine „Freiheit", wenn nicht darin das Böse wäre. Das ist die metaphysische Rechtfertigung, lieblicher Reiz des Menschen. Man möchte sagen: das Böse ist gar nicht so schlimm, wenn es nur wirkt zum Guten; und umgekehrt: das Gute ohne die Versuchung wäre gar nicht gut.

Auf dem Ammersee gerudert. Das Wasser weich und glatt und wiegend, wie von Atemzügen der Erde leicht gehoben und gesenkt. Hellgrün in der Nähe, zerfloß es in der Weite wie ein zartes Perlgrau, das sich mit Blau vermischte, worin das Licht von oben einschmolz. Am Himmel standen Wolken, die sich lösten, und die Sonne strahlte klar und heiß. Es war so windstill, daß an den Jachten schlaff die Segel hingen. Ich zog die Riemen ein, barg mich im Rumpf des Bootes und ließ mich treiben.

Abends *Ernst Jüngers* ‚Strahlungen'. „Die Fülle erfordert nicht einen chronologischen, sondern einen synoptischen Blick: eins kann nicht ohne das andere sein. Diese gewaltige Gleichzeitigkeit, das Neben- und Miteinander wird vom Darwinismus in ein Nacheinander aufgelöst – das Knäuel wird zu einer Rolle aufgespult." So wäre zu erstreben: „Keine Geschichte, sondern eine Synopsis der Philosophie". Das sind die beiden Wege unseres Denkens: einerseits die Analyse und die Reduktion, anderseits die vielfältige Schau. Die Schau ist das Ursprüngliche, auch als Zusammen-Schau; sie löst das Bild aus, das der Gegen-Stand der Kunst und Philosophie ist. Die Wissenschaft will greifen und begreifen. Jünger selbst ist ein Synoptiker, der Fülle zugewandt. Er schaut und meditiert und faßt ins Bild. „Dies alles gibt es also", heißt das Motto zum ‚Abenteuerlichen Herzen'. Die Bilder aber, in der Zeit erfahren und zeitlich angeordnet, geben Perspektiven nach dem Sein, das ewig ist. Also sind sie metaphysisch, transparent. „Strahlungen" des Seins, Bilderrätsel. Der eine Brennpunkt dort, der andere in unserem Geist und Herzen. „Das wäre dann ein Kursus der Metaphysik im Wandel von Gleichnissen."

Jünger meint: „Im Absoluten gesehen, ist es unbedeutend, daß ich gerade schreibe – ich könnte dasselbe auch auf andere Weise verrichten, etwa durch Meditation. Bücher sind Späne, Abfälle der Existenz." Das erinnert an Goethes Nachlaß-Verse:

> Nicht mehr auf Seidenblatt
> Schreib' ich symmetrische Reime;
> Nicht mehr fass' ich sie
> In goldne Ranken;
> Dem Staub, dem beweglichen, eingezeichnet
> Überweht sie der Wind, aber die Kraft besteht,
> Bis zum Mittelpunkt der Erde
> Dem Boden angebannt.

Am Abend eines glühend heißen Tages *Mozarts* ‚Don Giovanni'.

Zur Vorbereitung las ich in *Kierkegaards* ‚Entweder-Oder'. Er schreibt: „Mit seinem Don Juan rückt Mozart in die kleine unsterbliche Schar der Männer ein, deren Name, deren Werke die Zeit nie vergessen wird, da die Ewigkeit sie in sich aufgenommen hat." Und dann: „Unsterblicher du, dem ich alles verdanke, dem ich verdanke, daß ich meinen Verstand verloren habe, daß meine Seele aufgewühlt wurde, daß ich in meinem innersten Wesen erbebte ... Du, dem ich dafür danke, daß ich nicht sterbe, ohne geliebt zu haben, wenn auch meine Liebe unglücklich war!"

Don Juan ist ihm Repräsentant der sinnlich-erotischen Genialität, des sinnlich-erotischen Prinzips, das in der Negation des Geistes, der es abweist oder einschränkt, erst durch das Christentum in unsere Welt kam; denn Christentum ist Geist. Das Medium dieser sinnlichen Erotik in ihrer Unmittelbarkeit ist die Musik. Mit anderen Worten: die Musik ist (christlich verstanden) das Dämonische.

Das allerkonkreteste Medium sei die *Sprache*, das abstrakteste sei die *Musik*. Hier ist im Ansatz schon die Scheidung des Entweder-Oder: entweder das Ethische oder das Ästhetische. In der konkreten Form der Sprache, der Antwort und Ver-Antwortung engste Verbindlichkeit, – in der Musik die reine, nicht deutbare Sinnlichkeit, das Meer des Dionysischen, in dem wir untertauchen, vielleicht um darin zu ertrinken. Sprache und Musik sind also Gegensätze, wiewohl sie sich verbinden, miteinander ringen können. Aber ein Gedicht, vertont, gesungen, wirkt doch immer komisch, peinlich für die Dichtung wie für die Musik. Braucht große, durchgeformte Dichtung die Illustration? Sie lebt doch selig in sich selbst.

Kierkegaards Abweisung der Musik als des Dämonischen (dem er verfallen ist!) ist puritanisch. Ein anderes Christentum ist das katholische, die barocke Ehe von Sinnlichkeit und Geist, Musik und Sprache, die Adoption (und Adaption) des „Heidentums". Doch ist es fraglich, ob nicht dabei das „Heidentum" noch stets gewinnt: der Dämon Sinnlichkeit im Medium der Musik. Ist – um es anders auszudrücken – die Natur, der „Trieb", nicht stärker als der Geist? so daß unser Bemühen, „Konkretes" zu gestalten, stets überwältigt wird durch die „abstrakte" Macht. Weshalb der Geist sich retten will in die Askese. Also neues Thema: Sprache als Askese. Der Geist, der sich gewinnt, indem er von der Sinnlichkeit sich distanziert, ohne daß die Spannung nachläßt. Ja diese Spannung wird nun erst gesteigert und kann zur Überspannung werden (so in Kierkegaards Christentum). Dann heilt uns die Musik, das Bad der Sinnlichkeit, jedoch geläutert. Wie hielte ich das Leben aus ohne die Musik! sagt Nietzsche, der Bruder Kierkegaards. „Erst aus dem Geiste der Musik heraus ist die Freude an der Vernichtung des Individuums verständlich."

Es versteht sich, daß hier mit „Sprache" nicht gemeint ist die Zwecksprache des Alltags und die wissenschaftlich-technische. Vielmehr die Sprache, in der der Geist als Selbstzweck sich artikuliert: Sprache der Dichtung und Philosophie. Geburt der Sprache aus dem „Geiste der Musik". Die Herrschaftsform des Geistes im Medium der Sprache, wenn auch am Rande des Vulkans. So läßt sich sagen: in seiner Sprache erst gewinnt, vollendet sich der Mensch. Worüber freilich die Barbaren lachen.

Folgerichtig habe ich, als ich nach Hause ging, bedacht, ob ich der Musik, so bezaubernd und betörend sie auch ist, nicht entsagen soll, um mir das Sein im Worte anzueignen und zu versuchen einen Ausdruck zu gewinnen, ,,dessen Wahrheit, Kühnheit und Prägnanz sich messen kann mit einem Bogenstrich Mozarts".

Bei Ostwind, trockener Hitze, wiederum am Ammersee. See und Gebirge in dem blauen Licht. Unter Weiden dicht am Ufer köstliche Ruhe und Heiterkeit gefunden.

Wieder nachgedacht über die Sprache als Askese. Man kann auch sagen: Geist als Askese, und so den Gegensatz von Sprache und Musik noch übersteigen. Dann heißt der neue Gegensatz: Geist und Natur, auch Geist und Welt. Die alte Frage – älter noch als Platon und als das Christentum – der Weltbeherrschung und Weltüberwindung, ohne aus der Welt zu fliehen. ,,Es ist das wahre Leben, von dem sich geistiger des Lebens Jahre zählen", sagte Hölderlin.

Wie können wir uns geistigen, wie ist die Lehre und die Übung, wie sind die Stufen? Wir haben Vorbilder. Schauen wir sie an, schauen wir hinauf! Blicken wir doch nicht auf Resultate unseres Lebens, das Werk, den späten Ruhm (vielleicht nur Nachruhm), – betrachten wir den Anfang und das Werden! Versetzen wir uns in die *Existenz:* die Not des Daseins, die Qual des Suchens und Gestaltens, – in die Einsamkeit, wie sie uns aus den Augen des alten Schelling anblickt, oder Rembrandts, oder Michelangelos. Dann scheint es: was uns abschreckt uns zu geistigen, wir selbst zu sein, in unserer Eigenwelt zu leben und Eigenwelt hervorzubringen, das ist nicht Faulheit und nicht Feigheit, sondern *Angst vor Einsamkeit.* Darum halten wir es, mit Pascal zu reden, nicht allein im Raume aus, wollen wir uns nicht beschränken, – darum wagen wir nicht selbst zu denken, tauchen wir nicht in die Tiefe, können wir uns nicht entschließen, haben wir nicht Mut zur Tat. Unser Leben, das doch Ur-Sprung sein soll, wird gebrochen und gehemmt, weil wir nicht zu springen wagen. Das Bewußtsein – sei es auch nur Ahnung –, daß die Einsamkeit die Folge ist, hindert uns daran, zu springen. Diese Rücksicht, vielmehr Vorsicht, instinktiv vorhanden, lähmt die Leidenschaft zum Dasein, nagt an unserer Existenz; sie nimmt dem Leben die naive Kraft, désinvolture, den Blütenstand, die Frucht. Es ist leichter, sich in Lebensformen zu verwirklichen, die Konvention geworden sind. Man findet Anerkennung und Gesellschaft. Man ist ,,man selbst" in der Gesellschaft auswechselbarer Vieler. Doch die Gemeinschaft weniger ist schwer zu finden, schwer zu gestalten. Sie wächst aus Einsamkeiten und bleibt gegründet auf die Einsamkeit. Das Werk ist Zeichen oder Brücke, Ansatzpunkt und Schnittpunkt einer Kommunikation, die ausläuft ins Unendliche, die hinzielt auf ,,die letzten Dinge". Nun gibt es freilich Grade dieser Einsamkeit, – des Daseins Stufen bis hinauf zu jener, die Nietzsche nannte: Siebente Einsamkeit, – im Hochgebirge und im Eis. Aber wer die erste Stufe nimmt, weiß er, wohin er geht und wo er ankommt? Er weiß nur dies, daß er die Ebene verließ und sich versteigen kann wie Nietzsche sich verstieg. Goethes Worte über Raffael (den Glücklichen!) können für jeden Schöpfer gelten: ,,Wir ahnen die furchtbaren Bedingungen, unter welchen allein sich selbst das entschiedenste Naturell zum Letztmöglichen des Gelingens erheben kann."

Also heißt ,,geistig leben" vor allem: die Einsamkeit nicht nur ertragen, sondern sie bejahen und behaupten. Sie ist Quell der Gemeinschaft, Feind der Gesellschaft, wiewohl auch die Gesellschaft doch ein Faktum ist, das wir zu meistern haben.

Die Gesellschaft, der wir verbunden sind gleichsam mit der Oberfläche unseres Wesens, ist die Gesellschaft im Zeitalter der Technik. Sie lebt, indem sie funktioniert als Teil des Apparats, der sich kompliziert. Das heißt: wir leben in ihr, so weit, so gut wir funktionieren. Eingeschaltet in den Produktions- und Konsumtionsprozeß, wird das Leben leichter: es wird forcierbar, transponierbar, konsumierbar (um Worte zu gebrauchen, die dem Vorgang angemessen sind). Sogar die Muse wird zum Funktionär. Und siehe da, sie funktioniert, sie ist gesellschaftsfähig. Sie war auch früher schon gesellschaftsfähig, nur nicht so tüchtig, nicht so rasch. Vor allem: die Gesellschaft war noch klein, noch nicht so routiniert; sie war ja noch nicht technisiert, und hatte nicht die sicheren Mittel, total und uniform zu werden. Umgekehrt: dem Geiste wird es immer schwerer, nicht mit ihr konform zu gehn. Das heißt aber: die Einsamkeit wird schwerer. Ich fürchte, man kann das an dem Worte ,,Einsamkeit" erkennen; es klingt dem Techniker, will sagen: dem modernen Menschen, sentimental, er respektiert es nicht, ja er versteht es nicht. Um sich den Zustand zu erklären, wird er wissenschaftlich denken: psychoanalytisch, soziologisch. Um zu verstehen was das ist, müßte er beteiligt sein von innen, teilhaben an der Einsamkeit, die er doch dunkel nur insofern kennt als er sie ,,verdrängt". Dennoch: wenn er von ,,Freiheit" spricht und nicht nur meint: die Freiheit, sich zu technisieren (das heißt: die Freiheit in Funktionen übersetzen), was könnte seine Rede dann umkreisen, wenn nicht den Spielraum unserer Einsamkeit, die Freiheit uns zu ,,geistigen"? Der Fehler, wird er sagen, steckt im Begriffe ,,Geistigkeit". Die ,,wahre" Geistigkeit ist nicht die individuelle, gar isolierte, sondern die gebundene im Kollektiv. Und wenn es Zeiten gab, da sie noch individuell verstanden werden konnte, so ist gerade dies das Neue, das Moderne, daß der Begriff sich wandelt und mithin auch die Konsequenz. Der Einwand ist ganz richtig. Doch wäre dies die Konsequenz, daß man nun Werke der Kunst und Philosophie, Bilder, Dichtung und Musik, im *teamwork* herstellt, nach gewisser Vorschrift fabriziert. Goethe konnte sagen (und es war zugleich der Geist der Goethe-Zeit): ,,individuum est ineffabile, woraus ich eine Welt ableite". Das heißt: das Individuum ist unaussprechlich, unerschöpflich, unberechenbar und unantastbar. Es ist das Ebenbild des Schöpfers, es ist ,,Autor", entscheidet zuletzt selber, was es werden soll. Auch diese Geistigkeit kennt Bindung, sie sucht Gemeinschaft, existiert aus ihr. Sie kann sogar Gesellschaft suchen, um der Gemeinschaft willen, und ihr Produkt kann jenseits der Gemeinschaft, in der es doch in Wahrheit lebt, gesellschaftsfähig werden. Aber die Gesellschaft, das Kollektiv, gibt weder Wert noch Norm. Die Bindung kommt von innen, nicht von außen, auch sie ist *ineffabile*. Das ist das Ineffabile, das jedes „Kunstwerk", jeden Menschen konstituiert. Mensch und Werk im Grund als Eigenwert, als Person, nicht als Funktion, oder als Funktion nur der Person. Das Werk als Maske, und in den Augenschlitzen das Geheimnis, vor dem uns schaudert. Das kann man nicht bestellen, nicht berechnen, nicht befehlen. Wenn es doch geschieht, gewinnt man Handelsware, nicht die echte Kunst. Uns, wie wir sind und werden, frei geistig auszulegen, dieser Auftrag Gottes bleibt uns nicht erspart.

> Den Menschen ist der Sinn ins Innere gegeben,
> Daß sie als anerkannt das Bessre wählen,
> Es gilt als Ziel, es ist das wahre Leben,
> Von dem sich geistiger des Lebens Jahre zählen.

So lautet Hölderlins Fragment. Und es ist überschrieben: Höhere Menschheit.

Nennen wir den Auftrag *Hermeneutik:* die Kunst *sich* auszulegen, mit sich das *Sein,* so wie sich's in der Zeit entfaltet. Wir deuten, wir be-deuten es in Wort und Tat. Darum „der Sinn ins Innere", die fromme Inbrunst unseres Daseins in dem Raum der Stille.

Keine Treibhausstille! Askese wäre vielmehr Übung, in der *Welt* die Stille zu bewahren, die Stille auszusparen, fruchtbar zu machen. Auch „Stille" ist, wie Einsamkeit, hier ein Symbol. Ich meine jenen Raum, in dem nicht die Maschinen laufen (auch nicht die Denkmaschinen), sondern wo es wächst aus seinem Ursprung. Der Raum, in dem die Muse frei ist, wo sie träumt und spielt. Sie hat für ihre Träume keine Muster, sie weiß nicht, was beim Spiel herauskommt, sie kennt nicht den Zusammenhang. Doch kommt die Welt in ihren Traum, die Welt ins Spiel: die ernste Welt in schweren Traum, ins heitere Spiel.

Der Lauf der Welt gedämpft und maßvoll. Formgebung als Askese. Bändigung der Triebe, des Flusses und des Überflusses. Das Sagen und Ent-sagen, das Reden und das Schweigen, die Demut angesichts der Grenze. Und doch Prägnanz des Daseins, in seiner Fülle ganz, *geistiger Charakter:*

> So mußt du sein, dir kannst du nicht entfliehen,
> So sagten schon Sibyllen, so Propheten;
> Und keine Zeit und keine Macht zerstückelt
> Geprägte Form, die lebend sich entwickelt.

Aber alles würde falsch verstanden, wenn man dächte, es gälte „nur für Ausnahmen": etwa für Künstler, Dichter, Philosophen. Sie wirken doch nur stellvertretend um zu zeigen, daß „je" der Mensch Ausnahme ist.

Abends las ich wieder im Zarathustra ,Die Heimkehr': „O Einsamkeit: du meine Heimat Einsamkeit! Zu lange lebte ich wild in wilder Fremde, als daß ich nicht mit Tränen zu dir heimkehrte! O Einsamkeit! Du meine Heimat Einsamkeit! Wie selig und zärtlich redet deine Stimme zu mir! Wir fragen einander nicht, wir klagen einander nicht, wir gehen offen miteinander durch offne Türen . . . Hier springen mir alles Seins Worte und Wortschreine auf: alles Sein will hier Wort werden, alles Werden will hier von mir reden lernen . . . O selige Stille um mich! O reine Gerüche um mich! O wie aus tiefer Brust diese Stille reinen Atem holt! O wie sie horcht, diese selige Stille!"

Herbst. Ich gedenke *Nietzsches.* Es ist kaum fünfzig Jahre her, seitdem er tot ist. Wenn man sein Leben mißt an seinem Schaffen, so starb er früher, er hat nicht mehr als zwanzig Jahre lang gelebt; mit vierundvierzig Jahren zerstörte ihn die Geisteskrankheit. „Das Mißverhältnis zwischen der Größe meiner Aufgabe und der Kleinheit meiner Zeitgenossen", so schrieb er kurz davor, ,,ist darin zum Ausdruck gekommen, daß man mich weder gehört, noch auch nur gesehen hat. Ich lebe auf meinen eigenen Credit hin." Man ging an ihm vorüber, ließ ihn im Stich. Die Situation, in der er schrieb, aus der er einen Ausweg suchte, war noch nicht offenbar; die Diagnose, die er stellte, die alle anging, war ihnen kaum verständlich. ,,Alles fällt ins Wasser, nichts fällt mehr in tiefe Brunnen." Dann, gegen Ende seines Lebens und nach seinem Tode, kam die Zeit, da man ihn hörte, aber oft verwechselte, verfälschte und mißbrauchte. Man hat die spannungsreiche, paradoxe, schillernde, verführerische Existenz vereinfacht und verflacht, man machte diese Ausnahme zur Regel. Man faßte sie in Formeln, die man aus dem Werk, das ohnehin schon fragmentarisch war, herausbrach und dann zu Schlagworten, zu Dogmen zuschliff. So war es leichter, nachzufolgen oder abzulehnen. Auch die Christen haben die Gedanken des Antichristen Nietzsche zu billig abgetan, obgleich sie doch an diesem Gegner hätten wachsen können. Freilich, wer diesen ,,Lehrer des langsamen Lesens" verstehen will, muß die Bewegung des Denkens mit ihm teilen, das nicht zum Ende kam und schließlich scheiterte. Er muß ,,leiden an seiner Leidenschaft".

Das Wort, man könne nur verstehen was man liebt, hat im Verhältnis zu Nietzsche besondere Bedeutung. Er war ein Geist, in dessen Dasein sich Werk und Leben beinahe deckten. Das Leben ist das Mittel, das Werk des Lebens Konfession. Die Linien des Lebens wie des Werkes laufen hin nach einer unbekannten Mitte, die wir liebend suchen. Dennoch bleibt sie uns Geheimnis, vor dem wir in der Ehrfurcht stehn. Die Psycho- oder Sozio-Analyse hat ihre Grenzen.

Das Verständnis wird auch dadurch schwierig, daß Nietzsche nicht nur für sich selbst sprach, sondern auch für seine Zeit. Er ist Symptom. Er macht die Krise sichtbar, er leitet die Epoche ein, an deren *Anfang* wir noch stehn. In der Dämmerung des Untergangs und Aufgangs aber werden Dinge zweideutig, die Orientierung geht verloren, der Boden scheint uns wegzusinken, was feststand stürzt zusammen, das Selbstbewußtsein schwindet. ,,Fast ist es ihm, als ob er die Symptome einer völligen Ausrottung und Entwurzelung der Kultur vernähme, wenn er an die allgemeine Hast und zunehmende Fallgeschwindigkeit, an das Aufhören aller Beschaulichkeit und Simplizität denkt. Die Gewässer der Religion fluten ab und lassen Sümpfe oder Weiher zurück. Die Nationen trennen sich wieder auf das feindseligste und begehren sich zu zerfleischen. Die Wissenschaften, ohne jedes Maß und im blindesten laisser faire betrieben, zersplittern, und lösen alles Festgeglaubte auf. Die gebildeten Stände und Staaten werden von einer großartig verächtlichen Geldwirtschaft fortgerissen. Niemals war die Welt mehr Welt, nie ärmer an Liebe und Güte... Alles dient der kommenden Barbarei... Wir leben die Periode der Atome, des atomistischen Chaos." Das war geschrieben nicht im Zeitalter der Atombombe und des zweiten Wirtschaftswunders, sondern des ersten: im Jahre 1874.

Gleichen nicht in unserer Zeit des Übergangs die Dichter und die Denker, die wahrhaftig sind, Gratwanderern? Der schmale Grat, auf dem sie sich bewegen, ist gefährlich, Abgründe der Versuchung sind zu beiden Seiten. Einerseits das Altbewährte, Anerkannte und Bequeme, andererseits das Unbekannte, Schreckende und nur zu Ahnende. ,,Jeder Schritt vorwärts in der Erkenntnis folgt aus dem Mut, aus der Härte gegen sich, aus der Sauberkeit gegen sich."

So hat er mit dem Dasein experimentiert. Er sprach von ,,tragischer Katastrophe seines Daseins" und nannte sich ein Schicksal, ein Verhängnis. Wir würden uns um die Erkenntnis der eigenen Situation betrügen, wenn wir an ihm vorübergingen.

Er ist dunkel wie einst Heraklit, er deutet an, er denkt im Bild, im Gleichnis und Symbol, er spielt mit Worten und verwickelt sich in Widersprüche. Sein Werk besteht nur aus Essays, Aphorismen und Fragmenten. Ein Dichter, dessen Dichtung metaphysisch ist, ein Philosoph, der über Philosophen sich mokiert. Zu den Gelehrten, deren Handwerk er schon früh beherrschte, sagt er: „Ihr steifen Weisen, mir ward alles Spiel", und trachtet nach der Kunst, „Dinge, die leicht und ohne Geräusch vorbeihuschen, Augenblicke, die ich göttliche Eidechsen nenne, ein wenig fest zu machen". Doch hat er seine Existenz dabei aufs Spiel gesetzt.

Als ich zum ersten Male ihm begegnete, war ich noch jung, ein Schüler. Ich zweifelte an Gott und an mir selbst, ich hörte auf zu glauben und wollte wissen. Ich suchte Rat bei Nietzsche. Wenn der Gott des Christentums für einen tot ist, wie berauschend ist die Möglichkeit, ganz auf sich selbst gestellt, „jenseits von Gut und Böse", das Ziel des Lebens neu zu setzen. Das Leben, gärend, überschäumend, ist voll Hoffnung. Jede Form erscheint zu eng, Bindung als Fessel, die alte Wahrheit wird zur Lüge.

> Dorthin – *will ich;* und ich traue
> mir fortan und meinem Griff.
> Offen liegt das Meer, ins Blaue
> treibt mein Genueser Schiff.
>
> Alles glänzt mir neu und neuer,
> Mittag schläft auf Raum und Zeit –:
> nur *dein* Auge – ungeheuer
> blickt mich's an, Unendlichkeit!

Man überliest, weil man noch nicht versteht, die anderen Sätze: „Aber es kommen Stunden, wo du erkennen wirst, daß es nichts Furchtbareres gibt als Unendlichkeit. Oh des armen Vogels, der sich frei gefühlt hat und nun an die Wände dieses Käfigs stößt! Wehe, wenn das Land-Heimweh dich befällt, als ob dort mehr *Freiheit* gewesen wäre, – und es gibt kein ‚Land‘ mehr!"

Die zweite tiefere Begegnung mit diesem Geist fand erst drei Jahre später statt. Ich war Student. Ich ging zu einem Vortragsabend, an dem ein Rezitator unter anderem Zarathustras ‚Nachtlied‘ las: „Nacht ist es: nun reden lauter alle springenden

Brunnen. Und auch meine Seele ist ein springender Brunnen. Nacht ist es: nun erst erwachen alle Lieder der Liebenden. Und auch meine Seele ist das Lied eines Liebenden." – Ist es überheblich, wenn ich sage, daß dieser Nachtgesang mir klang, als käme er aus meiner eigenen Brust? Ich habe ihn mein Leben lang nicht mehr vergessen. Nietzsche schrieb dazu in ‚Ecce homo': „Auf einer loggia hoch über der Piazza Barberini, von der aus man Rom übersieht und tief unten die fontana rauschen hört, wurde jenes einsamste Lied gedichtet, das je gedichtet worden ist; um diese Zeit ging immer eine Melodie von unsäglicher Schwermut um mich herum." Eigentlich ist es das Lied nicht eines Liebenden, sondern eines, der Liebe will, und doch nicht lieben kann. Es drückt in vielerlei Bedeutung das Tragische in Nietzsches Dasein aus. Das Leben setzt sich mit sich selbst in Widerspruch, und wehe denen, die es auserwählt. Schuld oder Schicksal? ist schwer zu entscheiden. Denn jede Schuldkette, mag sie auch noch so klar zutage liegen, hat doch ein Ende, das im Dunklen sich verliert. Hätte er „diät" gelebt, im Denken sich beschränkt auf seine Fächer, er hätte als Gelehrter Ruhe finden können. Doch es trieb ihn weiter, und er, in seinem Hochmut, war noch stolz darauf, daß es ihn immer weiter trieb. „Das Eis ist nahe, die Einsamkeit ist ungeheuer – aber wie ruhig alle Dinge im Lichte liegen! wie frei man atmet! wie viel man *unter* sich fühlt! – Philosophie, wie ich sie verstanden und gelebt habe, ist das freiwillige Leben in Eis und Hochgebirge – das Aufsuchen alles Fremden und Fragwürdigen im Dasein . . ." Er suchte das, was er schon in sich trug.

Zwischen den Begegnungen mit Nietzsche, die sich wiederholten, lernte ich in jenen Jahren *Schopenhauer* kennen. So kam es, daß ich Nietzsches ‚Schopenhauer als Erzieher' begeistert aufnahm. Es ist die dritte der Betrachtungen, mit denen Nietzsche sich gesellschaftlich unmöglich machte. „Unzeitgemäß" wie damals ist sie noch. Denn sie verneint mit Schopenhauer in scharfer treffender Kritik die „Jetztzeit": Triebhaftigkeit, Dumpfheit und Geistesträgheit, die Gier, Betriebsamkeit und

Überheblichkeit. Den vom blinden Lebenswillen beherrschten Menschen stellt er die erlösten und erlösenden, die geistig schöpferischen Menschen gegenüber. „Wer sind die, welche uns heben? Das sind jene wahrhaften Menschen, jene Nicht-mehr-Tiere, die Philosophen, Künstler, Heiligen." Auf Schopenhauer blickend, gewinnt er den Begriff des wahren Philosophen, zugleich aber Distanz von dem Gelehrten, der er bis dahin selber war. „Ein Gelehrter kann nie ein Philosoph werden ... Wer im weitesten Sinne zur Historie geboren ist, wird die Dinge nie zum ersten Male sehen und nie selber ein solches erstmalig gesehenes Ding sein; beides gehört aber bei einem Philosophen ineinander, weil er die meiste Belehrung *aus sich* nehmen muß und weil er sich selbst als Abbild und Abbreviatur der ganzen Welt dient." Was er vom Philosophen fordert, ist das Höchste was man fordern kann: daß sein Denken und sein Tun sich decken. „Ich mache mir aus einem Philosophen gerade so viel, als er imstande ist ein Beispiel zu geben." Ein solches Beispiel findet er in Schopenhauer, der heroisch „das Leiden der Wahrhaftigkeit" auf sich genommen hat, – „weit entfernt von der kalten und verächtlichen Neutralität des sogenannten wissenschaftlichen Menschen". Gewiß war Schopenhauer als Philosoph nicht „sachlich", er war persönlich, und Nietzsche war es auch: ihr ganzes Werk durchdrungen von der Existenz, nicht nur vom Logos. Aber Nietzsche verneint das Dasein nicht. Mit einem Pathos sondergleichen singt er sein Ja und Amen-Lied; „selbst die Wunde wirkt nicht als Einwand". Zur Erkenntnis tritt hinzu ein Affekt des Willens, den ein Glaube trägt. Nicht mehr der Glaube an die Transzendenz, sondern an die Göttlichkeit des Lebens selbst, das Dionysische.

Er stellt am Anfang seiner Schrift die Frage: „Wo sind unsere sittlichen Vorbilder, der sichtbare Inbegriff aller schöpferischen Moral in dieser Zeit?" Die Antwort, ob vollendet oder nicht, gab er mit seinem Leben. Er hat gelebt aus der Erkenntnis, daß jeder Mensch im Kerne seines Wesens „eine produktive Einzigkeit" verbirgt; die soll er verwirklichen, „aus unermeßlicher

Sehnsucht, ein ganzer Mensch zu werden". Das war für ihn nicht nur ein schöner Traum und jugendlicher Rausch; er kannte unsere Zeit genug, er wußte wohl, was auf dem Spiel stand. „Es kann einer an dieser Einzigkeit ebenso wie an der Furcht vor dieser Einzigkeit verderben, an sich selbst, an der Sehnsucht und an der Verhärtung: aber Leben überhaupt heißt in Gefahr sein."

Man kann sich denken, daß solche „Individualisten", wie es in seiner Art auch Goethe war, in unsere „Jetztzeit" nicht mehr passen. Sie stören nur den Apparat, sie sind wie Sand in dem Getriebe. Oder auch, der Apparat ist schon so mächtig, daß sie nicht mehr stören können, sie machen nicht mehr Schule, man kann sie laufen lassen. Sie leben „auf ihren eigenen Credit hin". Nietzsche meinte: „Nur wer sein Herz an irgend einen großen Menschen gehängt hat, empfängt damit die erste Weihe der Kultur." Aber was heißt Größe, was Kultur, wieviel kann man noch brauchen? Steckt in dem Glauben an den „ganzen Menschen", der gemeint ist, nicht nur ein Vorurteil, das sich allmählich aufhebt? Entfaltung seiner Eigenart, Entfaltung aller Kräfte, – das heißt auch derer, welche uns nicht nützlich, sondern die nur musisch sind. Zum Musischen gehört die Muße. Nun aber stehen wir im Produktions- und Konsumtionsprozeß, den die Technik steigert. Muße wäre Abstinenz, Enthaltsamkeit. Also der Müßiggang und die Bedürfnislosigkeit. Wenn das auch relative Größen sind, die zu bemessen einem jeden jeweils überlassen bleibt, soweit nicht „die Verhältnisse" das Maß bestimmen, steht die Rangordnung doch fest: arbeiten um zu leben, und leben um die Muße zu gewinnen. Das heißt: die Muße ist das Ziel, der Sinn, die Krönung unseres Daseins auf der Erde.

Das hieße, unsere moderne Gesellschaftsordnung auf den Kopf stellen. Denn die meisten sind sich darin einig, daß Kontemplation, daß Müßiggang, auch wenn er fromm ist, nicht Ziel und Inhalt unseres Lebens sein kann. Man könnte einwenden, daß unsere Freizeit wächst, und mit der Freizeit auch die Muße. Wenn dieser Einwand nicht sophistisch ist, so kann er nur bedeuten: wir werden ständig weiser, das Lieben, Schauen, Ruhn vertieft sich, wir werden immer frömmer, wir haben dafür Zeit. Aber mitnichten! die Zeit und der Geschäftsgeist haben *uns*, auch in der Freizeit. Denn in der Freizeit konsumieren wir verstärkt, was die vermehrte Arbeit und Arbeitstechnik produziert. Es sind nur zwei Bewegungen im selben Webstuhl, nur zwei Bewegungen im Apparat, das Tempo ist das gleiche. So wenigstens ist die Tendenz im Osten wie im Westen.

Weihnachten. In der Zeitung Weihnachtswünsche der Prominenz gelesen. Höchst erheiternd ist Ernst Pentzoldts Wunsch: „Es dürfte das ganze Jahr Sommer sein!"

Bei frühlingsgleichem Wetter Spaziergang bis zur Dämmerung. Dann gelesen im ‚Wilhelm Meister'. Am Abend Oppenheimer Krötenbrunnen, Spätlese 1945. Letzter Gedanke vor dem Einschlafen: beim Weihnachtsfeste findet heute die Lügenhaftigkeit der christlichen Gesellschaft den stärksten Ausdruck. Vorsatz, nicht mehr mitzulügen.

Am andern Morgen Goethes Brief an Kestner: „Christtag früh. Es ist noch Nacht lieber Kestner, ich binn aufgestanden um bey Lichte Morgens wieder zu schreiben, das mir angenehme Erinnerungen voriger Zeiten zurückruft; ich habe mir Coffee machen lassen den Festtag zu ehren, und will euch schreiben biss es Tag ist. Der Türner hat sein Lied schon geblasen ich wachte drüber auf. Gelobet seyst du Jesu Christ."

Jahresende. Hic est aut nusquam quod quaerimus. (Goethes Motto 1782)

Der Mensch ist zur Freude geboren. Tausend Gründe gibt es, diesen Satz zu widerlegen, doch ich wiederhole: zur Freude ist der Mensch geboren. Denn unser Leben kann anders nicht gedeihen als in Freude. Zwar auch der Schmerz ist wirklich, er macht die Freude schwer. Doch soll die Freude überwiegen, siegen. Wie ist das möglich? – Indem wir mit dem Maß der *Freude* messen, wenn wir fragen, welchen Sinn das Dasein hat, nicht mit dem Maß der Schmerzen. Der Schmerz als Mittel, die Freude als der Zweck. Wie oft verkehren wir dieses Verhältnis, das so natürlich ist, ins Unnatürliche. Wir bleiben stehen bei dem Schmerz, betrachten ihn bis wir versteinern, machen ihn zum Gott und weih'n ihm unser Leben; unser Leben wird zu Stein. Steine anstatt Brot und Wein – das ist der Sinn nicht, das ist Sünde. Wir haben unsere Schmerzen zu verwandeln in die Freude; und darin liegt schon, daß die Freude nicht so billig ist wie man oft meint, daß sie so tief ist wie die Tiefe unserer Schmerzen. Es ist leicht gesagt und schwer getan. Jedoch: wir müssen wissen, um zu tun, wir müssen wissen, welcher Maßstab gilt, um unser Ziel nicht zu verlieren, um auf dem Weg nicht zu verzweifeln.

Da unser Tun beseelt ist und begeistet, wächst unser Leben nicht nach außen nur, sondern auch nach innen. Es hat mehr Spielraum hier in seiner Tiefe als draußen auf der Oberfläche, und steigert sich im Grade innerer Freuden. Nicht *was* wir leben, ist darum entscheidend, sondern *wie*. Es ist so wahr, daß es banal ist. Was hindert uns, das Leben zu betrachten wie eine Reise, die Leistung zu bewerten nach dem Maß der Freude? – Daß wir uns klammern an die Sachen, statt an Erleben und Erkennen, – daß wir besitzen wollen statt zu lieben, – daß wir die Schmerzen nicht vergessen wollen, nicht mutig sind zu hoffen. *Denn jede Freude hofft.*

In jeder Tätigkeit, so meinte Goethe, werde eine Hoffnung realisiert. Nicht erst im Resultat, sondern im Tätigwerden selbst. Wir müssen uns und unsere schwere Erde verarbeiten, damit die Hoffnung wächst, damit die Freude blüht. Verarbeiten den Stoff, die Schwerkraft und die Schwermut. Arbeit – das heißt nicht nur bewegen, ordnen und verwandeln, sondern auch erdulden und verzichten. Hoffnung realisieren durch Verzicht? Ja, wenn die Hoffnung stärker ist, wenn man auf anderes hofft.

Man muß die Ebenen des Daseins wechseln können, um Freude zu gewinnen. ,,Ich konnte nie mehr als drei Wege, glücklicher (nicht glücklich) zu werden, auskundschaften", sagt

Jean Paul. „Der erste, der in die Höhe geht, ist: so weit über das Gewölke des Lebens hinauszudringen, daß man die ganze äußere Welt mit ihren Wolfsgruben, Beinhäusern und Gewitterableitern von weitem unter seinen Füßen nur wie ein eingeschrumpftes Kindergärtchen liegen sieht. – Der zweite ist: gerade herabzufallen ins Gärtchen, und da sich so einheimisch in eine Furche einzunisten, daß, wenn man aus seinem warmen Lerchennest heraussieht, man ebenfalls keine Wolfsgruben, Beinhäuser und Stangen, sondern nur Ähren erblickt, deren jede für den Nestvogel ein Baum und ein Sonnen- und Regenschirm ist. – Der dritte endlich – den ich für den schwersten und klügsten halte – ist der: mit den beiden andern zu wechseln."

1950

Wiederum Frühling. Unser Dasein hat einen schweren Grund, den wir nicht fassen und nicht lassen können. Wenn wir fromm sind, nennen wir ihn Gott. Ist es eitle Koketterie, Tagebuch zu führen, immer von sich selbst zu sprechen, immer nach sich selbst zu suchen? Wäre es dann nicht der eitelste Gedanke, zu glauben: Gott hätte je den Menschen ganz persönlich nach Seinem Bild geschaffen? Jeder Mensch von Gottes Gnaden, jeder Mensch legitimiert, ein Souverän zu sein? Jedoch die Legitimation genügte nicht, wir müßten streben nach der Souveränität. Dazu scheint mir die tägliche Erforschung des Gewissens ein guter Weg. Des Gewissens, nicht allein des Wissens. Doch das Gewissen kann auch irren und sich täuschen. Es ist nicht immer wach genug und schwankt; es bettet sich zu früh zur Ruhe und fühlt sich „gut". Es gleicht auch manchmal dem Daimonion des Sokrates, das sagt, was wir *nicht* sollen, nicht, was wir sollen. Da scheint es notwendig, es anzuspornen und zu schärfen und ihm Gelegenheit zu geben, sich zu Gehör zu bringen. Denn seine Stimme ist bisweilen zaghaft und so leise, daß wir beim Handeln, sei es triebhaft, sei es selbst vernünftig, die Stimme überhören. Wir sind im Handeln uns oft voraus und das Gewissen hinkt hinterher. Geben wir ihm Zeit, uns einzuholen, lassen wir uns Zeit, uns selber einzuholen!

Die Souveränität, die wir erstreben, ist also nicht gewissenlos, sie ist nicht absolut. Wir kämpfen um die Herrschaft, zu der wir je berufen sind. Den Titel „Souverän von Gottes Gnaden" müssen wir ironisch führen. Wir brauchen Ironie, um unsere Eitelkeit zu brechen, sie zu transzendieren und dadurch souverän zu werden.

Die Ebenbildlichkeit des Menschen ist pro-duktiv gemeint, als schöpferische. Das heißt aber als Leiden, da wir Widerstand erleiden, die Grenzen und den Tod. Was bleibt von unserer Herrschaft? Die Würde des Gewissens. Wir haben dieses Leben zu verantworten, obgleich wir es doch nicht geschaffen haben, und werden einsam in dem Grad, als wir gewissenhaft sind.

Doch liegen regulative Kräfte des Gewissens nicht in der Reflexion allein, und ganz und gar nicht in der isolierten Reflexion. Wir existieren – denken, fühlen, streben und entscheiden – mitmenschlich. Wir spiegeln uns gewissen-haft im Du, wir machen gegenseitig uns zu Menschen. Das was wir sind, erkennen und gestalten, das was wir gelten, ja besitzen, hat den Charakter der Gemeinsamkeit. Einsam und gemeinsam. Eine Ethik, die nur in einem dieser Pole gründete, hat nicht Bestand. Das Tun und Denken muß des Lebens Spannung tragen.

Ostern. Allein das Wort birgt so viel Seligkeit und Hoffnung, daß man's nur auszusprechen braucht, so ist es Auferstehung. Der Deckel der Amphora öffnet sich, der alte Blütenduft steigt neu empor. „Siehe, ich lebe. Woraus? Weder Kindheit noch Zukunft werden weniger ... Überzähliges Dasein entspringt mir im Herzen." (Rilke)

Ich lese *Gregorovius, Wanderjahre in Italien,* und finde über Tiberius die Bemerkung: „Er erschöpfte jede Wollust, aber die menschliche Natur ist so dürftig angelegt, daß sie nur einen winzigen Teil von Lust genießen kann." Größer ist der Spielraum des Geistes und der Liebe, die nicht genießen, sondern opfern will. Während Tiberius auf Capri alle Wollust des Daseins zu erschöpfen suchte, wurde Jesus in Jerusalem ans Kreuz geschlagen.

Schöner Tag nach heftigem Gewitter. Die Sonne wärmt, der Flieder blüht, der Rasen ist erfrischt und sprießt. Nach Schmerzen, die nun überstanden sind, las ich bei Goethe: „Eine Poesie wie sie meinen Jahren ziemt. Unbedingtes Ergeben in den unergründlichen Willen Gottes, heiterer Überblick des beweglichen, immer kreis- und spiralartig wiederkehrenden Erdetreibens, Liebe, Neigung zwischen zwei Welten schwebend, alles Reale geläutert, sich symbolisch auflösend." Aber er sagte das als alter Mann.

Wir können, obgleich wissend was es „alles" gibt, nicht alles leben, nicht alles schauen und genießen, nicht alles kennen, – nicht alles und das Ganze sein. Wir können ganz nur sein in der Beschränkung, also durch Entsagung. Nicht entsagen wollen, nicht entsagen können, ist das schwerste Hindernis auf unserem Weg zum Glück. Soweit das Glück ein Zustand ist, wohnt es in der Idylle. Sich beschränken in Entsagung, hieße also: in der Flut von alledem, was uns umgibt, uns näherkommt, uns bedrängt, begehrenswert ist und erreichbar, reizt und Interesse weckt, Oasen schaffen, Inseln, wo man stille wohnen kann. Wohnen heißt daheim sein, weniges zu eigen haben, das man kennt und liebt, in das man sich versenkt: Menschen, Dinge, mit denen man von Herzen übereinstimmt. Zwar brandet Zeit und Welt an, lockt und fordert, droht, zerstört. Immer wieder reißen Dämme, man muß verstärken, ja erweitern. Trotzdem bleibt es wahr: nur hinter Dämmen kann man glücklich sein. Darum liebe ich die Gärten und den Park.

Für unsere Zeit charakteristisch ist, daß viele Dämme reißen. Die Fluten nivellieren. Begrenzte Lebenskraft, Sättigung und Tod scheinen noch die letzten Schranken, die uns hindern, „alles" zu erstreben, zu genießen, „alles" zu erkennen, zu beherrschen. Denn Zeit und Raum sind keine Hindernisse mehr. Immer schneller wird das Fernste uns erreichbar. Und alles was uns durch Natur, durch Kunst und Wissenschaft zuteil wird, ist überdies durch Technik noch multiplizierbar. Die Flut des Überflusses steigt und steigt, und nicht mehr lange wird es dauern, bis sie der Menschheit bis zum Hals steht. Dann wird die Not des Überflusses nicht Erbteil nur des ,,Westens" sein, sondern Erbteil aller. Allen alles! Daß aber jeder jeweils mitten in dem Überflusse stirbt, das grenzt zuletzt ihn ein und grenzt ihn aus. Er ist nicht alles, und er kann nicht alles. Die Hoffnung, ja Gewißheit, daß allen alles zugeteilt wird, hilft ihm nur wenig. Müßte er das nicht schon jetzt bedenken, bevor der Tod ihn überrascht? Der Tod wirft Schatten in das Leben und zeichnet, je nach Sonnenstand, ein Schattenliniengitter in das Dasein. Wir stehn in Grenzen, weil es die letzte Grenze gibt. Entsagen hieße, daß wir den Schatten und die Grenzen anerkennen, sogar sie lieben als Geheimnis unseres Daseins. Denn keiner weiß, wo diese Grenzen liegen, er weiß nur, daß sie sind. Keiner weiß voraus, wo er entsagen muß, er weiß nur, daß er's muß. Doch kann er aus dem Wissen sich ein Gewissen machen. Er kann das Negative seiner Grenze ins Positive wandeln, die Endlichkeit erfüllen, indem er in Beschränktheit *sich* beschränkt. Sich beschränken: die größte Lebenskunst, das kleine Opfer für den Tod, verhaßt all denen, die im Rausch des Lebens sind. Aber Beschränkung, um inniger und glücklicher zu leben, um Schritt zu halten mit der Endlichkeit des Daseins, mit uns selbst, um Ruhe zu gewinnen und das Gleichgewicht. Wenn der Mensch ein Organismus ist und nicht ein Mechanismus, so muß er Wurzeln schlagen und braucht Heimat. Er reist nicht um zu reisen; er reist um anzukommen, um daheim zu sein.

Mai. Der Himmel schwelgt in seiner Bläue, die Bäume blühen weiß. Das Freibad wurde bei der Hitze vorzeitig geöffnet; es war ein Glück, am Wiesenhang zu liegen, die Sonne auf der Haut zu spüren und Menschen wieder nackt zu sehn. Und alle schienen darin übereinzustimmen, daß dieses Dasein Spiel ist.

Im Garten blühen schon die Rhododendren: orangefarben und violett, wachsgelb, lachs- und feuerrot, – unsagbar leicht.

Hafis, dir sich gleichzustellen,
　　Welch ein Wahn!
Rauscht doch wohl auf Meeres Wellen
　　Rasch ein Schiff hinan,
Fühlet seine Segel schwellen,
　　Wandelt kühn und stolz;
Wills der Ozean zerschellen,
　　Schwimmt es, morsches Holz.
Dir in Liedern, leichten, schnellen,
　　Wallet kühle Flut,
Siedet auf zu Feuerwellen;
　　Mich verschlingt die Glut.
Doch mir will ein Dünkel schwellen,
　　Der mir Kühnheit gibt:
Hab doch auch im sonnenhellen
　　Land gelebt, geliebt!

In aller Frühe Fahrt zum Schliersee. Die Wiesen blütenübersät, nun mischt sich auch der blaue Salbei und der rote Klee ins Grün. Die Dorfbewohner, um barocke Kirchtürme geschart, tragen heute Sonntagstracht.

Ich las in *Goethes* Italienischer Reise: ,,Rom, den 19. Februar 1787. – Das Wetter fährt fort, über allen Ausdruck schön zu sein; heute war ein Tag, den ich mit Schmerzen unter den Narren zubrachte ... Über der Erde schwebt ein Duft des Tags über, den man nur aus Gemälden und Zeichnungen des Claude kennt ... Nun kommen mir Blumen aus der Erde, die ich noch nicht kenne, und neue Blüten von den Bäumen; die Mandeln blühen und machen eine neue luftige Erscheinung zwischen den dunkelgrünen Eichen; der Himmel ist wie ein hellblauer Taft, von der Sonne beschienen... Meine botanischen Grillen bekräftigen sich an allem diesen, und *ich bin auf dem Wege, neue schöne Verhältnisse zu entdecken,* wie die Natur, solch ein Ungeheures, das wie nichts aussieht, – aus dem Einfachen das Mannigfaltigste entwickelt."

„Neue schöne Verhältnisse entdecken." Hat er nicht recht zu glauben, daß die Verhältnisse schon alle im Schoße der Natur verborgen da sind, und daß wir, als die Neulinge in dieser Welt, sie jeweils nur entdecken, dann erkennen und erinnern, ohne den Verhältnis-Grund ganz zu durchschauen? Wir wirken in der Wirklichkeit auch heute noch wie Magier: wir nehmen wahr, wir deuten hin, vergleichen und benennen, verbinden oder lösen. Unser Gegeben-sein ist Grenze unserer Freiheit, die deshalb relativ ist: bezogen auf Notwendigkeit. Notwendigkeit der Wirklichkeit an sich, göttliche Notwendigkeit. „An sich", das heißt nicht „zweite Wirklichkeit", sondern diese eine in anderem Bezug: im Bezug der Frömmigkeit des Daseins, Hingabe, Demut, Liebe, des Glaubens an den Sinn, der großen Hoffnung. *Die Wirklichkeit:* sie will ich ehren und erkennen. Die Wirklichkeit ist göttlich. Meine Augen „trinken *dieses* Licht", meine Adern „wallen *diesen* Strom". Sonnenfeuer, Wasser, Erde, Bäume, Wiesen, Kühe, braune Pferde, Menschen in Fleisch und Blut.

Auf dem See gerudert. Ringsum hell- und dunkelgrüne Berge, am Ufer Blütenbäume. Die Sonne heiß. Abends erstes Bad im See bis es dunkel wurde. Warme, dufterfüllte Luft.

Um fünf Uhr aufgestanden. In stiller Morgenfrühe schreibe ich am Fenster, vor mir den grünen See, in dem sich die besonnten Wälder und die Berge spiegeln. Am Uferweg zieht eine Herde Kühe mit blechernem Geläut.

Fahrt zum Spitzingsee. Gewandert im Valepp-Tal. Steile Wiesenhänge mit blauen Enzianfeldern, von grauen Felsenwänden übertürmt. Glühende Sonne und trockene Luft, eiskalte Bäche. Endlich wieder Element, tiefgeatmete Luft, barfüßig gefühlte Erde, Lebensstille der Natur. Gewitterwolken zogen auf und regneten in hellen Schnüren. Wie Rauchfahnen verdunsteten die Wolken an den grauen Zinnen, die Sonne wurde goldner, und die erfrischten Wiesen dufteten noch stärker als zuvor. Als es schon dunkel wurde, ging ich noch zum See. Er spiegelte in seiner glatten Fläche ein Stück des Himmels, nachtschwarze Berge und den halben Mond. Im Dunkel trieb ein Kahn. Mädchenstimmen sangen übers Wasser, und mich ergriff ein Schmerz um das vergangene Leben. Es war wie Heimweh nach der Vergangenheit, und selbst was eben erst verging, schien längst vergangen. Nicht daß ich's wiederholen wollte, ich möchte es nur fassen in dem Wort, bewahren in der Wahrheit einer Dichtung. Dann wäre es erst mein, dann wäre es erst unser, und es erschlösse uns vielleicht den Sinn. Denn es genügt nicht, daß es nur gelebt wird, wir müssen es auch lieben, aneignen bis zum Grund. Die geistige Wiederholung – ,,die Verhältnisse ent-decken", ob sie nun ,,schön" sind oder nicht.

Spät am Abend noch las ich Heideggers Brief über den Humanismus: das Wesen des Handelns sei nicht das Bewirken, sondern das Vollbringen. Vollbringen heiße: etwas entfalten in der Fülle seines Wesens. So vollbringe das Denken den Bezug des Seins zum Menschen; es bringe Sein zur Sprache. – Wenn ich bedenke, daß auch ich ein Knotenpunkt des Seins bin, Schnittpunkt von Vergangenheit und Zukunft, dann erkenne ich mich selbst als des Vollbringens Ort. Wenn das Sein zu seiner Fülle kommen soll, muß sich jeder selbst zur Sprache bringen. Doch in dem Sprachraum ist das Du mit uns. Wir halten Zwiesprache. Wir vollbringen mit einander, für einander. Was jeder denkend tut (also nicht bewirkt, sondern vollbringt), das tut er stellvertretend für die anderen. Auch wenn er einsam ist, so ist er nicht allein. Wir vollbringen das Sein im Dialog; er gibt dem Denken seine Spannung.

Wieder spiegelte der See den schönsten Maimorgen. Nach einer Wanderung, barfuß im Tau, Frühstück im Freien. Lindenschatten, üppige Wiesen, von Löwenzahn und Margeriten übersät. Azurner Himmel über See und Bergen. Köstliche Stille. Lektüre: Ortega y Gasset ,Um einen Goethe von innen bittend'. Darauf: ,Dichtung und Wahrheit'. Ist Goethe uns nicht nahe als lebte er in unserer Zeit? Dennoch deutet er mit der Erzählung seiner Kindheit ins Mittelalter noch hinüber. Sein Werk hat eine wunderbare Weite und eine vielschichtige Fülle. Aber alles dies ist doch nicht so erstaunlich wie sein Drang, sich selber zu erkennen. Man lerne sich nicht kennen durch Betrachten, meinte er, wohl aber durch Handeln. Sein autobiographisches Werk (,,Bruchstücke einer großen Konfession") gibt Spiegelungen seines Handelns, nicht nur in Wahrheit, sondern auch im Irrtum – und doch, im Grunde ist das alles wahr, die reine Offenbarung seines Wesens, seiner Welt. Es ist die magische Beschwörung seines Wesens – denn wer *erkennt* sich wirklich selbst? Wir kreisen wie die Sterne um ein Zentrum, das uns verborgen ist. Doch unser Lauf durchzieht die Welt, wir hinterlassen Spuren, Hieroglyphen der Entelechie, und wenden reflektierend uns zurück, um diese Spuren zu entziffern. Dies hat er getan: nicht eitel und nicht psychologisierend, nicht quälerisch den Sinn ergrübelnd, nicht klagend und nicht anklagend, sondern bildhaft objektiv. Wie stark und heilsam ist es, sich so von sich zu distanzieren, und gerade dadurch sich noch reiner zu erkennen. Wenn er, von Jugend auf gedrängt sich Rechenschaft zu geben, in einem Altersaufsatz sagte: ,,Der Mensch kennt nur sich selbst, insofern er die Welt kennt, die er nur in sich und sich nur in ihr gewahr wird. Jeder neue Gegenstand, wohl beschaut, schließt ein neues Organ in uns auf" – so läßt sein autobiographisches Streben sich verstehen als ein weiteres Bemühen, immer neue Organe in sich aufzuschließen. Er war der tätigste der Geister vielleicht seit Leonardo. Und eben deshalb wüßte ich auch keinen, der größer war als Autobiograph.

Johannistag. Neuer Vorsatz, dem Leben, das ich führe, durch diese Buchführung Zusammenhalt zu geben. Zusammenhalt und Folge. Gesammelt leben, nicht zerrissen und zerstreut. Zu *dem* mich sammeln, der ich bin; Problem des geistigen Charakters. Das Zentrum suchen, aus dem ich lebe. In der Flüchtigkeit und Wurzellosigkeit modernen Daseins ist das schwer.

Wieder in München. Ab sechs Uhr früh stand ich zwei Stunden Schlange im Hofe des Finanzamts, um einen Steuernachlaß zu erlangen. Während dieses Wartens las ich *Pascal*. ,,In dem Maße als man Geist hat, findet man, daß es eigenartige Menschen gibt. Der große Haufe findet unter den Menschen keinen Unterschied." Und deshalb ist er großer Haufen. Der Geist, als Kraft, ist stets bestrebt zu individualisieren; das ist dem Haufen unbequem. Nicht nur entdeckt der Geist das Individuelle für sich selbst, sondern, wie es Goethe ausdrückt: ,,Eigentümlichkeit ruft Eigentümlichkeit hervor". Und: ,,Eigentümlichkeit des Ausdrucks ist Anfang und Ende aller Kunst." Da wir im Leben von Gefahr umgeben sind, so ist auch hier Gefahr, daß sich das Individuum überspitzt und daß die Spitze bricht, oder daß es sich versteigt und abstürzt. Doch andererseits ist die Gefahr, daß es nicht zum Vorschein kommt, daß es im Allgemeinen (der Natur, Gesellschaft, dem totalen Staate) stecken bleibt, gesichert vor sich selbst und seinem Drang, oder auch, daß es zurücksinkt. Dann schwindet gleichermaßen der Sinn und Blick für Eigenart in anderen, wir machen gegenseitig uns zum Teil des großen Haufens. Wir sehen nur die Wiederkehr des Gleichen, das Allzumenschliche, Alltägliche, nicht das Besondere. Ein solches Schicksal kann auch Generationen treffen, ja ganze Zeitalter.

Bewegung in der Masse. Die Pforte des Finanzamts öffnet sich. Doch ist es erst die Reinmachfrau, die Kehricht ausleert. Ein kleines Mäuslein wälzt sich in dem Staube, läuft hin und her, versucht rasch zu entweichen. Die Frau umtanzt es mit Geschrei und Abscheu, stößt mit dem Besen zu und trifft nicht, dann nimmt sie einen schweren Stein und trifft. Doch das Mäuslein ist nicht tot, es zuckt noch unter rasenden Schmerzen; wir stehen Schlange an der Mauer und schauen zu. Endlich tritt ein junger Mann hervor, hebt das Tierchen auf, knallt es zu

Boden, einmal, zweimal, und nun ist es tot – mausetot. Er kehrt zurück zur Schlange, von aller Blick verfolgt, offenbar geniert, weil er gehandelt hat als Einzelner vor Vielen. Und da er sich vor uns genierte, standen wir geniert vor ihm. Ward nicht in ihm ein Keim zum Helden sichtbar, da er als Einzelner das Tier erlöste? Der Funke Scham in uns war aber bald verglommen, kaum wurde er bewußt. Denn eine Maus, so schien es, macht noch keinen Helden. Und gerade deshalb schreibe ich es auf; wir müssen es bedenken.

Das Finanzamt öffnet sich. Ein Polizist geleitet die Menschenschlange bis zum zweiten Stock, wo wir wieder stehen bleiben müssen, zunächst im Dunkel, dann im trüben Licht. Gedämpftes Sprechen, Versuch im Stehen zu entschlummern. Ich denke: wie, wenn nun mein Antrag abgelehnt wird und all das lange Warten war umsonst? Doch so denken alle, die hier stehn. Im Banne dieser Furcht sind sie so brav und dumpf, treten sie so höflich und manchmal unterwürfig vor die ,,Zöllner" hin. Zehn, zwanzig Mark im Monat, denke ich, stehn auf dem Spiel. Doch wenn ich darum bange, vermehre ich die Furcht der Wartenden, dränge ich in jene Bahn, in der wir dann zur Masse werden für den Moloch Staat. Also muß mein Steuernachlaß Nebenzweck des Wartens sein. Der Hauptzweck ist: ich lese Pascal und werde durch ihn frei.

Ich fuhr in der Lektüre fort und fand die Stelle: ,,Unter dem Intelligiblen (dem mundus intelligibilis) nimmt unsere Vernunft eben den Ort ein, den unser Körper in der Weite der Welt hat." Das heißt: Erkenntnis ist bedingt durch die natürliche und geschichtliche Situation. Wir erkennen unter jeweils ,,dieser" Perspektive, die Erkenntnis zeigt den Ort an, an dem wir uns befinden, – die Ortswahrheit, jedoch ,,die" Wahrheit nicht.

Warmer Sommertag, Rosen, Lilien, Rittersporn und Mohn. Die Linden blühen. Dennoch viel Mißgeschick, das nicht von außen kommt, sondern in mir selbst sitzt und plötzlich ausbricht. Vulkanische Existenz: Glut und Asche, und am Hang die schönen

Gärten. Immer wieder Anbau, Stück für Stück und doch nichts Ganzes. ,,Zufälliges Philosophieren", sagte *Hegel* tadelnd, ,,das sich an diese und jene Gegenstände, Verhältnisse und Gedanken des unvollkommenen Bewußtseins anknüpft". Dagegen las ich bei *Ortega y Gasset:* ,,Ich glaube einzig an die Gedanken Scheiternder. Man sollte die Klassiker vor ein Tribunal von Schiffbrüchigen stellen und sie gewisse Urfragen des Lebens beantworten lassen ... Das Leben ist seinem inneren Wesen nach ein ständiger Schiffbruch. Aber schiffbrüchig sein, heißt nicht ertrinken." Also rhapsodisch philosophieren, mit ,,unvollkommenem", ,,unglücklichem Bewußtsein". Weltbruch, Systembruch, Schiffbruch – diese Worte charakterisieren unsere Situation.

Zuflucht zu den Stoikern. Gewiß, sie sind manchmal zu starr, zu steif und zu pathetisch. Aber welche Tapferkeit und Würde! Heilige ohne Gott. Sie repräsentieren uns die Philosophie auch als gesellschaftliche Lebensform. Ich las wieder die Briefe *Senecas.* Da eine Zeit darin zum Ausdruck kommt, die der unseren verwandt ist, sind sie modern. ,,Das ist die größte Aufgabe der Weisheit und ihr Kennzeichen, daß die Werke im Einklang stehen mit der Rede und der Mann sich selbst gleich sei. Wer wird das leisten? Wenige, doch einige. Es ist schwer; auch sage ich nicht, daß der Weise stets in gleichem Schritt geht, doch immer auf dem gleichen Wege." Dem Schicksal standzuhalten, ihm sich zu fügen, das Leben zu verachten, um es nach Maßen zu genießen, das war das Ziel. So gaben die Stoiker ein Beispiel, das nachwirkt bis in unsere Zeit. Sie heiligten sogar den Selbstmord in Fällen, wo des Menschen Dasein unter seiner Würde ist. Auch meinte Seneca, man könne es verneinen nicht nur aus Haß, sondern auch aus Überdruß, wenn es stets das gleiche ist und man genug hat. Doch solle man nicht aus dem Leben fliehen, sondern gehen.

In der Zeitung stand ein ,,Leserbrief": Ein Selbstmörder, den man gehindert hatte, die Absicht durchzuführen, fragte an, mit welchem Recht ihm die Gesellschaft untersagen könne, sein

Leben zu beenden wann er wolle. – Wenn der Mensch nicht selber sterben darf, sondern sich töten lassen muß, wird dann die Freiheit der Person nicht aufgehoben? Ist nicht der Freitod *Grundrecht*? Auch gegenüber Gott?

Hochsommertage, neues Daseinsglück. Cembalo-Konzert von Johann Christian Bach. Zärtliches Andante, sprühende Heiterkeit. Ein Ja-und-Amen-Lied. Wir sind nun einmal da, wir können nicht ins Nichts zurück. So muß das Dasein, selbst im Schmerz, der tiefsten Freude, tiefsten Hoffnung würdig werden; wir müssen das im Unglück halten, was wir im Glück versprachen. Transzendente Kraft der Liebe. Die Liebe zu den Dingen transzendiert die Dinge, die Liebe zu dem Menschen transzendiert den Menschen. Stufen, Stufen, und mit jeder Stufe verwandelt sich das Sein, wie sich die Landschaft wandelt, wenn man höher steigt. Die Höhe des Geistes, die Tiefe des Seins. Wären wir der höchsten Liebe fähig, dann wäre unsere Sehnsucht ganz gestillt. Coincidentia oppositorum.

Der Gegenstand des Dichters ist nicht derselbe Gegenstand, den unter anderem Gesichtspunkt die Wissenschaft beschreibt, erklärt und nutzbar macht. Es ist ein anderes Sein. Der Dichter hat deshalb ein anderes Dasein in einer anderen Welt. Leider nur solang er dichtet.

Abends: *Ernst Jüngers* ,Dalmatinischer Aufenthalt'. Und Ruppertsberger Hoheburg, Jahrgang 49, mit Nachgeschmack von Mandeln.

Fortdauernd schöner Sommer. Den Tag begonnen mit dem 23. Gesang der Ilias, Wettkampf zu Ehren des Patroklos. Abends Nymphenburger Sommerspiele. Bach und Mozart, während in dem letzten Schein der Sonne die Schwalben flogen. Springbrunnen im Blumenteppich, Baum-Silhouetten vor dem hellen Himmel, Lindendüfte. Mein Herz voll Dankbarkeit und Frieden.

In Mainz am Rhein, auf der Zitadellenhöhe nahe bei dem „Drusus-Denkmal", das die Römer bauten, dem Spielplatz meiner Kindheit. Blick auf das Rheintal: der breite Strom, das satte Grün der Inseln und der Auen, am Ufer schlanke Pappeln, dahinter die Getreidefelder gelb; Obstbäume, Weinberge am Main, von Osten ansteigend der Taunus. Im Vordergrund der Dom, die dunklen Schieferdächer und das barocke Doppeltürmchen der Augustinerkirche. Die Heimat liegt vor meinen Augen, mein Herz drängt zu ihr hin. Nicht einmal dies ist ausgeschöpft, was doch so innig in mir lebt. Weite Herkunft und Geschichte. Wir sind stets älter als wir denken, nur haben wir nicht Zeit, so alt zu sein, – uns zu versenken in die Vergangenheit. Die Zeugen der Vergangenheit stehn noch am Wege (oftmals im Wege) und wollen reden. Wir sollten tief aus unserem Ursprung leben, die Lebenskreise wiederholen und uns spiralisch höher schrauben, statt linear zu leben.

Bedeutung des kairòs, des Augenblicks, da wir uns ganz geschenkt sind, ganz bewußt, einig mit dem Sein. Wie wir als Gruppe ‚Optimaten' der Schöpfung sind, so spitzt sich auch im Einzelnen das Dasein auf den Gipfel zu. Augenblicks auf unserer Höhe, augenblicks der Absturz. Einmal morgens, einmal mittags, einmal erst des Abends. Oder wir sind ganz wir selbst in unserer Kindheit, unserer Jugend oder erst im Alter. Wir leben zu auf diesen Augenblick der Gnade und des Glücks, in ihm vollzieht sich die Theodizee.

Fünfzigste Wiederkehr von Nietzsches Todestag. Gelesen aus dem Nachlaß: ‚Über Wahrheit und Lüge im außermoralischen Sinne' (1873). Er könnte als Einleitung zu dem Gesamtwerk dienen, denn er enthält die ganze geistige Persönlichkeit wie auch ihr Schicksal. „Der Intellekt, als ein Mittel zur Erhaltung des Individuums, entfaltet seine Hauptkräfte in der Verstellung; denn diese ist das Mittel, durch das die schwächeren, weniger robusten Individuen sich erhalten ... Im Menschen kommt diese Verstellungskunst auf ihren Gipfel." Da aber jeder seine

Schwächen hat, lebt jeder in Verstellung, „gleichsam auf dem Rücken eines Tigers in Träumen hängend". Wir existieren metaphorisch, wir flüchten uns in Bilder, weil wir die Wahrheit, selbst wenn wir sie erfaßten, nicht ertragen könnten. Der schöne Schleier noch einmal! Aber wäre er so schön, wenn wir nicht manchmal ihn durchschauten? Wir spielen mit der Wahrheit, weichen aus, weil sie uns ängstigt oder schreckt, und dennoch dreht sich alles nur um sie. Wir wollen in der *Wahrheit* sein, wollen in Wahrheit *sein*. So gibt es immer auch bei Nietzsche die wunde Stelle, wo man erkennt, daß er noch mehr als Nietzsche war: das letzte Wort ist nicht gefunden, es wird gesucht; *das letzte Wort ist Heilswort.*

Sonntag am Schliersee. Wie die Wiesen in der Sonne liegen, wie die Fichtenhänge sich im Wasser spiegeln, wie das Schilf im Wind sich regt, Libellen schwirren und die Fische springen – das alles sehen wir doch besser, seitdem die Kunst die Augen öffnete. Die unergründlich schönen Farben noch und noch einmal; die Sucht zu sehen steigert sich – nicht das zu sehen, was wir uns erdenken, sondern das was *ist*. „Ja, meine Existenz hat einen Ballast bekommen, der ihr die gehörige Schwere gibt", schrieb *Goethe* aus Rom. „Ich fürchte mich nun nicht mehr vor den Gespenstern, die so oft mit mir spielten."

Daß ich dies alles schreibe mit dem Anspruch, zu philosophieren, mag sonderbar erscheinen. Wir können unser Dasein nicht restlos analysieren, wir können uns nur mühen, uns zu orientieren, während es sich lebt. Darin liegt das Beiläufige, das Bild- und Gleichnishafte, Symbolische, Versucherische und nur Richtungweisende der Philosophie. Doch haftet nicht den Projektionen etwas Magisches an? Was trägt uns, wenn wir Sein ertragen, obgleich wir doch so wenig wissen, zweifeln und verzweifeln? Ist es nicht ein Glaube?

In Heidelberg in der Kurpfälzischen Weinstube, am späten Nachmittag. Jetzt sind sie alle weggegangen, niemand mehr ist da, der Saal ist leer, nur Bänke noch und Tische, und ich beim vollen Glas. Draußen rauscht der Regen. Ich sitze hier und trinke, ich denke und ich trinke. Ich trinke also bin ich; ich denke also trinke ich. Warum bin ich, und wer bin ich? Ich hülle mich ein in den Mantel des Rausches. Das Wort macht frei? Der Wein macht frei! Wenn man getrunken hat, sieht man viel klarer; im Wein liegt Wahrheit. Nur wird es schwerer, sie zu Papier zu bringen. Doch nicht die Satzlänge entscheidet, sondern die Prägnanz; geballte Ladung. Das erheitert mich. Geballte Ladung bin ich jetzt selbst.

Lektüre: *Schopenhauer,* Parerga und Paralipomena. „Der Grund und Boden, auf dem alle unsere Erkenntnisse und Wissenschaften ruhen, ist das Unerklärliche... Dieses Unerklärliche fällt der Metaphysik anheim." Man kann auch sagen: der Religion. Dann wären die Erkenntnisse Votivbilder, dem Unerklärlichen geweiht? Überholter Standpunkt. Das Unerklärliche wird, um der Reinheit und Exaktheit der Erkenntnis willen, ausgeklammert. Man schafft Voraussetzungen, die definierbar sind, möglichst unbeschwert von Religion, Metaphysik und Ethik. Doch bleibt das Unerklärliche im Hintergrund, stellt das Erklärliche in Frage und bricht gar durch. Es läßt sich auf die Dauer nicht verleugnen. Wir denken niemals rein, niemals exakt. Deshalb schuf sich die Wissenschaft den vollkommensten Menschen: das Elektronenhirn. Es denkt jenseits von Gut und Böse, von Gott und Welt. Es knüpft die Bande ohne Liebe und führt die Kriege ohne Angst. Dennoch ist es ein Homunculus, durch einen dünnen Faden mit der Menschenwelt verknüpft. Und die ist jeweils endlich. „Jeweils", das ist das Schreckliche, da sitzt das Unerklärliche. Könnten wir den Tod ausklammern, dann wäre „alles klar".

„Fast alle Menschen bedenken unablässig, daß sie der und der Mensch sind; hingegen daß sie überhaupt ein Mensch sind... das zu bedenken fällt ihnen kaum ein und ist doch die Hauptsache." Nein, sie sollen nicht zuerst das Allgemeine, sondern lieber das Besondere bedenken, oder besser das Besonderste: sich selbst. Nicht aus Eigenliebe und aus Eigensucht; sondern: um den eignen Ursprung zu erkennen, den Eigenwert und auch die Grenzen, den kleinen Spielraum unsrer Freiheit.

,,Nur, wenn auf das Allgemeine gerichtet, kann die Erkenntnis willenlos bleiben." Ist aber nicht die wertende, bekennende, entscheidende, verändernde Erkenntnis zu erstreben, also die konkrete? Der Wille, der sie dann bewegt, ist freilich nicht mehr triebhaft; der Trieb erscheint gebändigt durch den Geist, durch den konkreten Geist. – Um zu philosophieren, müsse der Geist wahrhaft müßig sein. – Das Gegenteil der Muße, das neg-otium, das Geschäft, führt mich von mir weg, vielleicht bis zur Zerstreuung. Der Mechanismus der Geschäfte, immer feiner noch organisiert, beraubt uns unserer Muße, der Chance uns zu sammeln. Wir werden unserem Selbst entfremdet. Das Philosophieren ist dann Gegenbewegung. Im Anfang war das Otium, dann machte das Negotium sich breit, und die Verneinung des Negotium, Verneinung der Betriebsamkeit, gibt uns die Muße wieder. Indem wir philosophieren, gewinnen wir die Muße und das Glück. Vielleicht muß man vor Tag aufstehen und nach Tag noch wachen. Und ,,es darf bei der Philosophie nicht so kaltblütig hergehn, daß nicht am Ende der ganze Mensch, mit Herz und Kopf, zur Aktion käme und durch und durch erschüttert würde".

Lektüre: *Nietzsche*, Fröhliche Wissenschaft. Das Kapitel 125 ,Der tolle Mensch' ist eines der bedeutendsten, erschütterndsten der neueren Philosophie. Es ist noch lang nicht abgeschlossen. ,,Habt ihr nicht von jenem tollen Menschen gehört, der am hellen Vormittage eine Laterne anzündete, auf den Markt lief und unaufhörlich schrie: ,Ich suche Gott! Ich suche Gott!' . . . Wohin ist Gott? ich will es euch sagen! Wir haben ihn getötet – ihr und ich! Wir alle sind seine Mörder! . . . Was taten wir, als wir diese Erde von ihrer Sonne losketteten? Wohin bewegt sie sich nun? Wohin bewegen wir uns? Fort von allen Sonnen?

Stürzen wir nicht fortwährend? Und rückwärts, seitwärts, vorwärts, nach allen Seiten? Gibt es noch ein Oben und ein Unten? Irren wir nicht wie durch ein unendliches Nichts? Haucht uns nicht der leere Raum an? Ist es nicht kälter geworden? Kommt nicht immerfort die Nacht und mehr Nacht? Müssen nicht Laternen am Vormittage angezündet werden? . . ."

Wenn Gott tot ist, wie kann er wieder auferstehn? Oder hat er sich verborgen, haben wir ihn selbst verborgen, und strahlt er hinter Wolken wie die Sonne? Doch es ist gefährlich, so schöne Bilder zu gebrauchen, wenn das Ereignis furchtbar ist.

Begann Gott schon zu sterben, als ihn das Denken in die *abstrakte* Transzendenz verstieß? Haben wir ihn fortgedacht? Oder ist er hier und jetzt und sind nur die Begriffe tot? Denn so wie wir ihn fühlen oder schauen, schweigend ihn verehren, ist er volle Wirklichkeit, ens realissimum. Er *ist* nicht offenbart, er offenbart sich *noch*, jetzt oder nie. Der Brunnen der Gewißheit fließt noch immer. Jetzt diese Rose hier auf meinem Tisch – wenn ich in ihren Anblick mich versenke und sich die Stille um uns schließt, so weiß ich: „Sie hat von Ewigkeit in Gott also geblüht." Ein Tag voll Qual sinkt in Vergessenheit, die Zeit berührt sich mit der Ewigkeit.

Ich sah im Englischen Garten eine Buche, herrlich in des Herbstes Pracht. War es nicht Menschwerdung des Menschen, als er vor einem solchen Baume stehen blieb und nicht mehr dachte, was sein Holz ihm nützen könne, sondern zeichnen, malen wollte, um sein Bild zu fassen, seine Wesenheit? War das nicht Gebet? In diesem Augenblick erstrebte er nicht Macht, sondern er liebte.

Mir scheint, es ist ein Unterschied, ob dieser Liebesakt sich noch organisch, oder ob er sich mechanisch, mit Hilfe eines Fotoapparats vollzieht. Freilich ist der Mensch in jedem Fall beteiligt und es gibt Übergänge. Jedoch der grüne Heinrich zum Beispiel vor den Baumriesen: „Endlich trat ein gewaltiger Buchbaum mit reichem Stamme und prächtigem Mantel und

Krone herausfordernd vor die verschränkten Reihen, wie ein König aus alter Zeit, der den Feind zum Einzelkampfe aufruft. Dieser Recke war in jedem Aste und jeder Laubmasse so fest und klar, so lebens- und gottesfreudig, daß seine Sicherheit mich blendete und ich mit leichter Mühe seine Gestalt bezwingen zu können wähnte. Schon saß ich vor ihm, und meine Hand lag mit dem Stifte auf dem weißen Papier..." Und das Ende dieses Kampfes: ,,Wie ich aufsah und endlich das Ganze überflog, grinste ein lächerliches Zerrbild mich an wie ein Zwerg aus einem Hohlspiegel; die lebendige Buche aber strahlte noch einen Augenblick in noch größerer Majestät als vorher, wie um meine Ohnmacht zu verspotten; dann trat die Abendsonne hinter den Berg, und mit ihr verschwand der Baum im Schatten seiner Brüder. Ich sah nichts mehr als eine grüne Wirrnis und das Spottbild auf meinen Knien." Ich bezweifle, daß solche Liebesqual ein Fotograf empfindet. Der technische Erfolg, selbst wenn er unvollkommen ist, erspart sie ihm. Doch bleibt ihm auch die Frucht der Qual erspart. Weniger Hingabe, weniger Mühe bedeutet weniger Erfüllung. Das ist die Kehrseite der Technik: der Weg wird kürzer und bequemer, die Produkte mehren sich, doch der Mensch verkümmert.

Was durch den Menschen, wenn er philosophisch lebt, geschieht, geschieht symbolisch. Sein Tun und Denken deutet auf etwas Anderes, sogar ,,ganz Anderes", dem er philosophisch sich verbindet: das höhere Ich und Du, die Menschheit, Gott. Dessen sind wir uns nur selten und nur schwach bewußt, und wir entziehen uns dem Auftrag, weil wir das Opfer scheuen. Dennoch, wenn wir meditieren, in Gleichnissen das alte Thema variieren, wächst das Sein nach innen und auch sein Ausdruck ändert sich.

Wenn wir erkennen, wollen wir dem Sein in Wahrheit uns verbinden, wir wollen in der Wahrheit sein. Das ist nur dialektisch möglich, im Widerspruch, im Dialog, im Wechsel unserer Perspektiven. Alles fließt, wir fließen mit. Das, was wir zu besitzen glauben, müssen wir verlassen. Schließlich verlassen wir den Strom, in dem wir schwimmen, um einzumünden „in das Meer der Gottheit".

Lektüre: *Schopenhauer,* Die Welt als Wille und Vorstellung: „Man sehe sie doch nur ein Mal an, diese Welt beständig bedürftiger Wesen, die bloß dadurch, daß sie einander auffressen, eine Zeitlang bestehen, ihr Dasein unter Angst und Not durchbringen und oft entsetzliche Qualen erdulden, bis sie endlich dem Tode in die Arme stürzen." . . .„Man betrachte zum Beispiel den Maulwurf, diesen unermüdlichen Arbeiter. Mit seinen übermäßigen Schaufelpfoten angestrengt zu graben, ist die Beschäftigung seines ganzen Lebens: bleibende Nacht umgibt ihn: seine embryonischen Augen hat er bloß, um das Licht zu fliehen. Er allein ist ein wahres animal nocturnum; nicht Katzen, Eulen und Fledermäuse, die bei Nacht sehen. Was aber nun erlangt er durch diesen mühevollen und freudeleeren Lebenslauf? Futter und Begattung: also nur die Mittel, dieselbe traurige Bahn fortzusetzen und wieder anzufangen im neuen Individuo." *Was änderte sich aber,* wenn es nun gelänge, des Maulwurfs individuelles Dasein zu verlängern, die Fütterung und die Begattung reicher, komfortabler zu gestalten, die Schaufelpfoten zu vergrößern durch Fortschritte der Wissenschaft und Technik? Im Wesen wäre nichts geändert. *Doch wenn er sehend würde,* Geist besäße, Muße fände, zu schauen, nachzudenken über dieses wunderliche Dasein in einer wunderlichen Welt, dann hätte sich sehr viel geändert. Er könnte sich beim Graben, wenn auch nicht freigelassen, zuschauen, er wäre diesem Wühler-Dasein wenigstens im Geiste überlegen. Das Sein will nicht nur umgegraben sein, es will erkannt sein, es verlangt nach höherer Begattung. Deshalb schuf Gott den Menschen, doch mit der Freiheit, sich in den Maulwurf zu verwandeln.

Schopenhauer gibt den ergänzenden Betrachtungen über die Welt als Vorstellung (ein Buch „mit heiterem Inhalt"!) dieses Motto: *Et is similis spectatori est, quod ab omni separatus spectaculum videt.* „Wobei jedoch sogleich zu bemerken ist, daß es sich hier nicht um eine dauernde Freilassung, sondern bloß um eine kurze Feierstunde, eine ausnahmsweise, ja eigentlich nur momentane Losmachung vom Dienste des Willens handelt."

Die Menschen machen Anstrengungen, viel zu schaffen, besonders hier bei uns im Norden, in den kimmerischen Gefilden. Sie schaffen nicht aus *Not* nur, sondern mehr aus *Angst* vor einer dunklen Zukunft, der sie entgegensorgen, für die sie vorsorgen, obgleich sie gar nicht wissen, wieweit die Sorge auch berechtigt ist, ob sich das rechte Mittel findet. Sie schaffen weiterhin aus *Gier,* um immer mehr noch zu besitzen; obgleich sie doch nicht wissen, ob und wie lange sie, was sie besitzen, behalten und genießen können. Die Gier ist stärker als sie selbst, als ihre Zeit und ihre Kräfte. Sie zeigt sich am abstraktesten als Geldgier. Schließlich schaffen sie aus *Langweile*; sie brauchen was zu tun. – Was sollten sie denn andres tun als schaffen? Sie sollten ruhn und schauen, ruhn und denken, ruhn und beten. Sie sollten müßig sein, spazieren gehen, spielen. Sie sollten mehr sich anstrengen, das Sein zu meditieren, als es zu aktivieren. Das Meditieren, des Menschen Würde, des Menschendaseins Blüte und reifste Frucht, ist offenbar viel schwieriger als aktiv leben, in „unbedingter Tätigkeit", von der einst Goethe sagte, sie mache uns zuletzt bankrott. Der Drang, sich zu betätigen – äußerlich, nicht innerlich – ist derart stark, daß man noch lieber Arbeiten erfindet, als still zu sitzen und zu reflektieren: sich zurückzubeugen, um zu erkennen, was und wie das ist. *Sind wir nicht zum Erstaunen da? Leben wir nicht um zu rühmen?* Wer anders spricht es aus? Wer kann die Liebe und die Hoffnung haben, die die Angst und Gier besiegt?

Montaigne, ob er nun in Deutschland reiste oder in Italien oder auch im Turmzimmer in seinem Schloß, reiste, um sich selbst zu finden: die subjektive Wahrheit, nicht die objektive. Für die objektive Wahrheit sind Gelehrte angestellt, für die subjektive

Philosophen oder Dichter. Die Objektivität der Wissenschaft ist ihre Brauchbarkeit, ihr Schwergewicht liegt in dem „Stoff". Hingegen in der Kunst, zu philosophieren und zu dichten, macht nicht das Was das Wesen aus, sondern das Wie. Das heißt: entscheidend ist die „Form"; der Stil gehört deshalb zum Argument. Formung des persönlichen Gehalts, sei er nun ursprünglich, sei er persönlich angeeignet aus der Tradition. Der Stoff der Dinge und der Triebe gibt die Gelegenheiten, an denen sich der Geist entzündet, um zu brennen, sich zu läutern, seinen Niederschlag zu finden, seinen Druck und Ausdruck. *Gelegenheitsdichtung, Gelegenheitsphilosophie,* Fragmente einer Lebensreise, Bruchstücke einer Konfession. Ob verbindlich oder unverbindlich, entscheidet sich in dem, der die Verbindung sucht. Die geistigen Prozesse: Monologe, Dialoge, Entwürfe und Experimente, sind keine Rechnungen, die einer anfängt, ein anderer fortführt, und die man schließlich auflöst. Eher sind es Rätsel, die jeder neu erraten muß; schon dies ist rätselhaft, daß sie bestehen bleiben und sich gleichwohl wandeln. Subjektive Wahrheit: das ist Wahrhaftigkeit und Weg. Wir reisen, um die Heimat einst zu finden. „Die Philosophie", sagte Novalis, „ist eigentlich Heimweh, ein Trieb, überall zu Hause zu sein." Aber wer kommt an? Es gibt in der komplexen Struktur des Menschen – zumindest zwei sehr gegensätzliche Begriffe braucht man, ihn zu charakterisieren – gar viele Merkmale, die ihn vom Tiere unterscheiden. Eines der ausgezeichneten ist seine Einsamkeit, die ihren Gegenpol stets sucht. Der Mensch, so ließe sich auch sagen, ist das Tier, das einsam ist. Das Tier *ist* Wirklichkeit, mit allen Fasern seines Wesens, seines Triebes und Instinkts. Der Mensch *hat* Wirklichkeit, das heißt, er transzendiert sie auch, er sucht sie zu begreifen, zu ergründen und zu steigern, zu hemmen und zu übersteigen. Nicht daß er sie erfährt, Kenntnis von ihr gewinnt, sie berechnet und erweitert, unterscheidet ihn vom Tier, sondern daß er sie vertieft. Die Wirklichkeit wächst ihm nach innen. Was er schon hat, kann er sich inniger zu Eigen machen und hat es deshalb nie, er mißt die

Grenzen seiner Seele niemals aus. Er ist das Tier, das keine Heimat hat.

Der Mensch, so konnte Nietzsche sagen, ist das nicht festgestellte Tier. Es hat den Anschein: im Zeitalter der Technik stellt sich's fest. Wenn man ausgeht von dem Dogma (besser noch: der Existenzgewißheit) der Freiheit jedes Menschen, dann allerdings bleibt auch im Zeitalter der Technik der Horizont noch offen. Noch immer kann der Mensch bestimmen, was er wird und wie er das, was er besitzt, gebraucht, anstatt daß er besessen ist. Jedoch: kann diese Möglichkeit der Freiheit, die latent, ja „ineffabile" und unbeweisbar ist, nicht gleichsam einfrieren (ich sage „gleichsam" mit dem gleichen Recht, mit dem die Existenzphilosophie von Existenz und Freiheit in einem Gleichnis spricht), kann nicht auch darin Freiheit sich „bewähren", daß sie darauf verzichtet, sich zu realisieren?

Es hat nur Sinn von Existenz zu reden in Verbindung mit dem Dasein in der Welt. Im „Da"-sein also müssen Art und Grad der Freiheit sichtbar werden, „hier" haben wir mit ihr zu rechnen, das heißt auf sie zu hoffen. Wenn nun der Mensch in immer stärkerem Maße Maschinenmensch wird, was ist dann seine Freiheit? Maschinenfreiheit? Ist es ein Trost und gar ein Glück zu wissen, daß er den Apparat, in dem er sitzt und lebt, mit dem er fast identisch wird, doch selbst geschaffen hat? Wer denn „er selbst"? Hat denn der Autofahrer das Auto selbst erfunden, hat er es fabriziert, kennt er, indem er steuert, die Herkunft, die Geschichte, das Naturgesetz? Er hat die Macht; doch auch die Grenzen seiner Macht und die Gefahren, das heißt, er hat die Ohnmacht. Man kann die Ware nicht erwerben und das Geld behalten, man kann den Apparat der Technik nicht beherrschen ohne ihm zu dienen. Zugabe zur Freiheit ist die *Last* der Freiheit und die *Not,* die Kette der Notwendigkeit. Diese Kette kann nun leicht sein oder schwer, sie kann zum Panzer werden, sie kann uns drücken und erdrücken. Sie kann das Dasein so verändern, daß es „festgestellt" erscheint. Natürlich ist die „Feststellung" geschichtlich. Man kann es wissen, wie sie geschah, und Greise können dann sich noch erinnern, daß es einmal anders war. Jedoch „es war einmal". Es war einmal: man konnte noch zu Fuß durch unsere Städte gehen, mitten auf der Straße. Die Luft war bläulich, nicht von Benzin, sondern von dem Duft des Morgens und dem Duft des Abends. Die Nacht war stille, monderleuchtet, wie draußen auf dem Land ...Und so weiter. Wir wollen nicht romantisieren, das Glück des Menschen ins Vergangene verlegen, die Zukunft ihm blockieren. Doch es ist möglich, daß der Mensch sie selbst blokkiert, sie feststellt auf die Technik, indem er sich dem Apparate preisgibt, ihn preist als höchstes Ziel. Der Mensch als Funktionär und als Funktion. Das heißt: die menschliche Gesellschaft als Funktionär der Technik, als technologische Gesellschaft, zählbar und berechenbar.

Damit des Menschen Leben, das noch ein andres ist als das natürliche der Pflanzen und der Tiere, nicht auseinanderfließt und sich zerstreut, braucht er den Maßstab und das Maß. Das gilt für jeden Einzelnen wie auch für die Gemeinschaft, die Gesellschaft. Man kann auch sagen: wir brauchen „Mitte", Sinn für Entfernungen von dieser Mitte, Sinn für Entgleisungen auf unserm Weg. Wir müssen „unterscheiden" lernen (das heißt auch: uns ent-scheiden), das „Wesentliche", uns „Gemäße" suchen und ihm die „Treue" halten, das Eine tun was „not tut", Gleichgültiges gleichgültig nehmen, und so weiter – wie immer man umkreisen mag, worauf es ankommt. Doch bewußt uns machen, daß es darauf ankommt, und die Frage stellen – die Frage, was das Dasein wiegt und wert ist, wie es Wert gewinnt, was den Wert mindert, was Mittel ist, nicht letzter Zweck. So das Dasein ordnen, wenn nicht für alle, dann für sich selbst. Das Leben des Gerechten führen. *Ernst Jünger* spricht von seinen ‚Strahlungen' als einer „Übung in der Gerechtigkeit".

Ein „Künstler" aus der Kraft des Geistes werden, der besonnen existiert und die Besinnung in der Welt zum Ausdruck bringt. Maßarbeit des Satzes, der Gehalt hat, – einer Aussage, die trifft, – eines Bildwerks, das gewachsen ist wie von Natur. Das sind die Formen im Formlosen, scheinbar objektiv, im Inneren aber Lebensformen – dessen der sie schuf wie dessen der versteht. Der Geist als Form „bedeutet". Dem gegenüber Aufgeblähtes, Aufgeweichtes, Banales und Zerfall.

Ein Autor und authentisch sein. Autorität des Geistes. Ob hohen, ob geringen Grades, ist, epochal gesehen, weniger bedeutend als eben dies, daß es Autoren, die authentisch wirken, gibt. Dabei ist zu bedenken, daß die politische und pädagogische Autorität abhängig ist von jener geistigen, aus deren Kraft sie lebt. Autorität auch der Vergangenheit, – der großen Geister, die vertrauten Umgang hatten mit „den letzten Dingen", und die sie deuteten.

Schreibe um besser zu denken, schreibe dich frei. Im Anfang war das Wort, und das Wort war bei Gott. Das Wort macht frei. Das Sein, das eigene Dasein ins Denken übersetzen, denkend weiterführen, wer weiß wohin – zu Gott zurück. Göttliche Dialektik, die scheitern kann an unserer Trägheit, unserer Schwermut, nicht an unserer Endlichkeit als solcher. Denn das Endliche, es pflanzt sich fort und weist hinüber ins Unendliche, ins ewige Geheimnis, dem wir leben.

Aber leben wir's nicht besser im Gespräch und Schweigen statt im Schreiben? Doch ich schreibe nicht um meinetwillen, sondern auch um deinetwillen. Auch Schreiben ist Gespräch; Gespräch mit Abwesenden, sogar mit Toten. Mein Schreiben hat rhetorischen Charakter. Er gibt dem Wort die Kraft, die Spannung und die Schwingung. Man muß im Schreiben an den Leser, an den Hörer denken; man muß an-denkend schreiben, das heißt: erinnernd und erwartend. Soll man nicht besser sagen: erotisch philosophieren, versucherisch, verführerisch? Man will erkennen, um zu überzeugen.

Überzeugen – ein schreckhaft Wort für solche, die „reiner" Wahrheit dienen; vielleicht weil es mit „Zeugen" zusammenhängt. Denn, sagen sie: ist etwas deshalb gültig, weil es geglaubt wird, ist wahr allein was fruchtbar ist, ist nicht das Wahre wahr an sich? Die philosophische Wahrheit aber ist eine andere als „zweimal zwei ist vier"; sie ist nicht „rein", denn sie ist menschlich. Wir müssen mit ihr leben, und erst im Leben zeigt sich, was daran wahr ist. Das ist das Schwere dieser Wahrheit, schwerer noch als Mathematik.

Rätsel Existenz, das denkend aufzulösen ist. Wenn es doch ein Kreuzworträtsel wäre! Aber das „Wort" hat Wurzeln in dem Leib und in der Erde, es hat – sit venia verbo – sogar Geschlecht. Aus diesem dunklen Grunde muß die Zeugungs-, die Überzeugungskraft ihm stets zuhilfe kommen, wenn es lebendig wirken, am Leben bleiben soll. Der Geist teilt die Dynamik seiner Triebe, – ob er sie bewältigt oder nicht. Er ist „Natur" wie sie, Nachgeburt, ja Frühgeburt seiner Natur, noch wenn er mit Natur in Widerspruch gerät. Lassen wir ihn gelten als „höhere" Natur, um seiner Würde willen, verstehn wir ihn jedoch organisch soweit als möglich! Er will sich stets vom Organismus, vom geheimnisreichen „Ganzen" trennen. Führen wir ihn dann zurück, bedenken wir, daß er konkret ist, das heißt: gewachsen!

So müssen wir sein Wachstum auch im Schreiben pflegen. Wir können manchmal das Gewachsene begreifen, doch nicht das Wachstum selbst. Wir nehmen Bilder, wenn uns die Begriffe fehlen, um durch das Bild zur Wahrheit zu verführen. Schließlich werden wir genötigt, uns selbst als Vor-bild einzusetzen, im guten wie im schlechten Sinn. Weshalb Montaigne sich nicht scheute, auch seine Fehler zu bekennen. Die Philosophen sind nicht Heilige; sie sagen nur, was Heilige sind.

Das Leben schreibt sich nicht von selbst, so wie sich's lebt. Es drängt zwar nach dem Ausdruck, im Tun, im Wort. Aber das Schriftwort verlangt noch eine andere Kraft: die mittelbare, reflektierte, die Kraft zur Form, die unterscheidet, sondert, bindet, deutet, die das „was bleibt, stiftet". Wenn einer nun entschlossen ist, zu schreiben um zu stiften, kann er nicht warten bis die gute Stunde kommt, in der das Leben wie von selbst ins

Schreiben überfließt. Das Leben ist ja stets im Fluß und Überfluß, die Frage ist, ob wir es ballen. Sehen, staunen, fragen, das
ist dem Menschen fast natürlich. Aber aktiv fragen, um dies und
jenes und das Ganze zu ergründen, – erkennen, um es in die
Schrift zu bannen, Erkenntnis mitzuteilen (: miteinander teilen), erkennend fortzuzeugen, – das ist die geistige Potenz. Sie
zu versuchen und ins Werk zu setzen, genügt nicht die Bereit-
schaft, es kommt auch auf den Vorsatz und das Wagnis an.
Wem dies absurd erscheint, weiß wohl, was Leben ist, doch
nicht was Schreiben ist. Er kann es noch verstehen, daß einer
um zu leben schreibt, doch nicht, daß er nur leben möchte um
zu schreiben. Das heißt, daß er inmitten des Vergänglichen und
Unzulänglichen das Ewige, wenn nicht erfassen, so doch bedeuten möchte.

,,Das Ewige" – das scheint recht anmaßend; jedoch ich sage
nicht: es fassen, sondern: es bedeuten. Man kann zur Unterhaltung schreiben und zum Unterhalt. Geistesunterhalt: das wahre
Minimum der Existenz. Was nutzt es denn zu leben, wenn ich
nicht weiß, wozu? Aber dieses Wissen wird oft mehr ein Fragen
sein, die Weisheit eines Sokrates, der wußte, daß er nichts weiß.
Die Kraft der Frage trägt, – der großen Frage nach den ,,letzten
Dingen". Deshalb: ,,intendieren", um sich an Ewiges zu bin-
den, indessen das Vergängliche entgleitet.

1951

Neujahrsvorsatz: die Methode dieser Buchführung noch zu verbessern. Das heißt: das Leben zu verbessern und das Denken.
Die Methode ist der Weg der Läuterung dessen, was lebend sich
entwickelt und zum Ausdruck drängt. Schreiben als Medium
der Selbstverwirklichung und Selbstbehauptung. Die Probleme
fordern und bedrängen uns, quälen und ermüden. Und nicht
nur unsere eigenen, auch die der anderen, die uns ,,die Nächsten" sind.

Schließlich gibt es Vermächtnisse der Toten, die uns rufen:

> Wir Toten, wir Toten sind größere Heere
> Als ihr auf der Erde, als ihr auf dem Meere,
> Wir pflügten das Feld mit geduldigen Taten,
> Ihr schwinget die Sicheln und schneidet die Saaten,
> Und was wir vollendet, und was wir begonnen,
> Das füllt noch dort oben die rauschenden Bronnen,
> Und all unser Lieben und Hassen und Hadern,
> Das klopft noch dort oben in sterblichen Adern,
> Und was wir an gültigen Sätzen gefunden,
> Dran bleibt aller irdische Wandel gebunden.
> Wir suchen noch immer die menschlichen Ziele –
> Drum ehret und opfert! Denn unser sind viele!
>
> *Conrad Ferdinand Meyer*

Totengedächtnis, Totenehrung, Totengespräche – das ist ein Dienst für Philosophen. Die Lebenden vergessen leicht, und Leben fordert geradezu Vergessenkönnen. Das süße Leben, es ist so unschuldig und dumm, es überschätzt die Gegenwart und ihren kleinen Umkreis, es färbt die Zukunft rosig, und es mißachtet die Vergangenheit, als käme es nicht aus ihr her. Als wüchsen nicht die Toten aus dem Grabe, wenn sie den Staub besiegt, als reichte ihre Wahrheit nicht an Sterne! Wir können nicht das rechte Maß gewinnen, wenn wir uns nicht auch an den Toten messen. Deshalb will ich mit den Toten sprechen, sei es in der Nacht. Wir müssen gleich Odysseus den Schatten Blut zu trinken geben, damit sie reden.

Dreikönig. Im ,Buch der Freunde' *Hofmannsthals* gelesen, ,,eine Art Tagebuch", ,,eine Art Selbstdarstellung", wie Rudolf Alexander Schröder sagt, Leitsätze, Stichworte zu Gesprächen, meist mit Toten. Hätten wir doch viele Bücher, in denen sie so auferstehn! Es tauchen auf Konfuzius, Hesiod und Heraklit, Platon, Pascal, Molière, Stendhal, Balzac, Cézanne, Addison und Shakespeare, Hamann, Lichtenberg, Novalis, und immer wieder Goethe. „Goethe", schreibt er, „kann als Grundlage der Bildung eine ganze Kultur ersetzen." „Wir haben keine neuere Literatur. Wir haben Goethe und Ansätze." Dies sagte er als einer der ersten Europäer, der im Zeitalter der Weltliteratur schon lebte, in ihr bewandert war. Jedoch er hatte seinen Ursprung, hatte Wurzeln. Wie weit war seine Herkunft, wie schwer sein Wanderweg (schwerer wohl als Loris sich gedacht)! Geistige Unruhe, die doch um eine Mitte kreiste, die Maß und Richtung gab. Er zitiert von *Solger:* „Es ist heutzutage fast kein anderes Mittel da, auf Menschen zu wirken und im höheren Sinn in der Welt gesellig zu leben, als eben das Privatgespräch und die Reflexion darin." Paradoxerweise wirkt sein ‚Buch der Freunde' wie Privatgespräch, weshalb es wohl auch kaum gekauft wird. Ich möchte meinen, daß schon der Titel diejenigen abschreckt, die nicht befreundet sind. Es fällt kein Wort, gestaltet sich kein Satz nur mit der Absicht, eine Blütenlese darzubieten. Er will nicht schön sein, er trachtet nach der Reife.

Bei klarem Föhnwetter fuhr ich nach Starnberg. Der See war blau mit violett getönten Schatten, die Alpenkette nah, fast frei von Schnee, die Sonne frühlingswarm. Auf der Höhe überm See in der Nachbarschaft der Berge in tiefer Stille andrängend die göttliche Natur. Gedacht, daß bei den vielen still Verzweifelten im Lande die heimliche Verzweiflung, die Hast und Gier deshalb so groß sind, weil das Sein für sie nicht Ewigkeitswert hat. Ewigkeit – nicht immer „Donnerwort": in seliger Stille ist sie manchmal nah, die Zeit scheint hinzuschwinden, der Augenblick wird tief.

Ich lese bei *Nietzsche:* „Nein! das Leben hat mich nicht enttäuscht! Von Jahr zu Jahr finde ich es vielmehr reicher, begehrenswerter und geheimnisvoller – von jenem Tage an, wo der große Befreier über mich kam, jener Gedanke, daß das Leben ein Experiment des Erkennenden sein dürfe – und nicht eine Pflicht, nicht ein Verhängnis, nicht eine Betrügerei! – Und die Erkenntnis selber: mag sie für andere etwas anderes sein, zum

Beispiel ein Ruhebett oder der Weg zu einem Ruhebett, oder eine Unterhaltung, oder ein Müßiggang – für mich ist sie eine Welt der Gefahren und Siege ...*Das Leben ein Mittel der Erkenntnis* – mit diesem Grundsatze im Herzen kann man nicht nur tapfer, sondern sogar fröhlich leben."

Er vergaß die Niederlagen, wenigstens in diesem Augenblick des Übermuts, des Hochmuts. Denn hat er Niederlagen nicht gekannt? Hat ihn der Unbekannte Gott nicht doch besiegt? In solchem Ringen *unterliegen* ist aber auch ein Sieg – ein Sieg über die Lauheit und die Trägheit und die ,,Erfolgsgenügsamkeit" (Stifter). Gott schlug ihn an der Hüfte, weil er nicht Ruhe geben wollte. Man muß solche Dichtungen bedenken wie ,Der tolle Mensch' oder ,,Wer wärmt mich, wer liebt mich noch? Gebt heiße Hände! Gebt Herzens-Kohlenbecken!" um zu erfahren, wer Nietzsche war. Von dieser weiten Spannung seines Denkens muß man Ausgang nehmen, um ihm gerecht zu werden. Und überhaupt: um einen Denker, einen Menschen zu verstehen, muß man fragen, woran er scheiterte. Nicht die Siege – die Niederlagen offenbaren uns die Wahrheit, weil wir Menschen sind in Grenzen. In ihnen zeigt und prägt sich der Charakter; so im Verhältnis zum Leid, zur Schuld, zum Tode, und vor allem im Verhältnis zu dem, den wir mit ,,Gott" bezeichnen.

Erwarb ein Bildnis des Apollon von der Schale des Penthesilea-Malers (um 460 v. Chr.); und es wird immer herrlicher, je länger ich's betrachte. Wenn ein Künstler immer wüßte, in welche Zeitenferne die Offenbarung fortwirkt, die bei ihm und durch ihn jetzt beginnt, ihm müßte schwindeln vor der Größe seines Werkes. Er schöpft es selbst nicht aus, er gibt ihm Form, doch der Gehalt ist ihm nicht faßbar, wächst und verbirgt sich und wächst weiter. So ist es mit dem Bild, das vor mir steht. Manchmal verweilt mein Auge nicht auf ihm, oder auch mein Blick ist stumpf, dann spricht es nicht, ich weiß nur, daß es da ist. Auf einmal ist ein Augenblick, da bricht es gleichsam wie ein Nordlicht neu hervor, und seine Gegenwart beglückt mich tief. Ein

Gott taucht auf, den man schon tot geglaubt, er spottet des Museums, wo man ihn beigesetzt; antikes Dasein triumphiert.

Wieder Frühling. Nietzsche: „Ich wüßte nicht, was der Geist eines Philosophen mehr zu sein wünschte, als ein guter Tänzer. Der Tanz nämlich ist sein Ideal, auch seine Kunst, zuletzt auch seine einzige Frömmigkeit, sein ‚Gottesdienst‘. Ist nicht rings heller Vormittag um uns? Und grüner weicher Grund und Rasen, das Königreich des Tanzes? Gab es je eine bessere Stunde, um fröhlich zu sein? Wer singt uns ein Lied, ein Vormittagslied, so sonnig, so leicht, so flügge, daß es die Grillen *nicht* verscheucht, daß es die Grillen vielmehr einlädt, mit zu singen, mit zu tanzen?"

Auch der Frühling stellt an mich die Frage: Wozu lebst du? Ich gebe die Frage ihm zurück: Wozu lebst denn du? – Da lächeln wir beide.

Das eine Leben ist das extravertierte, im Extrem zerstreute, das andere das gesammelte, introvertierte. Auch der sich sammeln will, lebt in der Welt; doch sucht er seinen Weg nach innen. Aufstieg zum Bewußtsein, sei es das Selbstbewußtsein, sei es, noch tiefer, Bewußtsein der Geborgenheit in „Gott". Bewußt *sein*. Das heißt nicht immer: es begriffen haben. Es heißt: im Punkte oder Umkreis existieren, in den die Linien des Lebens münden, in dem die Widersprüche sich versöhnen, auch wenn sie logisch Widersprüche bleiben. Es heißt dem Gott, der nach uns sucht, entgegenarbeiten, um durch Geduld die Gnade zu beschwören.

Es wäre gut, den großen Worten, die wir haben, Anführungszeichen beizufügen: also „Gott", also „Gnade", also „Glaube, Liebe, Hoffnung"; um damit auszudrücken: „also sagt man". Anführungszeichen ironisieren das, was *man* sagt und übernimmt. Die großen Worte laufen um wie Münzen, von denen man den wahren Wert nicht kennt. Man braucht sie und gebraucht sie. Abgegriffen, oft schon glanzlos, steht der Wert in Frage. In unserem Innersten vergraben liegt das Gold, das sie erst deckt. Also sind wir Goldsucher, Schatzgräber, Arbeiter im Weinberg? Ein gutes Gleichnis; aber doch ein altes Gleichnis dessen, was wir sind und sollen. Wie machen wir das alte Gleichnis neu, wie machen wir aus Dichtung Wahrheit? Wir müssen wohl im Gleichnis leben lernen, wir müssen *eingehen* ins Bild. Die Dichtung, so verstanden (und auch die Philosophie gehört dazu), ist dann der Weg, uns zu erfüllen, zu vollenden, sie ist der Weg zur Grenze, an der ,,ein Gott ergänzt''.

Auch der Frühling gibt ein Gleichnis der Aufgabe, die uns gestellt ist. Wie die Erde sich mit Grün bedeckt, die Blätter sich entfalten und die Bäume blühen, so soll der Mensch nach Kräften das Leben fördern, ordnen, ausgleichen, veredeln, das Tote sondern, ja vergessen, soweit es nicht das Leben nährt.

Je inniger wir leben, desto weniger kann unser Leben verglichen und gemessen werden. Weshalb auch die Liebe unvergleichbar ist und jeder Augenblick des Glücks. Das ganze Dasein steht auf dieser Spitze, die Tragkraft der Sekunde kann stärker sein als die der Jahre, und wir dürfen sagen, daß wir in solchen Augenblicken wahrhaft existieren. Sie festzuhalten, zu bekennen, ist des Schreibers Ziel. Was er berichtet, was er sucht, sind die Stationen seiner Lebensreise, wie sie in Wahrheit ist. Verbindet man die Punkte, ergibt sich wohl ein Bild. Vexierbild: bald scheint es klar und schön, und bald verworren. Die Wahrheit liegt dazwischen.

Dankbar zu leben, ist die schwerste Kunst, dankbar sub specie aeternitatis. Der Tod als der Begleiter, von dem wir wissen, ohne ihn zu kennen; das ferne Hochgebirge, nach dem wir wandern, und das auf einmal vor uns da steht. Geheimnisvolles Jenseits, das doch schon Diesseits ist. Ich fange dieses Jenseits an zu lieben, wenngleich es früh am Abend ist, vielleicht noch lange Tag. So waren Sommerabende zur Zeit der Reife. Felder, Bäume klar gezeichnet, farbensatt auf hellem Gold. Die Erde hatte nicht mehr irdischen Glanz, man konnte lächeln, wenn man dachte, daß dies alles doch vergänglich sei; denn das

Vergängliche ward nun zum Gleichnis für das, was unvergänglich ist.

Es ist jetzt Sommer. Ich lese *Platons* ‚Staat‘, und Sokrates schlägt sich gerade mit Thrasymachos herum, auf der Suche nach der Gerechtigkeit. Obgleich sie sicher, nächst der Liebe, das höchste Gut und Ziel ist, höre ich doch halb nur hin; die Morgensonne scheint so warm und löst auf ihre Weise die Probleme. Rosen blühen, Vögel zwitschern, und ich möchte schreiben. Doch das Glück des Sommers ist so schwer, die Feder sinkt.

Dann *Jean Pauls* ‚Titan‘. Hier finde ich den Satz: „Wenn nun Albano über irgend eine große Idee, über die Unsterblichkeit, über die Gottheit, sich in Flammen gelesen: so mußt’ er darüber schreiben, weil der Baumeister glaubte – und ich auch –, daß in der erziehenden Welt nichts über das Schreiben gehe, nicht einmal Lesen und Sprechen, und daß ein Mensch dreißig Jahre mit weniger Ertrag seiner Bildung *lese,* als ein halbes *schreibe.*“

Krankheitspause mit bitterer Erfahrung. Indem ich diese Buchführung nun fortsetze, wird mir das Schreiben aufs neue problematisch. Der Mensch ist doch ein seltsam Tier: einsam, hilflos und zerbrechlich, wenigstens im Endeffekt. Einerseits alltäglich, andrerseits Romanfigur, Figur des eigenen Romans, Schlüssel zu dem Unbekannten. Geschwellt von Hoffnungen, Ideen, Illusionen, und genährt vom Staub. Unwirklich wird das Alltägliche, wenn er zu denken anfängt. Die Wirklichkeit entfernt sich, er entfernt sich von sich selbst und wundert sich, daß er mit einem anderen sich verwechseln konnte. Kraft der poetisch-philosophischen Phantasie erzeugt er Wirklichkeiten, die einander überblenden. Welche ist die wahre? Sind es Träume, sind es Schäume? – so daß wir selber Traum und Schaum sind im Vergleich zu der Materie, aus der die Blasen steigen? Und dennoch leben, atmen wir in diesem schweren Brei, suchen unseren Ausgang, unseren Ausdruck, Gestalt und Sinn, sei es auch nur im Augenblick. In solchem Hier und Jetzt trifft sich das Licht des Auges mit jenem Licht, nach dem wir streben; das geistige Organ schließt sich uns auf.

Strahlend heiße Sonne. Fahrt zum Starnberger See. An *Goethes* Briefen mich wieder auferbaut. Wir müssen noch so vieles von ihm lernen, ehe wir sagen dürfen, wir kennten seine Grenzen und hätten sie schon überschritten. Wer in unserer Zeit ist solcher Fülle, solcher Größe des Menschlichen gewachsen? Am 26. Dezember 1824 schreibt er an Reinhard: ,,Sie sehen, wie wundersam ich herumgeführt werde, und wenn ich nicht von jeher meine Radien am Mittelpunkt festgehalten hätte, so könnt ich bei so hohen Jahren kaum in der Richte bleiben.''

Er sagte einmal über Zelter: wenn die Tüchtigkeit sich aus der Welt verlöre, so könnte man durch ihn sie wiederherstellen. Ähnlich ließe sich von Goethe sagen: wenn die Menschlichkeit sich aus der Welt verlöre, könnte man sie wiederfinden in seinen Schriften. Die Zeit wird kommen, ja sie hat begonnen, da wir die Menschlichkeit bei Goethe wieder suchen.

Das Wort Menschlichkeit ist vieldeutig und auch verschwommen, es wurde überdies so oft mißbraucht. Es deutet hin auf das, was Menschen von Natur aus sind (Bestialität, Brutalität) wie auch auf das, was noch aus ihnen werden kann und soll (Humanität). Dieses Zusammenspiel von Sein und Sollen im Laufe der Geschichte ist dunkel und labil; es färbt auch den Begriff der Menschlichkeit, es macht ihn schillern, kann den Geist, der sich damit verbindet, ins Vage führen und in Unwahrhaftigkeit. Wir brauchen deshalb klare Bilder (Lebensbilder, Denkbilder), in denen sich das Menschliche kristallisiert, konkretisiert, in denen es als existent erscheint und sich für uns bewahrt: der Mensch in seinem Gut und Böse, in seinem Suchen, Irren, Finden, in seinem Überschwang und seinem Abgrund, in seiner Zeit und seinen Grenzen. Ein solches Bildnis gibt uns Goethe, das ist sein heiliges Vermächtnis. Er war ein Mensch im Zeitalter der Menschlichkeit. Doch wird es nicht zukünftig auch noch Menschen geben, die menschlich sind und allzumenschlich, und denen Menschlichkeit als höchstes Ziel schwerlich wird abzusprechen sein? Ist mit der ,,Menschlichkeit" nicht auch ein Werturteil verbunden, ist es nicht fraglich, welcher Maßstab gilt? Doch es ist möglich, daß das Zeitalter, das kommt, das Zeitalter des Übermenschen ist: des routinierten Übermenschen, dessen Herz nur klein und schwach, dessen Gemüt zu eng und flach, dessen Kopf zu groß ist. Und eben deshalb meine ich: wenn eines Tags die Übermenschen wissen möchten, was ein Mensch ist, so fragen sie vielleicht bei Goethe an, er wird es ihnen sagen.

Nochmals ein heißer Tag am See. Nachmittags heimgekehrt, las ich in *Goethes* Tagebüchern. Er schreibt: ,,Gartenhäus'chen 13. 10. 76: Seit Tagen so rein wahr, in allem ... Hoffnungs Gefühl. – 2. 11. 76: Nachts gebadet. – 25. 12. 76: Viel gelitten. – 31. 12. 76: Fieberhaffte Wehmuth. – 24. 2. 77: Bewegung des Herzens Frühlings Thauwetter. – 6. 4. 77: Schwere Hand der Götter. – 19. 5. 77: Im Garten bis Nacht. War herrlicher Mondschein, und ich schlief aufm Altan. – 16. 6. 77: Brief des Tods meiner Schwester. Dunkler zerrissner Tag. – 17. 6. 77: Leiden und Träumen. – Von Kochberg nach Ilmenau. – 28. 8. 77: Wachte an meinem Geburtstag mit der schönen Sonne so heiter auf, daß ich alles was vor mir liegt, leichter ansah. – Wartburg, 4. 10. 77: Tiefes Gefühl des Alleinseins. – 7. 10. 77: (Mit Knebel) viel geschwätzt über die Armuth des Hof Treibens, überhaupt der Sozietät. – 8. 10. 77: Stund inwärts gewendet wieder auf ... Die Klufft zwischen mir und denen Menschen allen fiel mir so graß in die Augen ... Ich mußte fort, denn ich war ihnen auch sichtlich zur Last. In's Herzogs Zimmer! konnts nicht dauern, sah den Mond über dem Schloße und herauf. Hier nun zum letztenmal, auf der reinen ruhigen Höhe, im Rauschen des Herbstwinds ... Hier (auf der Wartburg) hab ich weit weniger gelitten, als ich gedacht habe, bin aber in viel Entfremdung bestimmt, wo ich doch noch Band glaubte. – Gartenhäuschen,

14. 11. 77: Heiliges Schicksaal ... Laß mich nun frisch und zusammengenommen der Reinheit genießen. Amen, Ja und Amen winckt der erste Sonnenblick. – 30. 11. 77: War den ganzen Tag in gleicher Reinheit. – Gartenhäuschen, 9. 2. 78: Diese Woche viel auf dem Eis, in immer gleicher fast zu reiner Stimmung. Schöne Aufklärungen über mich selbst und unsere Wirthschafft. Stille und Vorahndung der Weisheit ... Bestimmteres Gefühl von Einschränkung, und dadurch der wahren Ausbreitung. – 12. 2. 78: Fortdauernde reine Entfremdung von den Menschen. Stille und Bestimmtheit im Leben und Handeln. In mir fröhliche bunte Imagination. – Anfang April 78: Bloß vegetirt, still und rein. – 31. 8. 78: Wundersam Gefühl vom Eintritt in's dreißigste Jahr. Und Verändrung mancher Gesichts Punckte. – Anfang Dezember 78: War zugefroren gegen alle Menschen. – 8. 12. 78: Hatte Lust zu nichts. – 9. 12. 78: Conseil, leidig Gefühl der Adiaphorie so vieler wichtig sein sollender Sachen. – 15. bis 30. 12. 78: Diese letzte Zeit meist sehr still in mir. Architektur gezeichnet, um noch abgezogener zu werden. Leidlich reine Vorstellung von vielen Verhältnissen. Mit Knebeln über die Schiefheiten der Societät. Er kam drauf, mir zu erzählen, wie meine Situation sich von außen ausnähme. Es war wohl gesagt, von außen ... Jedes Menschen Gedanken und Sinnesart hat was Magisches ... Ich bin nicht zu dieser Welt gemacht, wie man aus seinem Haus tritt, geht man auf lauter Koth ... Viel Arbeit in mir selbst, zu viel Sinnens, daß Abends mein ganzes Wesen zwischen den Augenknochen sich zusammen zu drängen scheint. Hoffnung auf Leichtigkeit durch Gewohnheit. Bevorstehende neue Eckel Verhältnisse durch die Kriegs Comission. Durch Ruhe und Geradheit geht doch alles durch.“

Was ist und wirkt, ob uns beglückend oder schmerzend, ist so gewaltig, daß das Erstaunen unser bestes Teil ist. Was wir schaffen und umschaffen, steht nie in angemessenem Verhältnis zu dem, was nicht durch uns geschaffen ist. So daß wir uns betrügen, wenn wir bei unseren kleinen Werken die großen nicht bedenken, die am Anfang wie am Ende sind: unergründlich, unerschöpflich, übermächtig. Was hätte selbst ein Kunstwerk für Gewicht, wenn es nicht das Nach-Bild wäre eines Urbilds, – Weihgabe in der Andacht unseres Schauens? Goethe war ein Meister dieses Schauens in hohem Grade, ,,zum Sehen geboren, zum Schauen bestellt". Das Auge ist ihm das Organ, der vorwaltende Sinn, der ihm die Welt erschließt. Nicht nur stützt er die Erkenntnis auf die Anschauung, er bleibt ihr auch so nahe, daß die Erkenntnis mit der Anschauung verbunden ist wie eine Blüte oder Frucht. Daher die Scheu, von der konkreten Anschauung sich zu entfernen ins mathematische, ja philosophische Abstrakte, oder gar mit ,,Wortschällen" sich zu begnügen. Er ,,dichtet", wenn er denkt, und denkt, indem er dichtet. Er erinnert Bilder. In einem Aufsatz vom Jahre 1823, der überschrieben ist ,Bedeutende Fördernis durch ein einziges geistreiches Wort', stimmt er einer Bemerkung Heinroths zu: ,,daß nämlich mein Denkvermögen *gegenständlich* tätig sei, womit er aussprechen will: daß mein Denken sich von den Gegenständen nicht sondere, daß die Elemente der Gegenstände, die Anschauungen in dasselbe eingehen und von ihm auf das innigste durchdrungen werden, daß mein Anschauen selbst ein Denken, mein Denken ein Anschauen sei".

In diesem Sinn die Wissenschaft als Kunst betreiben, heißt der Anschauung den Vorrang lassen. Es bleibt noch viel zu sagen übrig, was nicht gedacht und nicht durchdacht, was auch nicht ausgesprochen werden kann. Die Seele lebt im Widerschein, im farbigen Abglanz und im Nachklang ihrer Sprache. Sie entzieht sich letzter Analyse, sie steht nicht in den Zeilen, sondern haust dazwischen und wird am ehesten vernehmbar in dem Wort-Bild, Ton und Rhythmus.

Das Werk ist eine Anweisung, zu schauen: nicht nur das, was in ihm sichtbar wird, sondern das, was es be-deutet. Wir schauen wie durch Fenster in des Geistes Landschaft.

28. August. Goethe-Tag. In Rantum auf Sylt. Gelesen ‚Bedenken und Ergebung': „Wir können bei Betrachtung des Weltge-
bäudes in seiner weitesten Ausdehnung, in seiner letzten Teil-
barkeit uns der Vorstellung nicht erwehren, daß dem Ganzen
eine Idee zum Grunde liegt, wonach Gott in der Natur, die
Natur in Gott, von Ewigkeit zu Ewigkeit, schaffen und wirken
möge. Anschauung, Betrachtung, Nachdenken führen uns näher an jene Geheimnisse."

Ein Friesenhaus mit weißen Mauern und bemoostem Stroh-
dach, ein Vorgärtchen mit Blumen und Gräsern, die der Wind
heftig bewegt; Wiesenstück mit Wagen, Wäscheleine, dahinter
das Watt, in dem die Kutter ruhn, und dann das Meer: sonnen-
überglänzt, in breiter Fläche flutend. Offenbarung hier und
jetzt. Gott in der Natur, die Natur in Gott. Nach dieser Grund-
idee versuchen wir die Deckung auch im einzelnen, damit es
sich zum Ganzen fügt.

Unter Sprühregen am Roten Kliff entlang; in hohen Wogen
tobt das Meer. Über Macht und Ohnmacht des Geistes nachgedacht: Kierkegaard und Nietzsche, Stefan George, Rilke, Tho-
mas Mann und Hermann Hesse, Heidegger und Jaspers, die
Brüder Jünger, Gottfried Benn – nur wenige aus einer langen
Reihe, lauter Einzelne, in der Gesellschaft kaum, politisch garnicht wirksam, gleichsam Gespensterzug durch unsere Zeit.
Wer liest sie nicht nur, sondern lebt wie sie, ihrem Orden zuge-
hörig? Doch was änderte sich dann? Kann durch ihr Wort das
Meer sich glätten? – Vager Gedanke, vage wie der Wind, das
Meer. Man steht als kleines Ich, das denkt, dem Triebreich
gegenüber und sucht den Zauberspruch, der bändigt. Man findet einen Spruch im Überschwang, in der Idee, man ist geschwellt von Hoffnung, Zuversicht, – und ist vernichtet, wenn
die Geisteskraft versagt. Der vage Geist, der schwebende, der
schweifende, hat allen Geist diskreditiert. Der wahre Geist ist
existent: konkret (das heißt gewachsen), im Körper hier und

jetzt. „Geist ist die Macht, die die Erkenntnis eines Menschen über sein Leben hat", sagt Kierkegaard. *Sein* Leben: konkretes Dasein in dem Leib, in dem Geschlecht, in der Geschichte. Geisteskraft in Form, Zündkraft in konkreter Kommunikation. Des Denkens Nüchternheit, Biegsamkeit und Härte, aber auch sein Eros, Fleisch und Blut. Damit kommt man weiter, und doch vielleicht nur bis zur Vogelschau. Unten liegt die Erde. Wer sie verändern will, muß sie beackern, schweren Pflugs und schweren Schritts, und muß den Samen streuen, wohl wissend, daß ihn Wind verweht, daß er auf Steine fällt, und daß er unter Stürmen wächst und reift.

Noch spät am Abend wiederum am Meer. Breiter weißer Gischt, donnernde Wogen, schwarz und grau, vom Sturm getrieben, und darüber Wolkenberge. Urlandschaft, Urerscheinung, die mehr als physisch ist, – die metaphysisch fasziniert. Landschaft, die Geist hat und zum Geiste spricht. Wenn man sich nackt ihr hingibt, schwindet die Einsamkeit dahin. Das Sein ist stärker als das Selbstsein; und dennoch: wenn ich selbst nicht wäre, wüßte sich das Sein? – Nur zögernd konnte ich mich trennen, denkend: morgen ist auch ein Tag.

Aus dem Watt vor meinem Fenster steigt die Sonne auf. Der Bauer steht in seinem Gärtchen und schaut die Blumen an. Der Hahn kräht in der Wiese, von der Leine flattert Wäsche, die weißen Möwen stelzen in dem grauen Schlick. Dahinter des Meeres Silberscheibe, sie spiegelt mir mein Glück.

Vormittags am Strand gewandert, auf der einen Seite Dünen, graues Grün, auf der anderen offenes Meer. Alles unterm Sonnenfeuer. In tiefen Mulden windgeschützt geaalt, dann im Wasser, von Wogen fortgetragen, zurückgeworfen, überschüttet, Salzgeschmack im Mund. Und wieder Sonnenbad.

Nachmittags über das Watt gelaufen nach dem Friesendorfe Keitum. Strohgedeckte Häuser, von Bäumen und von Büschen idyllisch überschattet. Seefahrerkirche mit dem kleinen

Friedhof hoch über dem Meer, dessen Fläche fern im Dunste sich verliert.

Den nächsten Tag am Strand verbracht, die Zeit nur nach dem Stand der Sonne messend. Göttergleiches Dasein, schmerzlos, wunschlos; dunkelblaues Meer.

Nachts heftiges Gewitter, das lange anhielt. Kaum konnte man den Donner hören, doch war das Watt von grellen Blitzen gespenstisch überhellt. Die Kutter, die weit draußen lagen, traten in dem Blitz-Licht aus der Nacht hervor und wurden wiederum von ihr verschlungen.

Die Sonne, leicht umwölkt, hob sich aufs neue aus dem Meer.

Nach schönem Tag ein schöner Untergang. Am Himmel hingen schwere Wolken, dicht überm Horizont, bald rosa angehaucht, bald gelb und rot. Das Meer, milchfarben in der Ferne, war in der Nähe schwarz und grün mit schäumend weißen Kämmen. Es spiegelte den Himmel und den Sonnenball, sodaß die Farben ineinanderflossen: schwarz, grau, gelb und rot.

Las in der Morgensonne an dem Fenster sitzend *Hermann Hesses* Briefe. ,,Der Wert und die Intensität meines Lebens liegt in den Stunden, wo ich dichterisch produktiv bin, also wo ich gerade das Unzulängliche und Verzweifelte meines Lebens ausspreche." Den wahren Wert bemißt auch hier der Grenzwert. Das ist die Stelle, wo der Mut zu Übermut wird, der uns blendet, oder wo er umschlägt in die Demut. Auf die Frage nach dem Sinn des Daseins könnte man erwidern: ,,Wir suchen unsere Grenzen." Das wäre Reife der Erkenntnis: fühlen oder wissen, wo sie sind, dennoch nicht verzweifeln.

Bedeckter Himmel, kühler Wind; doch die Brandung massiert den Körper warm. Herrlich zu schauen, wie ein Knabe und ein Mädchen, beide nackt, mit Lebenslust ins Meer sich warfen, dann auf dem hellen Strand mit einem Balle spielten, immer weiterschreitend, den Ball in hohem Bogen werfend. Dann tauchten sie in den Dünen unter, die Bühne lag verlassen, die Wogen fluteten herein.

Regen. Durch blinde Scheiben Blick aufs Watt. Zurück ins Bett, und wieder Hesses Briefe. Dann nach Schleswig zu den Freunden. Köstliche Schätze im Schloß Gottorf. Brüggemanns Altar im Dom, „Sternsingen" in der Dämmerung.

Wiederum in Rantum. Als ich bei sommerlichem Wetter von Schleswig aus nach Hamburg fahren wollte, kam zuerst der Gegenzug. Schnell entschlossen stieg ich ein in diesen, noch ohne Fahrkarte; die Anschlußzüge standen wie bestellt bereit. Und so geschah es, daß ich schon am Nachmittag wieder in dem Meere schwamm, in der heißen Sonne lag. Et in Arcadia ego.

Philosophieren war für mich von Anfang an eine Art Daseinskampf, nicht wissenschaftliche Beschäftigung. Es trat an die Stelle meines Kinderglaubens, meines Betens; es setzte so das Suchen nach dem „neuen", „wahren" Leben fort. Es war der rote Faden, der die Bemühungen durchzog, den Spuren der Vergangenheit zu folgen, den Geist der Dichtung und der Künste zu verstehn. Ich wollte wissen, wer wir als Menschen sind und was wir sollen. Vor allem aber wollte ich mich selbst erkennen und meines Lebens Meister werden. Ohne zu philosophieren hätte ich das Leben kaum ertragen, und mit ihm wurde es noch schwerer. Es half mir leben, und hinderte mich zu leben wie viele andere. Aus „der Zeiten Spott und Geißel, des Mächt'gen Druck, des Stolzen Mißhandlungen, verschmähter Liebe Pein" floh ich zu dir, Philosophie. Freilich war die Haut, mit der ich auf die Welt kam, etwas dünn, ich war nicht willens und geschickt genug, sie dann zu panzern. So schmerzten manche Schläge heftiger. Ich hatte offene Wunden und zuckte, wenn man sie berührte. Wund war auch mein Gewissen. Wer aber dieses Leben leicht bestehen will, der muß ein gut gepolstertes

Gewissen haben. Philosophieren heißt: inmitten dieser Welt, angesichts des „Himmels" (des rätselhaften Seins, das unser Dasein übersteigt und es von Anfang an bestimmt) fragend und gestaltend selbst sich suchen. Wenn ich der Aufgabe entweichen möchte, würde das bedeuten, daß ich mir selbst entkommen will, mich loszuwerden trachte. Und doch nicht einfach mich; ich müßte auch mein tieferes Verhältnis zu der „Welt" verlieren, zugleich zur abgründigen Transzendenz. Existenz, Welt, Transzendenz – das sind recht dunkle Worte! Sie können sich nur klären im Philosophieren selbst.

Zwar scheint es, daß ich dessen wenigstens gewiß bin, was Existenz und Welt bedeuten, da ich in beiden Fuß gefaßt. Wogegen Transzendenz wie ein erdachtes Schemen ist. Was fasse ich denn aber wirklich von der Welt und von mir selbst? Stücke, Stücke, nie das Ganze; und doch ist mit dem In-der-Welt-sein das Ganze mit gemeint, das mich umgreift. Was gibt mir die Gewißheit meiner Existenz? Daß ich im rätselhaften Dasein mein Denken und mein Tun ausrichte auf die „Seligkeit"? Wir ringen zwischen Tag und Dämmerung mit dem Gott, daß er uns segne. Wohl dem, der dann gesegnet geht, auch wenn er hinkt vom Schlag an seine Hüfte. Sind Welt und Existenz nicht heilige Symbole – Chiffren, die es zu entschlüsseln gilt?

Man könnte sagen, daß meine Perspektive, Denk- und Lebensrichtung falsch ist, daß der Mensch, der philosophiert, weltflüchtig ist. Weicht er nicht konkreten Gegebenheiten aus, – sind die Schwierigkeiten seines Denkens nicht Spiegelbild von Lebensschwierigkeiten, mit denen er nicht fertig wird, die er nur philosophisch tarnt und sanktioniert? Die philosophischen Probleme, heißt es, wären Scheinprobleme, die sich, wenn nicht schon logisch, so psychologisch, soziologisch erklären und auch lösen ließen. Gewiß, so weit als möglich. Doch es gibt Probleme, die so nicht lösbar sind, sie sind dem Dasein als solchem eigentümlich, sie sitzen in dem Kern. Leben als Sorge und als Kampf, Leben als Schuld, Leben als Krankheit zum Tode. Und andrerseits die Freude, die Übermacht der Liebe und der Hoffnung – Wasser in der Wüste aus dem Stein geschlagen. Dies, wenn auch formelhaft und ohne daß sich's reimt, müssen wir erkennen. Dem Tier genügt, daß dieses Leben *ist;* wir aber müssen es bedenken, um zu erfahren was es wohl *bedeutet.*

Wenn ich von Selbsterkenntnis schreibe, verstehe ich das Selbst in Kommunikation mit einem anderen Selbst. Ich schreibe keine Zeile nur für mich. Ich suche Kommunikation mit „je" dem Menschen, der mir zum Nächsten wird, ich denke an das unsichtbare Du. Es ist nicht öffentlich. Und wenn ein solches Buch nun öffentlich erscheint, ist es getarnt und wartet auf die Demaskierung, auf die Erlösung aus dem Buchstaben zum Geist. Es ist im Grunde anonym, es hat noch keinen Namen. Wem gehört es an?

Von Schönheit überwältigt, in Liebe, Freude, Dankbarkeit, oder auch gepeinigt von Leere, Langweile und Ohnmacht, von Neid und unbestimmter Angst, sucht man den inneren Halt, des Daseins Gleichgewicht. Was eitel ist und nichtig, soll überwunden werden, um „Wesen" zu gewinnen. Und noch was selbstverständlich scheint, das soll man aus den Angeln heben, in die Schwebe bringen, mit Ironie betrachten. Wäre dieses Dasein uns nicht „gegeben", hätten wir es selbst geschaffen, dann wäre alles klar.

Stunden des Glücks durch *Lichtenberg.* Er übersieht nicht und verschweigt nicht des Geistes Bindung an die Sinne, an Leib und Herz und Hirn. Dieses Bewußtsein der physischen Verbundenheit prägt und durchdringt die Sprache. Da ist er Denkern wie Montaigne, Schopenhauer, Nietzsche eng verwandt. Er ist so weise und bescheiden, nicht systematisch zu philosophieren, sondern desultorisch, aphoristisch, fragmentarisch. Weshalb er denn als Philosoph auch nicht für voll genommen wird. Er schreibt: „Ein aufmerksamer Denker wird in den Spielschriften großer Männer oft mehr Lehrreiches und Feines finden als in ihren ernsthaften Werken. Das Formelle, Konventionelle, Etikettenmäßige fällt da gemeiniglich weg."

Herbsttage in München. Gelesen: des Zarathustra Gespräch mit seiner Seele, das überschrieben ist ‚Mittags‘: „Heißer Mittag schläft auf den Fluren ... die Welt ist vollkommen ... O des goldnen runden Reifs ...Wenig macht die Art des besten Glücks ... das Wenigste gerade, das Leiseste, Leichteste, einer Eidechse Rascheln, ein Hauch, ein Husch, ein Augen-Blick." – „Wann, Brunnen der Ewigkeit! du heiterer schauerlicher Mittags-Abgrund! wann trinkst du meine Seele in dich zurück?"

Wäre es möglich zu verkennen, daß dies reifste Philosophie ist? Doch wer von unseren Professoren dürfte es wohl wagen, in dieser Art zu philosophieren? Das kann als Wissenschaft nicht auftreten, ist nicht examensfähig, kann mit dem Spezialistentum nicht konkurrieren. Es ist die Stimme eines Menschen, der mit dem Mittag spricht, – dem Mittag der Natur und seiner Seele, dem Mittag seines Lebens. Aber wie doch: ist der heiße Mittag nicht die beste Zeit zum Mittagsschlafe, satt und traumlos? Sind es nicht Irre, die zu dieser Stunde wachen, trunken sind und dichten? Nietzsche, Kierkegaard und Hölderlin, und wer's noch immer sein mag – man stelle sie sich vor in der Gesellschaft von Technikern, Industriellen und Bankiers, von Abgeordneten und von Gelehrten. Hier Staatsmacht, Geldmacht, Wissensmacht – und dort verkrachte Existenzen. Hegel nannte sie die „faulen Existenzen". Sie halten mit dem „Weltgeist" nicht mehr Schritt. Die Weltgeschichte wurde freilich dann so paradox, daß auch ein Hegel nicht mehr mit ihr Schritt hielt. Es hieß, das sei das Ende des Philosophierens überhaupt. Der Geist verband sich dann mit Technik, – nicht ganz und gar, jedoch insoweit, als er „vernünftig" wurde. Seitdem blieb abseits (asozial), was nicht zu technisieren ist. Es ist nicht zu „gebrauchen", es sei denn noch als Grenzfall, Kulisse, Dekoration. Der Geist wird interessant als Reiz, doch nicht als Ursprung und Substanz. Einst war er Motor. Was jetzt als Motor gelten will, das muß motorisiert erscheinen.Wie soll ein Mittagslied sich noch behaupten – „das Leiseste, Leichteste, einer Eidechse Rascheln, ein Hauch, ein Husch, ein Augen-Blick"?

Es ist die Tragik unseres Daseins, daß wir vom Unbedingten wissen, von ihm reden können, doch jeweils in Bedingtheit existieren. Daran kranken alle Idealisten. Ihre Krankheit ist des Menschen würdig, deshalb ehrend, rührend. Ohne Drang nach dem Unmöglichen hätte vieles Mögliche sich nicht ereignet. Aber: unbedingte Wahrheit und Wahrhaftigkeit, unbedingte Reinheit, Liebe, unbedingter Glaube – wann läßt sich sagen, wir hätten sie *erreicht*? Leben wir nicht bestenfalls im Gleichgewicht und Kompromiß, im Maß, ja Mittelmaß? Die Anstrengung der Existenz ist gut, die Überanstrengung von Übel, wenn sie ausgeht vom Affekt des Willens. Doch gibt es Überanstrengung durch Schicksal und Berufung, und wenn das Unbedingte sich dann ereignet, ist es ein Wunder, eine Gnade. Die Gnade läßt sich wohl ersehnen, jedoch nicht fordern und berechnen; und wen sie trifft, der ist gezeichnet und verliert vielleicht die Sprache.

,,Unbedingtheit des Handelns in der Welt", schreibt *Jaspers*, ,,ist nur möglich, wenn ich die Welt gleichsam *verlassen* habe und nun erst in sie *zurücktrete*. Das Handeln in der Welt hat dann Symbolcharakter." ,,Es kommt darauf an, daß das philosophische Denken (selbst) ein unbedingtes Handeln wird." Wenn das nicht wieder eine Forderung ist, die den Menschen überfordert, kann es nur heißen: Philosophieren in der Spannweite der täglichen Bedingtheit bis zum höchsten Grad der Gnade, für die es kein Kriterium gibt. ,,Die Welt gleichsam verlassen haben": verlassen sein in ihr, Mut und Gelassenheit besitzen, das große Opfer bringen. Schließlich muß man in der Lage sein, sich für die Wahrheit kreuzigen zu lassen. Aber welche Wahrheit wäre das? Solange man sie nicht besitzt, oder auch ihr nicht gewachsen ist, kann ,,unbedingtes Philosophieren" heißen: unbedingtes Suchen, auch im Irren und Versagen. Man zahlt mit kleiner Münze. Auch das ist Opfergang.

Als treueste Geliebte und Gefährtin bezeichnet Kierkegaard die Schwermut, Lichtenberg die Einbildungskraft. Die Schwermut ist passiv, sie zieht nach unten, die Phantasie ist aktiv, sie trägt nach oben. Schwermut verengt und isoliert, die Phantasie vermittelt uns Gemeinschaft, auch über Raum und Zeit hinweg. Kann mich die Phantasie nicht zu den Griechen führen, zu dem Gastmahl Platons? Kann ich, durch sie beflügelt, mit Lichtenberg denn nicht beim Weine sitzen? „Es sind wenige Dinge in der Welt, die eines Philosophen so würdig sind, als die Flasche. ... Ja, wenn ich Wein getrunken habe, da sehe ich schon in der Zeit, da ich dem Bedienten das Geld für die Bouteille gab, wie der Seligen einer in dieses Jammertal *zurück.*" Immer kreist der Zug der Geister, immer ist der Reigen offen, und ich kann eintreten, sofern ich liebe. Alle Geister leben aus der Phantasie; deshalb die Angst und Hoffnung, der Rausch und Absturz, der Rückblick und die Prophetie, Eros, Mitleid und Agape. Sie haben eine andere Realität, und umso tiefer ist ihr Lieben und ihr Leiden. Die Frage ist, ob sie die Kraft besitzen, sich dieses Dasein *einzubilden,* im Bild zu existieren. Es ist der Flug des Ikaros, die Flügel können schmelzen an der Sonne wie im Höllenfeuer. Aber schließlich werden diese Flügel doch nicht ewig tragen, und Menschsein heißt: den Flug gewagt zu haben.

„Je" der Mensch ist eigentlich Ausnahme von der Regel. Er tritt als Ausnahme nicht immer in Erscheinung, weil er dazu nicht Mut hat und von Natur aus träge ist. Infolgedessen fügt er sich der Norm und wird normiert. Wie aber kann ein Neues dann entstehen, wenn nicht ein Altes von der Regel um ein paar Grade abweicht, sei es in der äußeren Gestalt, Bewegung oder Wirkung, sei es nach innen, durch feinere Empfindung, durch stärkere Bewußtheit und eigene Entscheidung? Neuheit an sich ist freilich noch kein Wert. Doch neue Werte gibt es nur durch neues Wagnis, neues Opfer. Jeder Mensch, jede Gesellschaft, jedes Zeitalter neigt zu der Meinung, die Gesetze stünden fest. Sie werden deshalb *festgehalten,* gar wider besseres Wissen und Gewissen. Doch nicht einmal Naturgesetze stehen fest, geschweige denn Gesetze der Geschichte. Es wimmelt auch von

Ausnahmen in der Natur, auch sie macht Sprünge, denn sie ist lebendig und kommt durch Sprünge vorwärts. Keineswegs geht jede Ausnahme zugrunde; sie wird nur nicht so gern beachtet, weil sie die Regel stört. Wie uns das Gliederwerk und die Bewegung des Insekts erschrecken, das wir nicht kennen, nicht verstehen, so befremdet uns die Ausnahme. Wir reagieren überschnell, indem wir sie verneinen, bekämpfen oder töten, selbst wenn sie nicht gefährlich, wenn sie nur unbequem ist. Auch werden Regeln gern behalten, die Ausnahmen vergessen. Dennoch sind die Ausnahmen der Regel überlegen, wenn auch nicht an Macht, so doch an Feinheit: esprit de finesse. Vornehmste Aufgabe des Menschen ist es, die Regeln zu durchbrechen, die Ausnahme ans Licht zu bringen.

III.
AUS SPÄTEREN TAGEBÜCHERN

1. Philosophie und Religion

Das philosophische Problem ist im Grunde das religiöse Problem, und das religiöse Problem ist das philosophische Problem. Das Sein ist Gott, Gott ist das Sein. Die Seinsvergessenheit ist der Gottvergessenheit vergleichbar; diese Vergessenheit ist einerseits ein philosophisches Problem und andererseits ein religiöses Problem. Daß Sein ist, kann nicht bewiesen werden, denn es ist kein Seiendes. Daß Gott ist, kann nicht bewiesen werden, denn er ist kein Seiendes. Schon dies, ob „es" ein Es ist, und ob „er" ein Er ist, ist nicht zu beweisen. Für das Es spricht aber, daß es Neutrum ist: der Charakter des *Ursprungs* alles Seienden ist gleichsam androgyn, coincidentia oppositorum, in seinem Grund verborgen, so daß wir auch im Ausgangspunkt des Denkens besser nicht von Gott, sondern von dem Göttlichen zu sprechen hätten. Wenn wir beginnen oder neu beginnen zu philosophieren und zu beten, ist durch die Tradition schon immer vieles vorentschieden, das wir, statt einfach es zu übernehmen, *kritisch* übernehmen müßten – *ironisch*-kritisch oder *skeptisch*-kritisch –, um immer wieder zu versuchen, zurückzukommen an den Anfang, der noch verborgen ist, so viel sich auch dem Denken offenbarte, in Wahrheit oder Scheinwahrheit. Wie die Metaphysik zur Seins- und Existenzphilosophie, verhält sich Theologie zur Religion. Das eine sind die Dogmen, die sich verfestigen, erstarren, institutionalisieren als geistige und geistliche Bestände, das andere ist die Offenheit und auch Verborgenheit göttlichen Seins in einer Wahrheit, die uns erst frei macht. Ich kann deshalb existentiell nicht philosophieren, ohne daß ich die vorhandenen Bestände, ihre Fächer, Häuser, Besitzer und Verwalter in Frage stelle, wie es Sokrates getan hat, aber auch mich selbst als Fragenden in Frage stelle oder stellen lasse. *Das ist ein radikales Fragen*, das selbst die Destruktion, bei aller Achtung vor der Überlieferung und dem Überlieferten, nicht ausschließt. Dieses Fragen ist ein Luxus, den wir der Muße danken, die uns erlaubt zu philosophieren, doch zuerst dem Sein in seiner Freiheit, das uns frei macht. Ich bin Ich – das ist nun einmal nicht zu ändern, und ich bin der Fragende, – was unbequem ist und, vom Standpunkt der Gesellschaft her gesehen, oftmals unklug. Es gehört jedoch zum Wesen des Philosophierens, daß es unbequem und unklug ist. Weshalb ich immer in Gefahr bin, das Philosophieren zu verraten zugunsten der Gesellschaft, ihrer Dogmen, Institutionen, Geschäfte und Erfolge, so das Sein vergessend in seiner Göttlichkeit, in seiner Wahrheit, seiner Freiheit. Wenn ich mir bewußt bin, daß *ich bin*, so setze ich mich doch nicht absolut. Ich bin der Fragende und frage nach dem Sein, damit ich in die *Wahrheit* komme und *in Freiheit bin*. Das ist der Luxus des Seins selbst, also sein Überfluß und seine Offenheit, die uns zuteil wird in der Zeit. Die Zuteilung heißt griechisch *moira*. Das Schicksal fordert mich heraus. Aber dieses Schicksal spielt im *Denken*. Ich philosophiere essayistisch aus der Überzeugung, daß die Philosophie *nur essayistisch* sein kann (versucherisch, verführerisch, wie Nietzsche sagt): nicht erst in unserer und in meiner Zeit, – daß sie es vielmehr war auch in den früheren Epochen, insbesondere der griechisch-römischen Antike, der Renaissance, der Aufklärung, selbst wenn es die Systeme gab oder die Systemversuche, die alle schließlich scheiterten. Das ,,Ganze" ist nicht auszudenken, weder als das Sein noch als Zusammenhang des Seienden, das man deduktiv oder induktiv auf einen Nenner bringen könnte. Der Philosoph muß scheitern. Der Mensch als Existenz ist zwar dem Sein und Seienden entwachsen, aber denkend nicht gewachsen. Gleichwohl muß er denken. Also denkt er tragisch, als tragische Existenz. Er denkt auch wieder tragisch, wenn er heute religiös denkt. Die Religionssysteme, ob sie sich gründen auf bestimmte, festgestellte Offenbarung oder nicht, scheitern nicht minder als die metaphysischen Systeme gescheitert sind und scheitern werden: am verborgenen Gott.

Vom Sein, das ich auch göttlich nenne, um die Verbindung zu betonen mit der Religion, haben wir keinen „Begriff", da es kein Ding ist, sondern Grund der Dinge; wir haben auch keine „Idee", die ihm angemessen wäre, obgleich Ideen ihm „entsprechen". Unser Denken im Hinblick auf das Sein vollzieht sich, wenn wir es zur Sprache und nicht nur zur Empfindung bringen, im *Symbol,* das Chiffer für das Sein ist, aber keine willkürlich gewählte, sondern verantwortete. Darum ist unsere Sprache, wenn sie frei ist, dennoch hörend und dem Sein verpflichtet, sie untersteht des Denkens Führung, Form und Disziplin; weshalb das Philosophieren nicht nur Denkkunst ist, sondern auch Sprachkunst, in welchem Grade immer. Für diese Sprachkunst gilt, wie für jede Kunst, daß sie trotz des Handwerks und der Technik, die erlernbar sind, *kreativ* ist, – daß jedoch der Grund der Kreativität, da sie dem Sein „entspricht", das *Sein* in seiner Freiheit, seiner Wahrheit ist.

In dem Eröffnungsgedicht zum ‚West-östlichen Divan': Hegire (dieser Titel ist schon ein Symbol) dichtet *Goethe*:

> Dort, im Reinen und im Rechten,
> Will ich menschlichen Geschlechten
> In des Ursprungs Tiefe dringen,
> Wo sie noch von Gott empfingen
> Himmelslehr in Erdesprachen
> Und sich nicht den Kopf zerbrachen;

> Wo sie Väter hoch verehrten,
> Jeden fremden Dienst verwehrten.
> Will mich freun der Jugendschranke:
> Glaube weit, eng der Gedanke,
> Wie das Wort so wichtig dort war,
> Weil es ein gesprochen Wort war.

Die Sprache wird hier nicht verstanden als ein exaktes Instrument, das zugreift und das festhält, so lange dieser Zugriff sich bewährt, sondern als *Zuspruch in der Kommunikation*, die geschichtlich sich ereignet in der Offenheit des Seins und Daseins. „Komm! ins Offene, Freund!" sagt deshalb Hölderlin. Und so geht manchmal das Wort auf, wenn das Herz aufgeht, und manchmal geht das Herz auf, wenn das Wort aufgeht. Der tiefe Grund des Aufgangs aber ist das unberechenbare Sein, das weiter noch als selbst der Glaube ist.

2. Die Frage nach dem Sein

Nietzsches Sage von der ewigen Wiederkunft des Gleichen, nämlich des *Seins,* ist die Sage von der *Ewigkeit des Seins,* das für ihn eines ist und göttlich: dionysisch, – aber so, daß auch das Apollinische noch „teilhat" am Rausch des Dionysischen. Der Rausch ist göttlich, denn er ist *Eros,* Sein ist berauscht von diesem „Willen", der Allmacht ist, nicht Wille nur „zur" Macht. Die Gottheit ist nur „frei" zu denken (unerforschlich ist ihr Ratschluß), aber „liebend" frei in der Kraft des Eros. Unsere Liebe (im Gegensatz zum Haß als Verneinung), unser Glaube (im Gegensatz zu den „Beweisen") und unsere Hoffnung (im Gegensatz zu der Verzweiflung) sind Akte unserer Freiheit, Antworten auf das Sein, dessen Grund das Schweigen ist – Antworten im „Rausch", da wir vom Sein berauscht sind. Darüber zu spotten ist leicht und billig; der Witz im Spott liegt darin, daß man in Gedanken physisch-psychische Räusche und Rauschmittel unterschiebt. Doch schon Platon sprach vom „göttlichen Wahnsinn" des Philosophen und des Dichters. Indessen mag der Spott auch heilsam sein, weil er davor bewahren kann, daß sie sich versteigen und überheben. Geboten ist heilige Nüchternheit und nüchterne Heiligkeit; falls mit „Heiligkeit" nicht schon zu viel gesagt ist.

„Die Lehre von der ewigen Wiederkunft des Gleichen ist die

Grundlehre in Nietzsches Philosophie. Ohne diese Lehre als Grund ist Nietzsches Philosophie wie ein Baum ohne die Wurzel" (Heidegger). Ich möchte das ergänzen: Ohne Liebe, Glaube, Hoffnung ist der *Mensch* wie ein Baum ohne die Wurzel, mag sein Intellekt auch noch so überragend sein. Aber die Ergänzung ist nicht wissenschaftlich, sondern philosophisch; was nicht ausschließt, daß der Wissenschaftler, auf die Grenzen stoßend und sie transzendierend, zum Philosophen wird (ich kann auch sagen: falls er Mensch bleibt noch als Wissenschaftler, – an das Sein und Menschsein denkend und es bedenkend).

Wie hätte es die Renaissance des Christentums in *unserer* Zeit gefördert, wenn es sich nicht nur apologetisch, sondern liebend, verstehend und selbstkritisch mit dem Antichristen Nietzsche auseinandergesetzt hätte, von anderen Philosophen und Dichtern ganz zu schweigen, die eine wahrhaft katholische (umfassende) Religiosität schon früher hätten fördern können.

Das Sein ist, im Unterschied zum Seienden, anonym wie Gott. Deshalb muß der Philosoph, der das Sein bedenkt, eigentlich auch anonym oder pseudonym oder inkognito existieren – in Ehrfurcht und in Scham. Es liegt im Wesen der Philosophie, daß sie dem Philosophen solche Not bringt, und diese Not tut not, im Zeitalter der Wissenschaftlichkeit besonders. Die Tapferkeit des Philosophen ist dann der Mut zum Opfer. Ich kann sagen: es gibt für ihn im Grunde ein einziges philosophisches Problem, das ist das *Denken* über das Wesen der Philosophie und die *Kunst,* in diesem Wesen auch zu existieren. Doch schon das Denken ist ein Existieren, Kunst und Denken greifen ineinander.

Der Philosoph denkt in dem Da-sein auf das Sein zu und zurück, es ist das Alpha und das Omega. Er durchschreitet als ein homo viator die Welt des Seienden. Er ist jedoch nicht in der Welt als ,,Einziger" (Stirner), sondern er ist selbst schon Ich und Du, Mensch als Mit-Mensch. Der Humanismus aus dem Grunde der Mitmenschlichkeit des Daseins ist das Leitband. Aber nicht nur ,,gesellschaftliches" Leitband, sondern tiefer:

philosophisch-religiöses. Nicht die Gesellschaft wird negiert, sondern nur der *Vorrang* der Gesellschaft und des Menschen als Gesellschaftsmenschen. Andererseits ist auch die wissenschaftliche, wirtschaftliche, technische *Verfassung* des Seienden in dieser Welt nicht zu übersehen und zu überspringen. Doch sie ist so wenig des Denkens *tiefster* Aufenthalt und Ansatzpunkt im Dasein wie der Gesellschaftsmensch es ist.

Das philosophische Denken ist nicht nur „theoretisch", sondern zugleich „praktisch", also ethisches Handeln. Denn Sein selbst, in dem ich denke, von dem her und auf das zu ich denke, ist „Wille", den ich „heilig" nenne: „göttlicher Wille". Ist er „Person" wie ich? Kann ich ihn duzen, duzt er mich? Ja, das kann ich: in dem Glaubensspiel des Denkens und der Sprache, indem ich mir vom Sein ein Bildnis mache, das Bild ihm weihe, im Bilde lebe, opfere. Nur dann, wenn ich im Bilde *bin*, bin ich denkend in und bei dem Sein, auch noch im Ton-Bild (denn die Musik denkt in den Tönen). Aber dieses Denken ist in Frömmigkeit *ironisch*, weil nicht *identisch* mit dem Sein, von dem es kommt, zu dem es geht im Laufe *seiner* Zeit. Ich schöpfe gleichsam Wasser mit dem Sieb, und während ich beglückt noch laufe, um es heimzutragen, rinnt es zurück. Dennoch kommt es in dem Dasein auf die Beständigkeit und Treue dieses Schöpfens an *in symbolischer Bedeutung*. Das Denken ist geduldiges Vexierspiel. Von manchen großen Denkern, etwa Hegel oder Heidegger, wünsche ich mir oft, sie hätten wenn nicht mit Humor, so doch mit Ironie philosophiert. Sie stünden dann der Wahrheit vielleicht näher. Aber was heißt „näher", wenn ich des Seins Unendlichkeit bedenke.

3. Wahrheit, Lüge und Ironie

Der Philosoph kämpft für die Wahrheit gegen die Lüge. Weltsein selbst wird lügenhaft im Kampf ums Dasein in der Welt, und deshalb wird es die Gesellschaft, *in* der ein jeder da ist. Das

Teuflische in dieser Welt ist Dasein, das verstrickt ist in Lüge um der Daseinszwecke willen, um der Behauptung dieses Daseins willen. Dem Göttlichen zuwider behauptet sich das Teuflische, der Mensch ist aber Stellvertreter des einen wie des anderen. Der Grund des Bösen, das geschieht – ob es abgründig böse oder auch nur boshaft ist – ist Lüge. So allgemein gesagt umfaßt die Lüge nicht die bewußte Lüge nur, sondern auch die unbewußte, ja die unterbewußte. Wir haben ethisch zu verantworten, was garnicht uns bewußt ist; die scheinbar lautere Gesinnung kann eine Lüge sein. Deshalb ist die Lüge nicht immer offenbar, sie ist auch Lügenschein – nicht Scheinlüge, sondern Schein der Lüge. Die Wahrheit tritt hervor wie eine Sonne und wie der Schein der Sonne. Aber wann herrscht Wahrheit? So selten wie ein Mensch in Wahrheit existiert. Schon Platon hat gefragt, wie ein solcher Auserwählter (der aber jeder je sein kann) der Gesellschaft, die in der Höhle ihr lügenhaftes Dasein fristet, seine Wahrheit beweisen soll (die Höhle aber ist die Welt). Er kann sie nur beweisen, wenn es ihm gelingt, den einen oder anderen aus der Höhle hinauszuführen in das Licht der Sonne; das erfordert aber eine *Umkehr*, gegen die sich die Gesellschaft wehrt, weil ihre ,,Wahrheit" in der Welt ist, in der Höhle. Für die Welterfahrung spricht, daß mit der Lüge sich das Weltsein identifiziert. Die Lüge ist deshalb so wendig, weil sie not-wendig ist. Die Wahrheit, die da frei macht, ist zunächst ein blasser Schein, der etwas verheißt, was nicht von dieser Welt ist. Doch wer möchte ,,*nicht* von dieser Welt" sein, auch wenn er dadurch frei wird? Die Freiheit in der Wahrheit wird verdächtigt, daß *sie* die Lüge sei, und bekämpft als weltfremd. Infolgedessen erscheint der Philosoph als schöner Lügner. Ja ist nicht er der Teufel, der sich darauf beruft, mit Gott verwandt zu sein? Vielleicht behauptet er sogar, er hätte ihn gesehen! Doch wer kann die Wahrheit sehen, ohne zu erblinden? Aus diesem Grund hat Platon den Philosophen wohl geraten, zurückzukehren in die Höhle, aber zu verkünden, was sie außerhalb der Höhle sahen – oder auch zu sehen glaubten, da sie den Beweis doch schuldig bleiben müssen, als wäre was sie sahen nur ein Traum. Aus dieser Situation ergibt sich, daß die Philosophen – das sind Menschen, die zu Philosophen werden – *ironisch* existieren müssen, in einer Ironie, die, je nach dem von welcher Seite man das Spiel betrachtet, entweder göttlich oder teuflisch ist. Das ist nicht heitere Ironie, die in der Welt der Lügen witzig mit Lügen spielt, um dann rasch zuzugreifen, wenn sich ein Gewinn zu ergeben scheint. Die Ironie ist vielmehr tragisch, da sie, so weit es möglich ist, der Welt entsagt und dennoch in der Welt verbleibt, um darin mitzulügen, jedoch ironisch. Mundus vult decipi, das ist, aktiv wie passiv, nun einmal das Prinzip des Weltgeschäfts. Nur daß den Philosophen bei dem Geschäft nicht wohl ist, weshalb sie auch nicht taugen zum Geschäft, nicht einmal zum politischen, obgleich doch Platon meinte, das Elend dieser Welt nähme erst ein Ende, wenn die Philosophen Könige geworden wären, oder auch, was etwas weniger schwierig ist, die Könige Philosophen. Ihnen ist deshalb nicht wohl, weil sie von der Wahrheit wissen als dem Ursprung ihrer Freiheit, die der Lügenteufel ihnen streitig macht in der Not der Welt, in der sogar die Freiheit lügenhaft verwechselt wird; wenn einer nicht selbst lügt, wird für ihn mitgelogen. Reden sie von Wahrheit und von Freiheit, dann können sie auch davon nur ironisch reden; Wahrheit und Freiheit sind des Menschseins Grund, der nicht im Grundbuch steht. Und dürfte denn ein Grundbuchamt ein Grundbuch führen, das ironisch ist? Auf Ironie der Rede ist kein Verlaß, so wenig wie auf das, wovon die Rede ist. Also ist der Philosoph in der Welt verlassen, und es ist die Ironie in der Seinsgeschichte, daß er gleichwohl existiert. Es geht ihm ähnlich wie dem Sein, das auch verlassen ist: es läßt sich nicht beweisen, woher, wozu es ist, und dennoch ist es, gleichsam Gott von Gottes Gnaden.

Nenne ich die Wahrheit Gott und die Welt als Trug und als Betrug die Lüge (auch indem der Mensch sich der Wahrheit nicht erinnert und nicht erinnern will, vergessend, daß die Lüge kurze Beine hat, zumal die Zeit nur kurz ist bis zum Tode), dann sehe ich das Menschsein in tragischem Konflikt zwischen Gott und Welt, und das Problem des Daseins bleibt *die Versöhnung.* Sie suchte Hegel zu bewirken, indem er zeigte, daß „alles Wirkliche vernünftig" ist. Doch „faule Existenzen" mußten die Versöhnung Hegels sabotieren. Das taten Feuerbach, Marx, Kierkegaard und Nietzsche, unter jeweils anderen, doch auch verwandten Perspektiven, die aber Perspektiven waren nicht nur des reinen Denkens, sondern sie resultierten aus der harten Wirklichkeit der Existenz: aus *Differenzen,* die durch die Dialektik der Vernunft, die Hegel göttlich nannte, nicht zu überwinden waren. *Der Geist blieb die Versöhnung schuldig.* Gottes Geist? oder der des Menschen? oder der beiderseitige Geist, also, um im Bilde der Dreifaltigkeit zu bleiben: der heilige Geist? Das frage ich als Philosoph ironisch, zwar von jenen Differenzen wissend, aber dennoch keine Brücke findend als die der Ironie im Medium des Denkens – also gerade jener Ironie, die Hegel aus dem Paradiese des Systems vertreiben mußte, um nicht die Versöhnung zu gefährden. Aber ist die Ironie, selbst wenn sie eine ernste ist, denn in Wahrheit eine Brücke? – so fragen manche Brückenbauer, auch solche die es werden wollen, um die Versöhnung „herzustellen". Ihnen gegenüber erscheint ein Philosoph wie Nietzsche als ein Nihilist. Dennoch sagte Nietzsche, er hätte den Nihilismus überwunden. Aber wie?

Die Welt ist nichtig, wenn sie nur Welt ist, und der Mensch ist nicht in Wahrheit, wenn er in der Zeit nur seine Zeit hat, er verfällt der Lüge. Schopenhauer, der erkannte, daß das Dasein in der Welt nichts ist als Schmerz (denn auch zu Lust und Langeweile gesellt sich alsbald Schmerz), kam zu dem Schluß, vielmehr Ent-schluß, das Dasein wäre besser nicht. Da er außerhalb der Welt keinen Standpunkt fand, war für ihn kein Sinn mehr zu erkennen, er war Nihilist, was schon Nietzsche wußte, der selber einer war, auch durch Schopenhauers Einfluß. Erst Zarathustra-Nietzsche hat den Nihilismus überwunden, indem er die Verneinung des Daseins und des Seins *umkehrte* in Bejahung, aber *in das Ja zur Ewigkeit des Seins,* zur ,,Wiederkehr des Gleichen" (was nicht ,,des Selben" heißt):

> Ewiges Ja des Seins,
> ewig bin ich dein Ja:
> denn ich liebe dich, o Ewigkeit!

Das Problem des Nihilismus, nicht nur als Zeitproblem, sondern als das Seinsproblem, ist *das Problem der Ewigkeit,* für das die meisten Zeitgenossen weder Blick noch Zeit mehr haben, weil es auch längst zerschlissen scheint. Und doch muß ich mir sagen, da sich die Zeit noch immer nicht erfüllt hat, daß in dieser *Richtung* die Wege zur Versöhnung gefunden werden müßten: die Wege, nicht der Einweg, – die Wege, nicht ein Ziel, das zu beweisen wäre, denn es ist ein *Ziel des Glaubens.* Die Wiederkehr des Gleichen, die Ewigkeit des Seins, das ist ein Gleichnis für den Glauben, die Liebe und die Hoffnung in der Zeit. Wissenschaftlich zu begreifen ist das nicht. Doch gerade deshalb muß es auch *ironisch* sein. Es hat in *unserer* Epoche keine besseren Spielmeister gegeben als Kierkegaard und Nietzsche. *Von ihnen her* gesehen, erscheint selbst die Versöhnung Hegels als ein ernstes Spiel. Doch es wurde abgebrochen durch die Vollendung im *System,* das selbst zerbrach. Die Folge dieses Bruchs waren die Fragmente und die ,,faulen Existenzen", schließlich der Nihilismus mit den *Versuchen,* ihn zu überwinden. Der Sinn der Zeit ist Ewigkeit. ,,Gibt es" keine Ewigkeit, dann gibt es nur noch ,,Jetztzeit". Das ist die jeweils kürzeste der Zeiten, nichtende Zeit. Mit anderen Worten: Ist ,,Gott tot" (ich lasse offen, *wer* er ist), dann ist die Ewigkeit auch ,,tot", und mit dem Sein ist's nichts; der letzte Schluß und Kurzschluß wäre also Selbstmord – oder Umkehr.

4. Amor fati

Das ist die Liebe zu dem Sein, zu der Ewigkeit des Seins. Diese Liebe *erlöst nicht von dem Schmerz* des Daseins in der Zeit, aber sie *versöhnt* uns mit dem Sein, wie immer es auch sei, denn das Mysterium bleibt, und deshalb bleibt die *Frage nach dem Sein* als Grundfrage der Philosophie. Die Liebe ist das Ja zum Sein, die nihilistische Verzweiflung ist das Nein zum Sein, das Ja zum Nichts. Ich bin, ich kann das Sein nicht überspringen, vielmehr überspringt (transzendiert) es mich, ich habe mich nicht selbst geschaffen, bin mir gegeben, aufgegeben in der Zeit des Daseins. Spreche ich von ,,Liebe'', dann bejahe ich, was ist, ,,ewig bin ich dein Ja'', das Sein sagt gleichsam Ja zu sich in Liebe zu sich selbst. Der Mensch, der transzendiert zum ,,Übermenschen'', transzendiert zum Sein. Nur das kann Nietzsches Religion, sein Weg zur Wahrheit sein durch ein Gestrüpp von Mißverständnis. Der Weg zur Wahrheit aber ist der Weg zur Freiheit, und wer sie sucht hat schon gefunden, obgleich er nicht zu Ende fand. Auch diese Religion beruht auf einem Credo quia absurdum est, wie Nietzsche selbst bekannte. Die Überwindung des Nihilismus ist ein Münchhausen-Abenteuer. ,,Nach Nietzsche hat niemand mehr diesen äußersten Punkt des Umschlags erreicht. Die Wenigen, die noch nach der Ewigkeit frugen, haben sich zu den ,ewigen' Wahrheiten der katholischen Kirche bekehrt (Hugo Ball und Theodor Haecker), vom ,Ewigen im Menschen' gesprochen (Scheler), sich an verschollenen ,Bildern' des kosmischen Lebens berauscht (Klages) und ,Chiffren' des Seins ,beschworen' (Jaspers), während die Vielen den Forderungen der Zeit gehorchten, die ihnen die rassischen Dauerwaren einer politischen Zoologie zum Ersatz für die Ewigkeit bot'' (Löwith, Von Hegel zu Nietzsche). Doch ich nehme Jaspers aus: Schon Nietzsche konnte die ,,Ewigkeit des Seins'', die ,,Wiederkehr des Gleichen'', den ,,Willen zur Macht'', den Menschen als den ,,Übermenschen'' nur *chiffernhaft* beschwören, er hatte nicht die Wahrheit als Dogma in der Tasche, er konnte nur ironisch-dionysisch mit ihr spielen – ein Ärgernis der Wissenschaft und Wissenschaftsgesellschaft. Doch es ist besser, gläubig so zu spielen, als Ernst zu machen mit Ersatzwahrheit. Jaspers hat die Tragödie gespielt, nicht überspielt, wie es auch Goethe tat, was mancher übersieht. Goethe war Ironiker in seinem Alter und Zeitalter.

5. Der Augenblick

Des Daseins Höhe ist der „Augenblick", in dem sich Zeit und Ewigkeit *berühren*: das Bewußtsein des Seins als ewige Wiederkehr des Gleichen in der Zeit – eine Paradoxie. In diesem „Augenblick" verbindet sich der Glaube mit dem Denken, geistige Liebe mit der Hoffnung. Der Schein der Ewigkeit im „Augenblick" ist Schein der Wahrheit, der Freiheit wie der Schönheit; auch jedes große Kunstwerk *ist* im „Augenblick", es ist in seiner Größe nie *vorhanden*, und deshalb kann es auch verkannt und vergessen werden. So ist der Mensch nur *wahrhaft* im „Augenblick" der Liebe, dessen „Flüchtigkeit", gemessen mit dem Zeitmaß, eine Täuschung ist, denn seine andere Seite ist die Ewigkeit. Die „Kunst" und Gunst des Daseins liegt im „Augenblick", er ist *entscheidend*, auf ihn kommt es an, ich komme selbst an. In diesem Sinne läßt sich Goethes letzter Brief an Zelter (vom 11.3.1832) deuten: „Glücklicher Weise ist Dein Talentcharakter auf den Ton, das heißt: auf den *Augenblick* angewiesen. Da nun eine Folge von konsequenten Augenblicken immer eine Art von Ewigkeit selbst ist, so war Dir gegeben, im Vorübergehenden stets beständig zu sein und also mir sowohl als Hegels Geist, insofern ich ihn verstehe, völlig genugzutun." Der Ton, das ist der Ton des Seins „sub specie aeternitatis". Die Gegenwart des „Augenblicks" erfüllt, was geistig aufscheint: was gegen-wartet. Deshalb sagt *Hegel* in der ‚Enzyklopädie' (§ 259): „Nur die Gegenwart ist, das Vor und Nach ist nicht; aber die konkrete Gegenwart ist das Resultat der Vergangenheit, und sie ist trächtig von der Zukunft. Die wahrhafte Gegenwart ist somit die Ewigkeit." Doch nicht im ,,Begriff" und nicht im System hebt die Zeit sich auf, sondern nur im ,,Augenblick". Statt von ,,Begriff" muß ich von ,,Gnade" sprechen; denn das Dasein ,,auf der Höhe" ist begnadet in der *Gnade des Augenblicks.* ,,Die Philosophie hat es mit dem Gegenwärtigen zu tun" (Hegel). Aber Hegels Schüler, so sagt Löwith, ,,haben die Frage der Ewigkeit der erledigten Theologie überlassen und die Philosophie dem Zeitbewußtsein verschrieben. Das Verhältnis des Geistes zur Zeit wird eindeutig im Sinne der Zeit entschieden". Ähnlich hätte *Heidegger* (,Sein und Zeit', § 82) die Ewigkeit als belanglos beiseite geschoben und alles auf die geschichtliche Existenz als solche gesetzt, die der Tod in absoluter Weise begrenzt. Der Reflex des Todes im *endlichen Dasein* sei der ,,Augenblick". Das trifft durchaus zu. Heidegger verdrängte aus seinem Denken jede Theologie, obgleich sein Denken doch im Grunde Religion ist, er hätte deshalb sagen sollen: das Sein ist Gott, Gott ist das Sein, entborgen und verborgen.

6. Nochmals: Ironie

Wer den Sinn des Daseins in der Weltgeschichte sucht, nicht als einem Bild- und Gleichnisbuch, in dem er vielleicht selbst als Bild und Gleichnis steht, vielmehr um *aufzugehen* in dem Allgemeinen, verrät, verkauft, verliert sich selbst als Sklave der Geschichte, der Gesellschaft und des Staates, ob die Geschichte nun als Fortschritt bezeichnet wird oder als Rückschritt. Sinn ist nur zu gewinnen im *,,Augenblick" der Existenz,* also im ,,Jetzt oder Nie", in dem es mir gelingt, mit Transzendenz – ewigem Sein – mich ahnend zu verbinden; ich rühre an den Saum des Seins – um es nach Art der Mystiker zu sagen, da es nun einmal ein Mysterium ist. Ich glaube und ich hoffe mich ,,unsterblich" nicht mit Haut und Haaren (das wird zu Staub), nicht in der Weltgeschichte, indem ich „weiterlebe" im Gedächtnis dieser Menschheit, das doch so schwach ist, und nicht einmal in dem Gedächtnis meiner Nächsten und Übernächsten, die bald sterben, sondern im Mysterium des Seins, das die Geschicke, Geschichten und Geschichte transzendiert. Die Weltgeschichte, die wir machen und die mit uns gemacht wird von kleinen und von großen Machern, kleinen oder großen Mächten mit Gemächten, ist, soweit wir sehen, eine Mischung von Vernunft und Unvernunft, welche den Leidenschaften und Interessen dienen, bewußt und unbewußt dem einen wie dem anderen. Schon wenn ich dieses Wechselspiel durchschaue in dem Spiel des Geistes, der sich *distanziert* – nicht als allgemeiner, sondern als besonderer – steige ich gleichsam zu meiner Freiheit auf, die aber gründet in dem wahren Sein, das gleichwohl sich verbirgt als „deus absconditus". In dieser Ironie, die Hegel nicht gern gelten ließ, behaupte ich die Würde der Person, oder, bescheidener gesagt: versuche ich die Würde zu behaupten – der Weltgeschichte gegenüber wie gegenüber der Gesellschaft und dem Staat. So ist es eigentlich auch Ironie, wenn ich als Sterblicher mich dennoch „unsterblich" hoffe. Das ist die *fromme Ironie* oder Ironie der Frömmigkeit. Sie ist verwandt der Ironie des Sokrates im ,Phaidon', der, als man ihn fragte, wo und wie man ihn nach seinem Tod begraben solle, sagte: „Ganz wie ihr wollt, wenn ihr mich nur habt und ich euch nicht entwische", und dabei lächelte er still. Des Sokrates nichtwissendes Wissen und dennoch tapferes Erdulden dessen, was in der Welt geschah (die doch nur Umwelt war), war philosophisch-religiöse Ironie. Wenn Hegel meint, der Fortschritt im Bewußtsein zu der Freiheit liege im „Begriff", so möchte ich verbessern: er liegt in der Distanz der Ironie – *falls sie fromme Ironie ist.* Da jedoch mein eigenes Wissen dem Hegelschen „Begriff" kaum gewachsen ist, rufe ich zum Zeugen wieder *Kierkegaard* an, der schrieb: „Man hat in unserer Zeit oft genug von der Bedeutung des Zweifels für die Wissenschaft gesprochen; aber was der Zweifel für die Wissenschaft ist, das ist die Ironie für das persönliche Leben.

Wie daher die Wissenschaftler behaupten, daß keine wahre Wissenschaft ohne Zweifel möglich ist, so kann man mit demselben Recht behaupten, *daß kein echtes humanes Leben ohne Ironie möglich ist.* Wenn nämlich die Ironie *beherrscht* ist, so nimmt sie die entgegengesetzte Bewegung zu der, in der sie unbeherrscht ihr Leben verkündet... Die Ironie ist ein Zuchtmeister, den nur der fürchtet, der ihn nicht kennt, den aber der liebt, der ihn kennt. Wer überhaupt die Ironie nicht versteht, wer kein Gehör für ihr Flüstern hat, dem fehlt eo ipso das, was man *den absoluten Beginn des persönlichen Lebens nennen könnte,* ihm fehlt, was momentweise für das persönliche Leben unentbehrlich ist, ihm fehlt das Bad der Erneuerung und Verjüngung, die Reinigungstaufe der Ironie, die die Seele von ihrem Leben in der Endlichkeit erlöst, wenn sie auch noch so kräftig und stark darin lebt, er kennt nicht die Erfrischung und Stärkung, die darin liegt, wenn die Luft zu drückend wird, sich auszuziehen und sich ins Meer der Ironie zu stürzen, natürlich nicht, um darin zu bleiben, sondern um sich gesund und froh und leicht wieder anzukleiden." (,Über den Begriff der Ironie, mit ständiger Rücksicht auf Sokrates', Übers. v. H. Schaeder).

Das Fortschrittsdenken unserer wissenschaftlich-technischen Gesellschaft ist zwar geschichtlich, aber futuristisch und futurologisch; der Akzent der Zeit liegt nicht auf der Vergangenheit, sondern auf der Zukunft und auf der Gegenwart als Tor zur Zukunft, nicht als Tor zu dem Bewußtsein der ,,Ewigkeit des Seins". Dieses Fortschrittsdenken ist weder theologisch noch auch metaphysisch-philosophisch, sondern materialistisch, also eigentlich un-geistig, es ist praktisch, es will *machen,* nicht erwarten, erstaunen und erkennen, was *wächst* und was *gewachsen* ist. Der *Geist* ist der Natur verwandt, der *Intellekt* des Fortschrittsdenkens abstrahiert, um immer mehr zu machen, schneller noch zu machen, besser noch zu machen. Die Macher sind nicht nur des Glaubens, daß alles machbar ist, sondern haben auch die Leidenschaft des Machens *um des Machens willen,* zumal das Machen sich verbindet mit dem *Sich-Wichtig-*

Machen und dem *Geld-Machen.* Sie machen deshalb viel und vielerlei und immer mehr als nottut. Kriterium ist in jeder Hinsicht der *Erfolg,* er rechtfertigt auch die Geschichte als die des „Kampfs ums Dasein"; wer und was nicht erfolgreich ist, ist eigentlich nicht wert zu sein. Ist hingegen alles, was da ist, *um Gottes willen,* „unmittelbar zu Gott", *so hat es auch sein Daseinsrecht:* seinen *Wert* zu sein, seine *Zeit* zu sein, seine *Ruhe* in dem Sein, selbst wenn es „erfolglos" ist. *Vom Standpunkt des Erfolgs wird die Geschichte falsch geschrieben.* Da aber der Erfolgsstandpunkt zumeist maßgebend ist, kann „faule Existenz" nur ein ironisches Verhältnis zur Geschichte haben, um den Weg zur Wahrheit zu behaupten. Besonders in der Welt der Macher sind Geschichtsfälschungen an der Tagesordnung; das heißt: es wird bereits gefälscht, ehe es geschehen ist. Unter den Historikern ist *Jacob Burckhardt* der letzte der Ironiker, deshalb auch eine Randfigur, die Marginalien verfaßte, aber kein System schrieb. „*Unser* Ausgangspunkt ist der vom einzig bleibenden und für uns möglichen Zentrum, vom duldenden, strebenden und handelnden Menschen, wie er ist und immer war und sein wird; daher unsere Betrachtung gewissermaßen pathologisch sein wird" ('Weltgeschichtliche Betrachtungen').

Die Ironie ist auch Resignation, sowohl im Hinblick auf das Weltsein, auf die Weltgeschichte, wie im Hinblick auf das Sein, das sich darin verbirgt. In seinem Sichverbergen bleibt es zwecklos, weshalb die Ironie als Haltung zwecklos ist, sie ist ihr Selbstzweck, als solcher Freiheit oder Weg zur Freiheit. Ist der Mensch „Ebenbild" der Gottheit, dann kann er nur ironisch sich so nennen.

„Erst durch Resignation entsteht die wahre innere Unendlichkeit, und erst diese innere Unendlichkeit ist in Wahrheit unendlich und in Wahrheit poetisch" *(Kierkegaard,* 'Begriff der Ironie'). *Die Ironie ist Poesie,* auch als Philosophie.

„Fragen wir nämlich, *was Poesie ist,* so können wir mit einer ganz allgemeinen Bezeichnung sagen, sie sei *der Sieg über die Welt*; durch eine Negierung der unvollkommenen Wirklichkeit eröffnet die Poesie eine höhere Wirklichkeit, erweitert und verklärt sie das Unvollkommene zum Vollkommenen und mildert dadurch den tiefen Schmerz, der alles verdunkelt. Insofern ist die Poesie *eine Art Versöhnung*, aber sie ist *nicht die wahre Versöhnung*; denn sie versöhnt mich nicht mit der Wirklichkeit, in der ich lebe . . . Das Poetische ist daher wohl *eine Art Schleier* über der Wirklichkeit . . ." (Kierkegaard, l.c.).

7. *Glaube und Wissen*

Der Konflikt zwischen dem Glauben und dem Wissen konstituiert des Menschen Existenz, er ist ihm wesentlich, ist angelegt im ,,subjektiven Geist", und er beherrscht deshalb das Feld des ,,objektiven Geistes". Er zeigt sich uns bei Platon schon, doch wird die Macht des Gegensatzes erst recht bewußt seit dem Beginn der Neuzeit, seit der Entwicklung des Wissens zur exakten Wissenschaft und exakten Technik. Das ist der Konflikt zwischen *Glaubenswahrheit*, dem Dasein aus dem Glauben, und der *wissenschaftlichen Wahrheit*, besser ,,Richtigkeit" zu nennen, nach der auch das moderne Dasein immer zwingender, exakter ausgerichtet wird, so daß es sich verstehen läßt, ja selbst versteht als Daseinstechnik. Umso ungeheurer wird die Kluft zwischen *diesem Wissen*, das sich entwickelte seit kaum erst zwei Jahrhunderten (die Geburt war früher, in der Epoche etwa, die man euphemistisch ,,Wiedergeburt" nannte) und *dem Glauben*, der bei allem Wissen, das die Menschheit schon besaß, in Jahrtausenden ihr Dasein *vorbestimmte*, das heißt die Grundbestimmung und die Grundgestimmtheit war. Unter diesem Glauben, der so umfassend war, wie die moderne Wissenschaft und Technik allumfassend ist, verstehe ich nicht nur den ,,religiösen" Glauben, und insbesondere nicht nur den christlichen, vielmehr verbinde ich mit dem Bereich des Glaubens auch die Philosophie und Dichtung, ja in engerem Sinne die sogenannte Kunst. Es handelt sich um den den Menschen und die

Menschheit spaltenden Konflikt, der *unser Schicksal* ist: zwischen Vergangenheit und Zukunft, – zwischen religiöser, philosophischer und künstlerischer Wahrheit einerseits und andererseits abstrakter Richtigkeit, – zwischen dem Wachstum und dem Machertum, – zwischen Werturteil und Sachurteil, – zwischen Qualität und Quantität, – zwischen einem Sein, das unermeßlich ist in seiner Wahrheit, und einem anderen Sein, das gilt, weil es exakt gemessen und immer noch exakter gemessen werden kann im Maße als die Meßwerkzeuge, einschließlich des Menschen selbst, sich verbessern. Die *Qualität* ist Zeugung, Überzeugung und Bezeugung, auch durch persönlichen Charakter, die *Quantität* hat mit persönlichem Charakter nichts zu tun, sie beruht auf Rechnung und Berechnung, der sich auch der Charakter beugen kann, indem er sich der festgestellen Norm und der Statistik fügt. Denn es ist die allerfassende Tendenz, die den Charakter der Moderne ausmacht, *die Qualität zu überführen in die Quantität*, mithin den Glauben *jeder Art* durch die Macht exakten, allgemeingültigen Wissens zu ersetzen. Den Namen Sein, so lautet die Devise, verdient nur das, was wissenschaftlich-technisch machbar ist, insofern nützlich ist. Was der Tendenz nichts nützt, das ist gesellschaftlich nicht relevant, man kann es deshalb auch verschweigen und vergessen als wäre es tot. Das wäre nach des Glaubens Schwund und Schwindsucht der Tod des Gottes und des Menschen (freilich des alten Gottes und des alten Menschen), das wäre die Tragödie unserer Zeit, vielleicht mit Satyrspielen im Gefolge, um die Tragödie zu ertragen.

Also: *Entweder* das Sein ist *Seiendes,* sonst nichts (dieser Nachsatz *betont* nur noch, daß ist, was seiend ist), dann ist die Wissenschaft als einzige Erkenntnisart im Recht, jeweils nach der Methode im Rahmen der Gesamtmethode meßbarer Exaktheit, *oder:* Sein ist nicht nur Seiendes, sondern Transzendenz, dann gibt es eine zweite ,,Erkenntnisart", die vor- und überwissenschaftlich ist und ebenfalls im Recht ist, womöglich Vorrecht hat, nämlich den *Glauben* als philosophisch-religiösen wie als „ästhetischen" (in allen Dimensionen der Glaubensfreiheit ist er zugleich ethisch). Dieser Glaube gründet nicht im Intellekt (der Ratio), sondern in der *Existenz* als freier, möglicher und selbstverantwortlicher gegenüber der *Ko-Existenz* und dem Sein als *Transzendenz*. Der Glaube kann sich zwar in jedem der Bereiche zur Macht des Wissens und der Wissenschaft *ver*führen lassen, jedoch nicht *über*führen lassen; denn *Gott ist*, Gott ist das Sein – als das „Umgreifende" für jede Macht *die Grenze*, an der sie scheitert, ohne zu wissen wo, ohne zu wissen wann (das ist die Ironie der Geschichte).

„Ecrire *contre* ceux qui approfondissent trop les sciences. Descartes" (Pascal, Pl. Nr. 193). Für Descartes, den philosophischen Begründer der modernen Denkungsart (auch die Philosophie ist also, wie der Mensch, gespalten) waren die Tiere Mechanismen, Automaten, es ist ihm kaum gelungen, dem Menschen eine Sonderstellung in dem Kosmos einzuräumen. Die Natur als ganze war für ihn quantifiziert und mechanisiert, und deshalb mußte auch die Wissenschaft quantifizieren und mechanisieren. Daß sich in dieser Richtung das Denken dann bewegte, zeigt der Computer. Würde sich in ein-, zweihundert Jahren der Mensch in seinem Dasein mit dem Computer identifizieren, dann wäre er vollends zum Roboter geworden. Nur der „Glaube" als Gegensatz zur Ratio könnte das verhindern. An der Neuzeit Schwelle hat das gut *Pascal* erkannt, der zuerst ein Anhänger Descartes gewesen war, die erste brauchbare Rechenmaschine erfand und konstruieren ließ, und der dann der modernen Wissenschaft den Rücken kehrte, um sich dem Glauben zuzuwenden, in Einschränkung jedoch auf den des Christentums. Er schreibt im Fragment 247 (Ausgabe Ewald Wasmuth): „Einen Brief zur Ermahnung eines Freundes, um ihn anzuregen, daß er Gott suche. – Und er wird antworten: was nützt es mir, zu suchen, nichts zeigt sich mir. – Und ihm antworten: verzweifle nicht. – Und er wird antworten, daß er glücklich sein würde, nur einen Lichtschimmer zu sehen, daß es ihm aber nach den Lehren dieser Religion nichts nützen würde, wenn er so glaube, und daß er es deshalb für gleich erachte, ob er suche oder nicht suche. – Darauf ihm antworten: *die Maschine.*" Und im Fragment 248 sagt er: „Dieser Glaube wohnt im Herzen, er sagt nicht *scio,* sondern *credo.*" Weshalb an anderer Stelle er von „raisons du coeur" spricht, „que la raison ne connaît pas".

8. Sein als Urgrund

Sage ich, das Gespräch des *Nikolaus von Cues* über das Seinkönnen (De Possest) begleitend: Das Sein ist Gott, Gott ist das Sein und „nichts kann sein, was Gott nicht ist", das heißt: in Gott ist alles Mögliche auch wirklich, dann ist es klar, daß das, was wir *Erfahrung* nennen (empeiría), *transzendiert* wird. Denn „Gott" ist weder sinnlich noch rational erfaßbar. Freilich setzt der Standpunkt sowohl des Empirismus wie des Rationalismus *etwas voraus,* wonach sich die Erkenntnisart methodisch richtet. Dieses Etwas ist die *Hypothese,* sie wird *voraus* gesetzt. Ich setze sie jedoch, indem ich denkend, forschend und erfahrend *bin.* Das heißt: die Hypothese gründet sich auf *Sein.* Kehre ich zu ihm mich gleichsam um, dann denke ich nicht *fortschrittlich* im Sinne der Erfahrung dieser und jener Wissenschaft oder aller Wissenschaft, sondern *rückschrittlich* (die Soziologen sagen: reaktionär): ich denke an das *Sein als Grund,* als letzten Grund, als Ur-Grund. Ihn nenne ich im Unterschied zu den Bereichen der sinnlichen Erfahrung und der Ratio *Transzendenz.* Sie ist als über-sinnlich nicht etwa zu erfassen mit Hilfe eines Sinns, der als „sechster Sinn" besonders ausgezeichnet ist (biologisch, psychologisch, soziologisch und wie immer), noch ist etwas damit gesagt, wenn ich die Transzendenz „irrational" erfaßbar nenne. Zwar denke und bedenke ich die Transzendenz, aber „ontologisch" als das Sein als Urgrund, und das ist ein Denken ganz anderer Art als das der Wissenschaft. Das ist als Umkehr-Denken („rückschrittlich", „reaktionär") *unwissenschaftliches Denken* oder *vorwissenschaftliches Denken,* ich kann auch sagen – um die Katze jetzt aus dem Sack zu lassen – das ist das philosophische Denken, das, wenn ich zugleich „Gott" ins Spiel zu bringen wage (experior), auch *religiöses Denken* ist. Das ist kein mutwilliger Willkürakt des Denkens, kein Trapez-kunststück des Intellekts, kein Unterhaltungsspiel, sondern ich denke, weil *ich bin*, ich bedenke, *daß ich bin* und was es damit auf sich hat, *bevor* ich (a priori) „wissenschaftlich" denke. Ich könnte, meinen Denk- und Schreiberfahrungen entsprechend, auch (scheinbar psychologisch) sagen: ich denke fasziniert vom Sein und von ihm inspiriert. So hat auch Nikolaus von Cues nicht etwa deshalb nur gedacht über das „Seinkönnen", um die Zeit sich zu vertreiben, als er mit dem Kanzler Bernhard und dem Abt Giovanni bei strenger Winterkälte am Kamin saß. Er mußte denken, weil er existierte und sich der Existenz bewußt war als der Kehrseite der Transzendenz oder der Transzendenz als Kehrseite der Existenz. Das ist die wahre Dialektik auf des Daseins Zweibahnstraße, im Gegensatz zur Einbahnstraße der modernen Wissenschaft.

Nach der Methode der Wissenschaft und Technik ist es nicht nur überflüssig, sondern sogar unerlaubt, mit ihrem Denken Gedanken über Sein und Gott, Existenz und Transzendenz zu verbinden. Es gibt *zweierlei Denken,* auch zweisprachig, eines ganz verschieden von dem anderen, obgleich es doch derselbe Mensch ist, der einerseits wissenschaftlich-technisch, anderer-seits philosophisch-religiös denkt. Indessen ist, wird man ent-gegnen, das eine *wissenschaftliches* Wissen, das andere *Glau-benswissen,* und es gelingt in unserer Zeit weniger denn je, das Wissen mit dem Glauben *zu versöhnen.* Wie aber steht es mit dem Sein? *Ist* „eigentlich" nur das, was wissenschaftlich-tech-nisch faßbar, machbar ist, und alles andere nicht, so daß man von ihm schweigen sollte? Oder ist umgekehrt „eigentlich" nur das, was Inhalt eines Glaubenswissens ist, also das Sein als *gan-zes* oder Gott, Existenz und Transzendenz? Dem Sein als gan-zem aber entspricht als denkender der ganze Mensch, der nicht nur wissenschaftlich-technisch, sondern auch gläubig denkt:

philosophisch-religiös. Befindet sich die eine Art des Denkens zur anderen im Gegensatz und gar in feindlichem Verhältnis, so ist der Mensch nicht *ganz* zu nennen, sondern in sich *gespalten*; er *ist,* und doch ist er sich selbst *entfremdet,* sei es aus dem Ursprung, sei es durch das Schicksal, das er in seiner Zeit erleidet. Wie kann es zur Versöhnung kommen, wie kann die Selbstentfremdung aufgehoben werden? Ich sagte, daß der Mensch als ganzer nicht nur wissenschaftlich-technisch, sondern auch „gläubig" denkt. Ich setze „gläubig" in Anführungszeichen, weil man im allgemeinen zwar versteht, was wissenschaftlich-technisch denken heißt, aber nicht, oder nicht mehr, was „gläubig" denken denn bedeuten soll. Das ist vielleicht sowohl die *Schuld* des Glaubens einerseits der Philosophie wie andererseits der Religion. Die Philosophie weist meist, ohne zu wissen was sie tut, jede Art des Glaubens ab (da sie der „Kirchenglaube" schreckt), die Kirchen aber nehmen dogmatisch denkend Religion für sich allein in Anspruch und bleiben, um die Macht nicht zu gefährden (vielleicht nicht nur die eigene, sondern auch noch die des Staates) wie eine alte Burg stehn, wo sie immer standen, sie geben die Religion nicht frei – nicht einmal dann, wenn sie sich schon befreit hat. So kommt es, daß noch kaum ein Bündnis zwischen der Religion des Christentums und dem philosophischen Glauben (der Metaphysik und Existenzphilosophie, *selbst in Berührung oder in Verbindung* mit dem christlichen Denken) des Menschen Selbstentfremdung aufheben konnte. Auch Hegel und die Hegelianer vermochten das nicht zu bewirken. Man weiß nicht mehr, was „Glaube" ist und soll, und fühlt sich dennoch bei dem Nichtwissen nicht wohl. Dieses unglückliche Bewußtsein verlegt sich um so stärker auf Wissenschaft und Technik, ohne dadurch glücklich oder glücklicher zu werden. Die Devise scheint zu sein: lieber noch die Katastrophe als die Umkehr. Des Glaubens Formen sind verwandt der *Dichtung.* Weshalb auch das Verständnis der Dichtung, ja überhaupt der Kunst, das des Glaubens fördern und sein verkümmertes Organ erneut beleben könnte. Ich brauche deshalb nur Gedichte Hölderlins zu lesen, um zugleich zu erfahren, was Philosophie, was Religion ist, und zwar nicht nur die christliche, sondern auch die antike. Ich brauche nur im Dom zu sitzen und zu hören, wie die Orgel braust, so ergreift mich, wenn in ihr der Geist spielt, dieses Geistes Wehen und ich glaube an den Geist; das kann vielleicht die Predigt nicht bewirken. Und ich kann andererseits Geschichte der Philosophie studieren und werde dennoch, wenn ich nur das Wissen habe, weniger vom Geist erfahren als wenn ich philosophiere mit einem Menschen, den ich liebe; denn dann glaube ich ans Sein, an „Gott". Ich setze, wohlgemerkt, Gott in Anführungszeichen, weil er noch offen ist. Vielleicht kommt eine Zeit, da wir mit unserer Selbstentfremdung auch die Anführungszeichen aufheben können, wie ich es im Gespräch mitunter jetzt schon tue.

9. Was ist des Deutschen Vaterland?

Diese altmodische Frage wird seit Jahrzehnten ironisch, zynisch abgewiesen, weil man nationalistische Untertöne hört, und weil es doch als Folge des Zweiten Weltkriegs (Hitler-Kriegs) seit mehr als dreißig Jahren *zwei* Deutschlande gibt. Die „Teilung Deutschlands" müßte nicht ausschließen, daß der eine Teil der Deutschen die Deutsche Bundesrepublik, der andere Teil die Deutsche Demokratische Republik als Vaterland ansähe, und man könnte, trotz verschiedener gesellschaftlicher und politischer Perspektiven, an „Wieder- oder Neuvereinigung" denken, also an ein „Vaterland", das gemeinsam wäre als Idee. Diese Idee allein könnte so viel Kraft besitzen, daß die Deutschen trotz der Teilung ihres „Reiches" und trotz gesellschaftlicher und politischer Gegensätze sich miteinander noch verbunden fühlten, wenn wir nur wüßten, was „Vaterland" bedeutet, und daran *glaubten*. Doch wie sollen gerade Deutsche in der Gespaltenheit, in der Diaspora noch glauben an eine geistige Idee in der modernen Welt, in der man allgemein allenfalls an

Geister, aber nicht mehr an den Geist glaubt? Glauben bei-spielsweise die Franzosen noch an „Französischen Geist", glau-ben die Europäer an „Europäischen Geist"? An die Wirtschaft, die Wissenschaft und Technik schon, aber nicht an Geist, so wenig wie an Gott oder an die Kirche (die unsichtbare, nicht die sichtbare). Man redet zwar bisweilen noch von Geist und Gott, doch das sind Redensarten, abklingende Moden, wie auch die Rede von Humanität (nicht gleichbedeutend mit den „Men-schenrechten"). Was kann man sich in dieser Lage noch von der Kraft des „deutschen Geists" versprechen, was von „des Deut-schen Vaterland"? Im Ersten Weltkrieg kämpften die Deut-schen nicht für Wilhelm II., sondern für Deutschland, für die Idee des „Reichs" mit zum Teil fragwürdigen Komponenten, die einen „Glauben" schon nicht mehr verdienten; im Zweiten Weltkrieg aber kämpften sie für Hitler. Die Russen, sagt man, kämpften nicht für Stalin, sondern für das „Mütterchen Ruß-land". Die Franzosen, unter de Gaulle, kämpften für Frank-reich, vielleicht für „la douce France". La France, c'est une personne, hat de Gaulle gesagt. War oder ist für Deutsche Deutschland Person? Was gab und gibt den Deutschen eigent-lich Identität, Charakter, „Volks"-Charakter? Das Land, die Religion, der Geist? Oder die Wirtschaft, die Wissenschaft, die Technik, der Staat in seiner jeweils geltenden Verfassung? Ist des Deutschen Vaterland oder Mutterland also der Staat? Kann mit dem Staate, der abstrakt ist, nenne man ihn Berlin, Bonn oder Weimar, ein Glaube, eine Liebe, eine Hoffnung sich ver-binden? Gewiß nicht, wenn man nüchtern positivistisch denkt. Genügt es aber, daß er Not-, Bedürfnis-, Wohlfahrts-, Rechts-staat ist, – muß der Mensch nicht überdies noch, ja zuerst *ein moralisches Verhältnis* zu ihm haben, um durch ihn Identität, Charakter zu gewinnen, wie immer auch die Zwecke, die der Staat hat, sich erfüllen oder nicht erfüllen? Denn Hoffnung auf den Staat ist mehr als Anspruch, Wunsch, Erwartung, Planung, sie ist *Vertrauen, also Glaube*. Und Liebe zu dem Staat umfaßt auch noch die Mängel, Fehlschläge und Verfehlungen. Doch schon erkenne ich, daß ich den „Staat" nicht meine, sondern das „Reich" – etwas ganz anderes als den Staat.

Der Staat ist nicht zu trennen von Staatsgebiet, Staatsvolk und Staatsmacht, sie konstituieren seine Politik. Doch Gebiet, Volk, Macht und Politik unterliegen dem Wandel der Geschichte. Ich bin betroffen von dem Wandel der Geschichte, indem ich meine eigene Geschichte habe. Ich habe aber meine eigene Geschichte nicht nur in Verbindung mit dem Staat und mit der Welt, sondern zunächst, indem ich Haus und Heimat habe oder Heimat suche. Der Etatismus muß sich auf die *Heimatliebe* gründen, sie ist die Wurzel, in der sich die Abstrakta je konkretisieren. „Was ist des Deutschen Vaterland?" heißt nicht: „Was ist des Deutschen Staat?", sondern: was ist seine Heimat? So wäre denn zu fragen: *Was ist der Deutschen Heimatland?* Sind sie, im Unterschied zu den Franzosen, Engländern, Schweizern, Spaniern, Italienern, Russen, *das Volk, das keine Heimat hat?* Aber was ist Heimat? Ich kann nicht Heimat haben, ohne daß ich in mir selbst daheim bin, das heißt mit mir im Einverständnis lebe. Schon Wohnung haben erfordert wohnen können, und zum Wohnenkönnen verhilft mir keine Einrichtung, wenn ich nicht Wohnung habe in mir selbst, in mir zu Frieden bin. Das ist kein Ideal für Spießer, die ihre Einrichtung je nach der Mode ständig verändern und verbessern wollen. Heimat ist Symbol, sogar in dem antiken Sinne, daß man beim Abschied ein Erkennungszeichen, etwa einen Ring, auseinanderbrach, und wer daheimblieb, behielt die eine Hälfte, wer hinauszog, nahm die andere Hälfte mit; wenn sie sich wiedersahen, konnten sie erkennen, ob die zwei Stücke sich zusammenfügten zu dem Ganzen, denn darin hatten sie Identität. Auch Heimat ist ein Ganzes, soweit der Mensch es ist; man kann das eine wie das andere analysieren, doch schließlich kommt es an auf das Zusammenstimmen. Weshalb ich meine, daß man, um Heimat zu besitzen oder zu gewinnen, zunächst mit sich zusammenstimmen müsse. Wer nie mit sich zusammenstimmte, nicht einmal dadurch, daß er mit anderen zusammenstimmt und dem „ganz Anderen", wäre sich entfremdet in der Fremde. Ich frage nicht nach Ursachen und Gründen, sondern nur, was Heimat ist oder doch sein könnte. So darf ich vielleicht sagen, daß ich mit mir zusammenstimme, wenn ich liebe, wenn ich denke, wenn ich liebend denke. Wobei die Art der Liebe und des Denkens die Gestimmtheit mitbestimmt. Im Hintergrunde meiner Frage nach der Heimat Wesen – das Wort „Wesen" ist besser als „Idee", obgleich für Positivisten das eine so verschwommen wie das andere ist – steht immer auch die andere Frage nach der Deutschen Heimatland und nach ihrem Staat. Doch frage ich zunächst nach unserer engeren Heimat: da wo wir wohnen, wohnen möchten, wohnen können, in Zusammenstimmung mit uns selbst und unseren „Nächsten". Ist es die Stadt, ist es das Dorf in Natur und Landschaft, ist es die Industrielandschaft, die unsere Heimat bilden und mitbilden? Wir wachsen in der Regel auf bei unseren Eltern, vielleicht auch mit Geschwistern, nicht nur gekleidet und genährt, sondern auch mit ihnen sprechend. Uns nährt zugleich die *Sprache,* womöglich als ein *Dialekt.* Wer Dialekt spricht, gehört zum Volk, und wenn er auch die Hochsprache hinzulernt, gehört er doch insoweit noch zum Volk, als er den Dialekt beherrscht, als er lebt im Dialekt. Die „Fachsprache" der Wissenschaft und Technik ist das Extrem dazu. Wir sagen: „Muttersprache, Mutterlaut". Ehe wir ein Vaterland gewinnen, haben wir ein Mutterland, und gleich „Hans im Glück" kehren wir zur Mutter auch zurück.

Ich fürchte jetzt mich zu verlieren in einem weiten Feld, wenn ich *im allgemeinen* von der Heimat spreche und von des Deutschen Heimatland. Ich müßte, nach der *engeren* Heimat fragend, von *meiner* Heimat sprechen, sie bekennen, mich zu ihr bekennen. Das habe ich bereits einmal getan, meiner Kindheit mich erinnernd. Deshalb lasse ich den Faden des Gedankens vorerst fallen, zumal, was Heimat ist, nicht zu erschöpfen ist. Schon dies: Heimat zu haben, zu suchen und zu finden *in der Sprache,* führt in ein weites Feld. *Identitätsverlust ist auch Verlust der Sprache,* die Sprache spaltet sich; hier zeigt sich der

Verlust zuerst, hier wird er offenbar. Ich meine nicht die Sprache als Instrument, das hergestellt, verbessert werden kann, damit es immer besser, exakter funktioniere; sondern die Sprache, die konkret, persönlich und poetisch ist, die wächst und kultiviert wird im Wandel der Geschichte, die wie ein Heiligtum „bewahrt" wird, jedoch nicht museal. Es ist der *Geist der Sprache* und die Sprache als *des Geistes Form,* unablösbar vom Gehalt, so daß die Form, wie Goethe sagt, „ein Geheimnis ist". In *Hölderlins* Gedicht ‚Rückkehr in die Heimat' lese ich die Strophen:

> Wie lang ists, o wie lange! des Kindes Ruh
> Ist hin, und hin ist Jugend und Lieb und Lust;
>   Doch du, mein Vaterland! du heilig-
>   Duldendes! siehe, du bist geblieben.
>
> Und darum, daß sie dulden mit dir, mit dir
> Sich freun, erziehst du, teures! die Deinen auch
>   Und mahnst in Träumen, wenn sie ferne
>   Schweifen und irren, die Ungetreuen.

Das ist Koinzidenz von Heimat und von Vaterland im Medium der Sprache als der Dichtung, – Vergangenheit und Gegenwart, Erinnerung und Hoffnung, doppelte Wiederholung. Hier ist der *Geist lebendig,* nicht museal – für den, der sich mit ihm verbindet. Die Franzosen wußten es von jeher, welch ein hohes Gut sie in der Sprache hatten, daß Frankreich nicht so sehr das Land war als die Sprache. Verstehen *wir* uns sprachlich selbst, verstehen *wir* einander noch, und wenn: in *welcher* Sprache? In der der Wissenschaft und Technik (auch als Politik) oder in der Sprache, die „literarisch" ist, also poetisch? Nahmen wir von jeher die Literatur so ernst, so heilig ernst, wie sie zu nehmen ist, wenn sie nicht Zwecken dient, sondern Selbstzweck ist des Geistes: des Menschen und der Menschlichkeit, des Gottes und der Göttlichkeit?

Ich rufe *Hofmannsthal* zum Zeugen an. In der Rede, die er 1927, zwei Jahre vor seinem Tod, im Auditorium maximum der

Münchner Universität gehalten hat, sagte er: „Nicht durch unser Wohnen auf dem Heimatboden, nicht durch unsere leibliche Berührung in Handel und Wandel, sondern durch *ein geistiges Anhangen* vor allem sind wir zur Gemeinschaft verbunden ... In einer Sprache finden wir uns zueinander, die völlig etwas anderes ist als das bloße natürliche Verständigungsmittel; denn in ihr redet Vergangenes zu uns, Kräfte wirken auf uns ein und werden unmittelbar gewaltig, denen die politischen Einrichtungen weder Raum zu geben, noch Schranken zu setzen mächtig sind, ein eigentümlicher Zusammenhang wird wirksam zwischen den Geschlechtern, wir ahnen dahinter ein Etwas waltend, das wir den *Geist der Nation* zu nennen uns getrauen." Hofmannsthal nennt die französische Nation „die geselligste". Es ist jedoch ein wesentlicher Unterschied, ob die Geselligkeit beruht in der Liebe zur Sprache und Literatur oder in dem Streben nach der Macht. Ist wachsende Macht der Wirtschaft, der Wissenschaft und Technik ein ausreichender Trost für den Verlust der Sprache, die aus ihrem Ursprunge poetisch, deshalb „zwecklos" ist? *Die Literatur der Franzosen verbürgt ihnen ihre Wirklichkeit. Wo geglaubte Ganzheit des Daseins ist – nicht Zerrissenheit –, dort ist Wirklichkeit."* Seitdem vergingen fünfzig Jahre, und leider muß man fragen, ob es noch immer zutrifft, wenn er von Frankreich sagt: „Nirgends hat die grobe geistige Scharlatanerie weniger Aussichten, dagegen ist das geistige Gewebe so dicht, die Aufmerksamkeit aller auf alles so groß, daß auch der bescheidenen Leistung ein Mittönen noch der höheren Regionen des Geistigen zuteil werden kann: denn in der Tat tönt dort alles überein mit allem."

„Nichts ist im politischen Leben der (französischen) Nation Wirklichkeit, das nicht in ihrer Literatur als Geist vorhanden wäre." Hingegen verstehen unsere Parteien aller Art sich über die Interessen, die überwiegend materiell und Machtinteressen sind im Innern wie nach außen, aber nicht verstehen sie sich über eine Sprache, die gewachsen und bewahrt ist in der Literatur. Ja des Geistes Überordnung nur zu fordern oder zu erinnern, stößt auf Unverständnis, Mißverständnis und Gelächter. Wo also ist des Deutschen Heimatland, Mutterland und Vaterland, worin gründet sein Charakter? Weder in der Gegenwart als der *geistig* ,,verantwortlichen Gesellichkeit der Lebenden'', noch in der ,,*Geschichte* als der verantwortlichen Gesellichkeit der Nation''. Deutschland ist wirklich nur *in Einzelnen*, zumal in großen Einzelnen – in Einzelnen, die vereinzelt sind und darunter leiden. Hofmannsthal nennt ihren Gegenpol mit Nietzsche ,,Bildungsphilister''. Doch die gibt es längst nicht mehr, sie haben sich gewandelt in *Wissenschaftsphilister*. Hofmannsthal schließt seine Rede hoffnungsvoll: ,,Der Prozeß, von dem ich rede, ist nichts anderes als eine konservative Revolution von einem Umfange, wie die europäische Geschichte ihn nicht kennt. Ihr Ziel ist Form, eine neue deutsche Wirklichkeit, an der die ganze Nation teilnehmen könne.'' Sechs Jahre später wurde dem Prozeß des Geistes, wie ihn Hofmannsthal erhoffte, selbst der Prozeß gemacht.

Ich will versuchen, diesem schwierigen Gedankenweg, bei dem man unversehens manchem auf die Füße treten kann, weiterhin zu folgen. ,,Bildungsphilister'' sind ohne eigene Bildung, sie haben nur den Bildungsdünkel; ihnen entsprechen heute die Fernseh- und die Bilderbuchphilister. Aber die Wissenschaftsphilister krönt der Erfolg, denn Wissenschaft ist Macht, zumal als Wirtschaft und als Technik. Ein Volk, das keine Literatursprache gemeinsam hat, wird umso stärker danach streben, sich mit der Sprache der Wissenschaft zu identifizieren, zumal wenn sie erkennt um des Fortschritts willen, nicht nur um der Erkenntnis willen. Denn der Erfolg zeigt sich im Fortschritt, der Fortschritt ist der Fortschritt in der Macht, und in der Macht zeigt sich die Tüchtigkeit. Sie kann den Volkscharakter prägen auf Kosten aller Unterschiede, soweit sie seelisch, geistig sind. Es ist das ärgste Mißverständnis, daß man das deutsche Volk ein ,,Volk der Dichter und der Denker'' nannte; auch das war Dünkel der Bildungsphilister. Ist es nicht eher ein Volk der *Tüchtigkeitsphilister*? Es sind zwar große Dichter und große Denker aus unserem Volk erstanden, doch sie waren isoliert, das Volk nahm kaum an ihnen teil, erst recht nicht mehr im Zeitalter der Wissenschaft und Technik, abgesehen von Tendenz- und Unterhaltungsliteratur, in der es auf den Stoff ankommt, nicht auf Idee und Form. Hohe Sprache und hohe Literatur gelten als zu schwierig, als Ästhetizismus, Schöngeisterei, Geschwätz.

„Wo aber ist dann die Nation zu finden?" fragt Hofmannsthal in seiner Einleitung zu ‚Wert und Ehre deutscher Sprache' (ebenfalls geschrieben 1927), und er gibt die Antwort: „Einzig in den hohen Sprachdenkmälern und in den Volksdialekten." Doch er fügt hinzu: „Die einen und die anderen stehen in Wechselbezug." Das aber ist kein vordergründiger Bezug, sondern ein hintergründiger Bezug. Deshalb: „Wie unsicher und zerrissen ist dieser Zustand, wie bedarf es des Schlüssels der Vertrautheit, um einem solchen Volk ins Innere zu dringen!" Das ist vom Ausland her kaum möglich. „Die deutsche Nation hat für den Blick der anderen kein Gesicht; davon kommt viel Mißtrauen, Unruhe, Nichtverstehen, geringe Würdigung, ja sogar Haß und Verachtung; aber das muß getragen werden, da es zum Schicksal gehört." Wie sollte auch ihr Blick hinaufreichen auf hohe Gipfel, wenn selbst der Deutsche diese Gipfel nicht erreicht, oder auch: nicht mehr erreicht, wie sollte er hinabreichen in Tiefen eines Dialekts? Es fehlt bei uns, sagt Hofmannsthal mit Recht, *die Mittellage*, in der sich Deutsche nicht nur selbst verstehen, sondern auch dem Ausland leichter verständlich werden könnten. Es fehlt die gute, gepflegte Sprache des Verkehrs: der Zivilisation, – die allgemeine Umgangssprache, die nicht durch Sprache der Wissenschaft und Technik zu ersetzen ist ohne daß wir trotz des „Fortschritts" Schaden leiden an der Seele. Diese Verkehrssprache besitzen hervorragend die Franzosen, aber auch zum Beispiel die Italiener, die Engländer und, eher noch als wir, die Österreicher.

Wir sind keineswegs ein Volk von Individualisten, sondern sind, vielleicht in Gruppen und in Klassen, eher *Kollektivisten*. Es gibt nur viele Individualisten, wie unsere hohe Literatur und

Kunst anzeigt, und es sind zumeist *isolierte Individualisten*. Das ist, zu unserem Glück und Unglück, unser Schicksal. Deshalb kann Hofmannsthal auch paradoxerweise sagen: ,,Unsere gegenwärtige deutsche Verkehrssprache ist ein Konglomerat von Individualsprachen. In einer Individualsprache ringen die Worte um ihr höchstes Eigenleben, das sie nie völlig erlangen können, sie wollen sozusagen in ihr statisches Gleichgewicht zurück und schwanken in sich selber. Nur das Individuum mit seiner Magie vermag sie fallweise zu bändigen. Dies aber ist unübertragbar." Man kann heute als Beispiel *Heidegger* erwähnen, wohl den größten Philosophen in unserer Sprache seit Hegel oder Nietzsche. Aber man wird sagen: ,,Das ist doch Philosophie, keine Literatur!" Damit wird der kritische Punkt berührt. Die Philosophie und die philosophische Dichtung, die gerade wesentliche Höhepunkte unserer Literatur sind, werden abgestoßen, ausgestoßen, isoliert, als wolle man negieren, was unserem geistigen Charakter besonders eigentümlich ist. Oder will man dem entfliehen, was so schwierig ist und in den großen Individuen sich als *eigenes* Wesen zeigt? Flüchtet man sich etwa in *Musik* als eine andere Form der Philosophie und Religion? Ist *sie* die Sprache des Verkehrs, in der wir uns verständigen, auch mit dem Ausland? Ich hörte einmal jemand sagen: ,,Nähme man den Deutschen ihre Literatur, dann würden sie sie kaum vermissen. Nähme man ihnen aber die Musik, dann würden sie verrückt." Das ,,Konglomerat" unserer Sprache wäre womöglich bunter und spannungsreicher als erträglich ist: Dialekte und Individualsprachen – von deren Gipfeln Hofmannsthal, auf Goethe, Novalis, Hölderlin verweisend, sagt: ,,die Sprache wirkt hier völlig als geisterhaftes Wunder, wie bei Rembrandt manchmal die Farbe, in Beethovens späten Werken der Ton" –, und dann die ,,Sprache" der Musik, schließlich, in *anderem* Sinn verbindend – und heute leider stärker noch verbindend – die der Wissenschaft und Technik. Doch die Wissenschaft wird mathematisch-esoterisch, ihre Sprache wird zur Spezialistensprache, so daß sich das Konglomerat vermehrt. Andererseits kann gerade von dieser Basis aus sich die *vulgäre Sprache* bilden, die dann sogar im Ausland vulgär verstanden werden kann, weil sie auch dort sich bildet *neben* oder *in* der Literatur: *die Verkehrssprache der Technik* im weitesten Sinn (Biotechnik, Psychotechnik, Soziotechnik, Sexualtechnik und dergleichen Technik mehr). Gibt sie uns *Heimat* und *Identität*? „Wohl oder übel", kann man sagen. Hofmannsthal aber meint: „Es ist eine sehr harte, finstere und gefährliche Zeit über uns gekommen. Sie ist wohl über ganz Europa gekommen, aber keines der anderen Völker hat so viele Fugen in seiner Rüstung, durch die das Gefährliche eindringt und sich bis ans Herz heranbohren kann."

Deshalb ist es schwerer als es jemals war, Antwort zu geben auf die Frage nach des Deutschen Vaterland.

10. Der Glaube an den Menschen

Mein Denken ist verankert in meiner Existenz, die wiederum verankert ist im Seienden – der Welt und der Weltwissenschaft – und schließlich, doch ursprünglich, in dem Sein, dem Urgrund und dem Abgrund. Sucht das Denken diesen Grund nicht, dann sind die Reflexionen führungslos – Begriffe, Worte, aber nichts und niemand steht dahinter *in Person*. So sind manchmal die Utopien Wechsel auf die Zukunft, doch wer löst sie ein? Sobald es um die Arbeit und das Opfer geht, also um den Einsatz je der Existenz, sind die Utopisten zumeist nicht mehr da, es zeigt sich, daß es Wechselfälscher waren. Da jedoch der Mensch als niemals festgestellter nicht ohne Utopien existiert, kann er leicht und immer wieder zum Wechselfälscher werden. Was im Bereich der Religion der Glaube ist, das heißt „in dieser Welt" Kredit. Dort beziehen Liebe, Hoffnung, Glaube sich auf Gott, hier auf die Sachwerte der Welt, die man mißt in Geld. Geht es aber um den Menschen als Existenz, dann spricht man besser nicht mehr von Kredit, sondern ebenfalls von Glaube, in Verbindung mit der Liebe und der Hoffnung. An „die Menschheit" glauben ist leichter als an den Menschen glauben, an den „Nächsten". „Wer ist denn dieser Nächste?" fragte der Gesetzeslehrer, und Jesus erzählte ihm das Gleichnis vom barmherzigen Samariter (Luk. 10). Der hatte sich den Nächsten auch nicht ausgesucht, er hatte ihn getroffen, als er von ihm betroffen war und dadurch selbst zum Nächsten wurde. Ihm hatte sich die Wahrheit im Augenblicke offenbart – denn ethisch war das Wahrheit –, und er war ihr gefolgt, hatte ihr geopfert. Er hätte auch das Opfer einer Täuschung werden können. Wäre dann, was er im Glauben an den Nächsten tat, also im *konkreten* Fall des göttlichen Gebots, ethisch nicht mehr wahr gewesen? Dann wäre doch die Wahrheit gleichsam eine Rechnung und Berechnung, aber nicht ein Glaube, der Torheit sein kann in der Rechnungswelt. So ging der Priester auch an dem vorüber, dessen Wunden bluteten, er rechnete und ließ ihn liegen. Und der Levit ging rechnend ebenfalls vorüber. Der Samariter erst hielt an, verband ihm seine Wunden, und rechnete dann hinterher, dem Herbergswirt die Kosten der Verpflegung zahlend. War er dem Nächsten nicht am nächsten? Das läßt sich nur im Gleichnis sagen, denn der Glaube an den Menschen ist keine Mathematik und keine Politik. Wenn einer einem, der ihm als „schön" erscheint, bevor er über Schönheit und das Kriterium der Schönheit reflektiert, antwortet mit Liebe, ohne noch zu wissen, wer dieser Mensch, was diese Liebe ist, handelt er *ursprünglich* aus dem *Glauben* an den Menschen, auf den er zugleich *hofft*. Selbst wenn die Liebe „sinnlich" ist, bleibt sie doch bei der Sinnlichkeit nicht stehen, weil sich die Schönheit sinnlich nicht erschöpft, sie bedeutet mehr, und diesem Mehrbedeuten entspricht der Glaube an den Menschen: an die Schönheit innerlich. So glaubt der Samariter dem Nächsten seine Wunden. Er glaubt der Wahrheit, die sich zeigt, selbst wenn sich die Erscheinung, das Handeln und das Denken mit der Wahrheit gar nicht decken, aus welchen Gründen immer. Der Glaube ist gefährlich, das Denken ist gefährlich, und das Handeln ist es auch. Die glatte Oberfläche kann nicht klären und erklären. Der Glaube an den Menschen ist der Glaube *aus* der Freiheit *an* die Freiheit. Deshalb stimmt auch keine Rechnung, wenn der *Mensch* im Spiel ist, und der Wissenschaftler sollte dieses Spiel bedenken, also, um sich selbst zu kontrollieren, zugleich philosophieren.

Der Philosoph muß sich bekümmern um die Welt – auch wenn die Welt sich nicht um ihn bekümmert –, denn der Philosoph ist *in* der Welt. Doch ist die Philosophie, wie Religion und Kunst, nicht *von* dieser Welt. Die Welt, das heißt: Weltwissenschaft, Weltwirtschaft und Weltpolitik, hat heute anderes im Sinn als Philosophie. Die Philosophie steht „abseits" in der Welt, wie Sokrates bereits, sie spielt ihr eigenes Spiel, falls auch das Spiel der Welt ein Spiel zu nennen ist. Was aber lang verborgen war, das wird jetzt offenbar: daß eine Kluft ist zwischen Welt und Geist (Philosophie, Religion und Kunst). Nenne ich die eine Seite Welt und die andere Gott, dann ist zu erinnern, daß diese Welt bisweilen verstanden wurde als ein *Abfall* von der Gottheit, daß aber heute umgekehrt das Göttliche und das Geistige verstanden wird als Abfall von der Welt. Das „Abseits" scheint ein Abfall. Doch im Sich-Kümmern um die Welt zeigt sich, daß das kein Abfall ist. Das Abseits wird nur falsch verstanden und negativ bewertet. Wie das Leben in dem Kloster keine „Weltflucht" ist und keine Selbstentfremdung, so auch die Philosophie. Der Tendenz der Welt zuwider, muß ich die Welt relativieren im Hinblick auf das Absolute, das freilich nicht im Blick ist, aber in dem Sinn. Die *Sehnsucht* dieser Welt nach dem *Absoluten*, dem wahren Sinn der Welt, ist bisweilen derart stark, daß man der Täuschung unterliegt, man hätte es gefunden, das heißt erkannt wie Dinge in der Welt, obgleich es doch kein Ding ist, sondern Un-Ding (Kant nennt es deshalb „Ding an sich"). Das Man, das sich so täuscht, sind paradoxerweise nicht nur Philosophen, die im Überschwang entgleisen, sondern auch die Kinder dieser Welt, wenn sie gleichsam abergläubisch zum Absoluten scheinbar sich erheben, indem sie die Weltwissenschaft, Weltwirtschaft und Weltpolitik zum

Absoluten machen, nach Maß und Ausmaß ihrer Macht, das heißt: sie setzen eigentlich *sich* absolut (genauer: ihre Weltinteressen). Wenn der Philosoph, um nicht zu entgleisen oder auch nachdem er schon entgleist ist, mit Pascal sagt: „Se moquer de la philosophie, c'est vraiment philosopher" (das ist die Ironie sub specie aeternitatis), so meint das Kind der Welt noch bessere Gründe zu besitzen, die Philosophie zu ignorieren. Denn es *hat* Welt – wie es ihm scheint, gar absolut – während Philosophen, *in* der Welt im Abseits stehend und das Absolute suchend, *scheitern.* Ihnen bleibt die Sehnsucht nach dem Absoluten im Denken und Andenken, – das Gespräch von ihm, wenn nicht mit ihm (zum Beispiel im Gebet). Auch das Kind der Welt wird mit allem, was es hat, einst scheitern an des Todes Mauer („plötzlich", „völlig unerwartet" und „unfaßbar tragisch"), doch sein Trost sind Erben, die die Sorge tragen, daß das Leben weitergeht. Aber wohin?

11. Macht und Herrschaft

„Wille zur Macht", das war die Formel für den Geist der Neuzeit. War es der „Weltgeist", war es der Gesellschaftsgeist – Geist der Bourgeoisie, der großen wie der kleinen? War es nach dem „Tod" des alten die Gestalt des neuen Geistes, die sich seit dem Ende des Mittelalters oder seit Descartes schon angekündigt hatte? Wenn jedoch das Sein als „Leben" – sei dies auch Symbol – „Wille" ist (ein anderes Symbol), – wie soll es anders sein, als seiner mächtig, übermächtig? Preise ich das Sein, wie es „von Anfang war", als göttlich oder Gott, dann ist zwar Gott nicht „Wille" zur Macht, aber *er ist Macht und Allmacht* „von allem Anfang an" – das „Können-Ist" des Nikolaus Cusanus –, das heißt, was er erstrebt, das hat er immer schon erreicht, das Sein ist Werden, doch das Werden ist in Ewigkeit das Sein, es kehrt in sich zurück. „Wille" zur Macht, das ist die *menschliche,* ich kann auch sagen *allzumenschliche* geschichtlich und geschicklich wechselnde Perspektive, eine Variation zu Hegels „List des Weltgeists", dessen Geschäftsführer der Mensch ist, auch ohne dessen sich bewußt zu sein. Ja er *will* vielleicht nicht wissen, damit sein eigener Lebenswille nicht geschwächt, gebrochen wird. Er will die Wahrheit, daß nur Gott die Macht und Allmacht hat, verbergen, indem er sie sich selbst verbirgt, wenn er sie ahnt (besonders angesichts des eigenen Todes), damit er zu der *Eigenmacht* im Denken und im Handeln (in Wissenschaft und Technik) den Willen steigern, an den Willen glauben kann (denn es ist ein Glaube, der moderne Glaube, mag auch der tiefste *Grund* des Glaubens die „List des Weltgeists" sein, der er erliegt als Opfer seiner eigenen Täuschung – *Selbsttäuschung*). Dies hat Nietzsche wohl erkannt. Nur ist die Frage: hat er den Nihilismus „überwunden", indem er im Gedanken der „Wiederkunft des Gleichen" die Macht und Allmacht als die „Ewigkeit des Lebens", als Gottes Wiederkehr, aufs neue *sanktionierte*, oder hat er, antimetaphysisch und antireligiös (antiplatonisch und antichristlich), die „Hinterwelt" *negiert*, als „Weltgeist" wie als „Gottes" Geist mit Allmacht, statt dessen aber nur den Menschen (nicht den „letzten Menschen", sondern den „Übermenschen") im „Willen zur Macht" die „Macht ergreifen" lassen? Diese „Machtergreifung" entspräche durchaus (sowohl als Machtergreifung noch des „letzten Menschen" wie des „Übermenschen") der Denkweise und Denkrichtung der Neuzeit (einschließlich der neuesten und allerneuesten, also der modernen). Das wäre zwar, von der Epoche her gesehen, die etwa währte von Heraklit bis Hegel, eine Täuschung, eine Lüge; doch wenn Nietzsche diese Lüge gleichsam als gemachte „Wahrheit" im Dienst des Willens zu der Macht für notwendig hielt – und das hat er auch getan –, so billigte er die Denkrichtung der Neuzeit, um sie noch zu fördern. *Aber Nietzsche schwankte* als Gratwanderer zwischen Abgrund links und Abgrund rechts. Das ist die Schwierigkeit und die Gefahr in seinem Denken, zeitgemäß-unzeitgemäß, Ausdruck der Situation, *die noch die unsere ist.* Des Nihilismus wahre Überwindung wäre *ein neuer Bund mit Gott,* in „Aufhebung" der List und Lüge gegründet auf ein Gleichgewicht der Mächte, das des Menschen Macherwillen zwar nicht aufhebt, aber schwächt im Rufe des Gewissens. Mit anderen Worten: die Wissenschaft und Technik wären durch das Spiel der Philosophie, der Religion und Kunst als des Einen Geistes Spiel zu bremsen und zu balancieren, damit nach Möglichkeit das Dasein und das Sein miteinander korrespondieren (es ist ein Frage- und ein Antwort-Spiel) im Hinblick auf die Wahrheit und das rechte Maß. Das Spiel ist *heilig,* weil es um das Sein geht; es ist *ironisch,* weil angesichts der Allmacht auch der Mensch in seiner Endlichkeit und Freiheit sich behaupten muß, denn er ist „da" im Sein, obgleich er schließlich scheitert.

Das ironische Verhältnis als Verhältnis des Menschen zu dem Sein im Ganzen oder zu Gott, wie auch zu sich selbst, nenne ich als philosophisch-religiöses Verhältnis *Spiel* (also zugleich „Kunst"), um es von dem wissenschaftlich-technischen Verhältnis zu unterscheiden, das dem „Willen zur Macht" als Eigenmacht und Übermacht des Menschen dient. Ironiker in diesem Sinne (im Unterschied zu den Sophisten und Banausen) war schon Sokrates, später beispielsweise auch Montaigne. Diese Ironie durchbricht den Ernst der Wissenschaft und Technik, indem sie ihn in Frage stellt, also hinterfragt. Sie ist zwar skeptisch in des Wortes ursprünglicher Bedeutung, doch nicht nihilistisch und frivol, sondern sie entspricht und widerspricht dem Ernst der Wissenschaft und Technik.

Die Politiker bezeichnen sich heute gegenseitig als unfähig zur Herrschaft. Die Opposition nennt diejenigen unfähig, die „an der Macht sind", die Regierungspartei diejenigen, die „an die Macht kommen" wollen. Sie machen die Macht einander streitig, und die Wähler (Zuschauer) identifizieren sich mit der einen oder anderen Mannschaft, mit dem einen oder anderen Spieler. Nur geht es in der Politik (wie aber eigentlich auch schon beim Fußballsport) nicht um das Spiel, sondern um Leistung, Geld und Geltung (Geld durch Geltung, Geltung durch

Geld) – um Interessen, die materiell sind. Der Mensch als demos ist unersättlich, zumal als Welt-demos mit ständig sich vermehrender Bevölkerung, und er ist unberechenbar in seinen Interessen als Konsument wie Produzent, zumal bei fortschrittlicher Produktion. Es ist Prinzip moderner Demokratie, den Interessen der Mehrheiten, doch manchmal auch der Minderheiten, jeweils Rechnung zu tragen (das heißt auch nachzurechnen und im voraus zu berechnen, was zu machen und zu geben möglich ist). Die Führer der Demokratie, die Demagogen, haben dem Prinzip zu folgen; wer es am besten kann oder zu können scheint, kommt an die Macht, bleibt an der Macht.

Aber: heißt *an der Macht sein* auch *fähig sein zur Herrschaft*? Ist nicht Herrschaft und Fähigkeit zur Herrschaft etwas anderes als Macht, als Wille zur Macht und Fähigkeit zur Macht? Ist es möglich, daß einige oder auch nur einer im Besitz der Macht sind, auch die Macht behaupten können, aber dennoch die Fähigkeit zur Herrschaft nicht besitzen, und andererseits, daß einige oder einer sie besitzen, aber eben doch die Macht nicht haben? Durchaus, es hat sich im Laufe der Geschichte oft gezeigt. Um den Zwiespalt zu beseitigen, könnte man behaupten: Wer die Macht hat, der hat zugleich die Fähigkeit zur Herrschaft. Wer die Fähigkeit zur Herrschaft hat, dem wird auch Macht zuteil. Die Macht ist meßbar am *Erfolg*. Weshalb im Wahlkampf der Demokratie diejenigen, die an der Macht sind, dem Demos, um sich zu behaupten, aufzählen, was sie „geleistet" haben, und weitere Leistungen versprechen. Die noch nicht an der Macht sind, aber zur Macht kommen wollen, machen eine Gegenrechnung auf. Was ist demgegenüber *Herrschaft*? Was ist ein „Herr"? Selbst wenn es keine Herren mehr gibt und geben dürfte, deshalb auch keine Herrschaft, – wenn keiner es mehr wagte, Herr zu sein, auch nicht „im eigenen Hause", wäre doch zu fragen – philosophisch-müßig –, was ein Herr sein könnte im Hinblick auf die Fähigkeit zur Herrschaft. Die Fähigkeit zur Herrschaft hat gegenüber der zur Macht den Nachteil, daß sie *unberechenbar* ist; sie ist *charismatisch*, das heißt Gnadengabe. Sie kann sich mit der Macht in jenem Sinn verbinden, aber sie ist mehr als Macht, ohne daß das Mehr am *Erfolg* zu messen ist. Die Herrschaft hat – sit venia verbo – *geistigen Charakter*. Und eine Macht, die ihn nicht hat und sich auch nicht mit ihm verbindet, kann zwar sehr mächtig sein und lange dauern, sich auch im Machtwechsel behaupten (siehe die Wirtschaftsmacht und Geldmacht), doch sie hat kein höheres Ziel als die Beherrschung und Verteilung der „Materie", zu der dann auch die Masse Mensch gehört als Demos, vielleicht gar ohne Demokraten (denn Demokraten in einem *nicht* materiellen, also *geistigen* Sinn wären Menschen, die mitherrschen wollen und mitherrschen können, zugleich als Herren ihrer selbst mit geistigem Charakter, geistigem Ziel und Daseinssinn). Indessen ist zu fragen, ob in unserer modernen Gesellschaft und Demokratie Herren und Herrschaft überhaupt noch möglich sind, auch wenn die Herren sich noch Herren nennen. Gibt es nicht nur noch „Mandarine" sowohl auf der linken wie auch auf der rechten Seite? Denn welcher Geist soll geistigen Charakter bilden? Und wie gelangen wir zu dieser Bildung?

Zu jeder Zeit war Politik auch Machtpolitik, zu Recht, zu Unrecht mit Gewalt verbunden. Die Gesellschaft selbst übt Macht aus und Gewalt. Ist aber von der Herrschaft „mit geistigem Charakter" noch die Rede, dann fragt man nach Notwendigkeit, nach Möglichkeit und nach Gehalt als Idee und Ideal des geistigen Charakters. Diese Frage hat *Platon* schon gestellt in seinem ‚Staat'. Um der gerechten Ordnung des Staates willen, den er in Unordnung befindlich sah, weil auch die Menschen selbst nicht mehr in Ordnung waren, suchte er nach einem übergeordneten Prinzip, einem *geistigen* Prinzip. Er glaubte es zu finden (es konnte nur ein Glaube sein) in der Ideenwelt, zumal in der Idee der *Gerechtigkeit*, schließlich des *Guten*. Die Philosophen waren, wie er selbst als Beispiel zeigt, dazu berufen, der Ideenwelt zu dienen, mit ihr verbunden durch den „Eros", der dem Göttlichen verwandt war, also verbunden durch die „Liebe" – Liebe zu der Weisheit. Deshalb meinte er, das Elend in der Polis könne gar kein Ende finden, wenn nicht die Philosophen „Könige" oder die Könige zu Philosophen würden. Als er das sagte, konnten ihm noch nicht als Philosophen auf dem Thron ein Marc Aurel oder ein Friedrich der Große vor Augen stehen, sonst hätte er sich skeptischer geäußert. Doch er war auf rechtem Wege, wenn er *im Menschen selbst wie auch im Staate* den Trieben und Interessen um einer guten und gerechten Ordnung willen ein *Prinzip* überordnen wollte, das „mehr" war als Macht und Gewalt, als das „Recht des Stärkeren", als der Erfolg des Stärkeren. Genau gesagt: er wollte es nicht von sich aus überordnen, sondern er erkannte es als übergeordnet in dem *Sein,* und dem wollte er folgen in einer Art von Frömmigkeit des Denkens. Wobei auch zu bedenken ist, daß die Gesellschaft seiner Zeit ohnehin von Gott und Göttern aller Art als den „höheren" Mächten sich abhängig glaubte, sodaß die Philosophie den religiösen Mythos kritisch fortzuführen und zu verwandeln hatte. Noch war das Göttliche ja nicht erstarrt, geschweige denn schon tot, vielmehr so lebendig, daß aus dem Judentum und Hellenismus schließlich das Christentum erstehen konnte – nicht als Entwicklungsprodukt, sondern als ein Wunder, ein Ereignis. Dem Staat der Juden übergeordnet waren Jehova und die göttlichen Gebote, die Propheten und die Theokraten. Das göttlich-theokratische Prinzip hat, wenn auch nicht eindeutig, wenn auch nicht immer überlegen, noch den Staat des Mittelalters vor- und mitbestimmt. Erst seit dem Herbst des Mittelalters schwand allmählich seine Kraft, bis dann in der Neuzeit, zumal der neuesten Zeit, die Staaten gott- und geistverlassen waren, weil es die Gesellschaft war. Es blieb das Machtprinzip allein, der Wille zu der Macht und Übermacht der Wirtschaft, Wissenschaft und Technik. Die Fähigkeit zur *Herrschaft* schien und scheint jetzt mit der Fähigkeit zur *Macht* identisch, das „Recht des Stärkeren" mit der Gerechtigkeit. Wir müßten vielleicht wiederum bei Platon anfragen, um zu bedenken, wenngleich kritisch, was in Wahrheit rechtens ist und was der „wahre Staat" ist.

Aber genügt uns denn der *Machtstaat* nicht, der für uns sorgt, der Rechtsstaat und Fürsorgestaat (Sozialstaat), – ist Herrschaft, wenn sie „geistig" ist, nicht vage, ohnmächtig und gefährlich? Ist sie denn nicht „Romantik"? Könnte die politische Verfassung der Gesellschaft sich nicht beschränken auf den *Frieden* der Gesellschaft, der durch die Rechtsordnung geschützt wird, und auf das materielle *Wohlergehen* aller? Das Recht dient dann dem Wohlergehen, wenn nicht aller, so doch möglichst vieler, der Staat wird zum sozialen Wohlfahrtsstaat. Die Produktion und Art der Produktion sorgt für das Wohlergehen. Da aber nun der Mensch auch selbst mitproduzieren muß, was er dann konsumiert, muß es ihm „wohlergehen" einmal bei der Arbeit im „Beruf", sei es auch nur, indem er „gut verdient", und andererseits, indem er auf dem freien Markt sich kaufen kann, was er braucht und wünscht, um es zu konsumieren. (Wenn er arm und krank ist, wird es ihm zugeteilt.) Ist das nicht auch „Romantik", zumal wenn man voraussetzt, daß des Produzierens und des Konsumierens gar kein Ende ist, und wenn das Machtprinzip des Wohlfahrtsstaates nicht nur Geltung haben soll für diesen oder jenen Staat, sondern *für alle Staaten und Gesellschaften der Erde*: für den „Weltstaat" und die „Weltgesellschaft"? Wenn dies „Romantik" oder „Utopie" ist, dann ist es ebenfalls ein „geistiges Prinzip", wenngleich mit der Beschränkung auf „materielles" Wohlergehen. Vielleicht verbindet sich damit die Hoffnung und die Erwartung oder auch Berechnung, daß bei gewissem Wohlstand des Menschen Geistigkeit wie eine Blüte sich von selbst erschließt und Früchte bringt. Des Geistes Blüte würde gleichsam als Luxus schon *mitproduziert.* Und selbst wenn es noch eines Aktes des Menschen *selbst* bedürfte, der sich die *Freiheit* nimmt, so hätte er doch eine günstige, materielle Basis. Primum vivere, deinde philosophari – ein Prinzip, das sicherlich nicht zu verachten ist; denn der Mensch lebt nicht vom Geist allein, sondern auch vom Brot. Nur ist noch zu bedenken: *wieviel Brot muß einer essen, damit der Geist zum Blühen kommt?* Kam nicht bei manchen großen Geistern der

Geist dadurch zum Blühen, daß sie freiwillig oder auch gezwungen mit wenig Brot nur lebten? Indessen weiß man nichts von anderen, deren Geist zur Blüte hätte kommen können, wenn sie nicht verhungert wären. Solche Fragen nach dem Geist und dessen Schicksal werden den Wohlfahrtsstaat und die Wohlfahrtsgesellschaft aber doch nur dann bekümmern, wenn sie am Geist auch interessiert sind. Vielleicht ist es tatsächlich besser, sie überlassen ihn sich selbst und seiner Möglichkeit zu blühen, mit oder ohne Wohlstand. Denn falls sie gewillt sind (wenn ihr höchstes Ziel eben „geistig" ist), diesen Luxus mitzuproduzieren, werden sie ihn dann nicht *planen*, den geistigen Charakter mitbestimmen wollen und Anspruch machen auf die Früchte, entweder um sie zu verteilen, falls sie für die Gesellschaft „relevant", also bekömmlich scheinen, oder andernfalls um sie zu liquidieren, makulieren?

Aber das *Corpus mysticum* der Geister, für die der Geist der Eine ist in Kommunikation zwischen Philosophie, Kunst und Religion, ist nicht zu „organisieren" als politische Partei. Das ist auch seine Schwäche in der Parteigesellschaft. Es gleicht dem „Salz der Erde" und dem „Sauerteig" in der Sprache Jesu. In solcher Sprache kann und darf die Wissenschaft nicht sprechen, doch der Philosoph, auch wenn er nicht ein Kirchenchrist ist, kann und muß so sprechen, um zu erinnern, zu verbinden, was schon im Sein verbunden ist als heiligem Mysterium. Der Geist, aus dem die Menschheit lebte in den Jahrtausenden der Geschichte und noch immer leben könnte, wenn er in ihr lebendig wäre, wahrhaft lebendig, nicht nur museal, ist nicht so dürftig wie es scheint. Dürftig ist der „Geist der Zeit", der Philosophie und Religion mißachtet, weil sie „unwissenschaftlich" sind, die alte Kunst nur gelten läßt als eine Art von Dekoration, die neue Kunst beachtet, soweit sie psychologisch interessant, soziologisch relevant und ideologisch ist oder wenigstens formal „etwas Neues bietet". Ich übertreibe und verzerre, aber eben deshalb, weil „der" Mensch in unserer Zeit sich übertreibt und sich verzerrt. Woher soll er noch *Maß* gewinnen? Gott kann es nicht mehr geben, die Natur kann es nicht geben, denn sie wird gemacht, die Gesellschaft kann es geben, doch sie wird auch gemacht. Der „Apparat" gibt Maß auf Grund der Rechnung, alles wird vorgerechnet, ausgerechnet, nachgerechnet bis die Leistung stimmt – bis an die Grenze dessen, was der Mensch als Produzent wie auch als Konsument zu leisten fähig ist, – künstlich, aber nicht durch Kunst, die frei ist. Deshalb besinne ich mich manchmal auf die Formel „Ohne mich", die nach dem Zweiten Weltkrieg, als wieder aufgerüstet wurde, so beliebt war, doch bald vergessen wurde. Fast jede „Rüstung" hat heute nicht nur friedlichen Charakter, sondern zugleich kriegerischen. „Einen gerüsteten, auf die Defensive berechneten Zustand kann kein Staat aushalten", sagte schon Goethe. Weil eben keine Macht, die als solche sich bejaht, die Macht aushalten kann, sie will noch mehr Macht. Doch es ist Abend in der Welt der Macher, und am Abend sollte nicht das Prinzip der Macht mehr herrschen, sondern das Prinzip der Liebe, es sei denn, es hätte keine Kraft, die auch die Nacht noch überdauert, zu einem neuen Anfang. Das wäre jener Anfang des Glaubens an das Sein. Wir hätten mit der Frage zu beginnen, was es heißt, ein Mensch zu sein – nicht so sehr im Hinblick auf die Menschen*rechte* als auf die Menschen*pflichten*, – nicht in realer Wirklichkeit, sondern aus dem Grund der irrealen, also metaphysischen und mystischen, wohin die Chiffren unseres Denkens deuten: die philosophischen wie religiösen. Spreche ich, damit zusammenhängend, von der Kunst, insbesondere der Dichtung, dann meine ich nicht den empirischen Bereich des Sinnlichen und Reizenden, des Psychologischen und Soziologischen, nicht den Impressionismus noch Naturalismus, sondern philosophisch-religiösen Symbolismus oder magischen Realismus, aber nicht als Stil verstanden, sondern als Ausdruck des geistigen Charakters.

12. *Die Frage nach dem Sinn*

In dem berühmten Band 1000 der Sammlung Göschen schrieb Karl Jaspers 1931: *„Heute ist Philosophie den bewußt Ungeborgenen die einzige Möglichkeit"* (gesperrt gedruckt im 4. Teil „Verfall und Möglichkeit des Geistes"). Das sagte er, obgleich er dessen sich bewußt war, daß der Mensch „nicht fähig ist, nicht zu glauben", und ich darf ergänzen: auch nicht fähig, nicht zu lieben, nicht zu hoffen. Zwei Jahre später setzte sich in Deutschland die nationalsozialistische Herrschaftsform ins Werk. Sie war geplant als Gegenform einerseits zur Demokratie, andererseits zum Kommunismus. Sie sollte nicht allein „der politischen Erneuerung" dienen, sondern umfassender: „der Erneuerung des Geistes". Doch aus bekannten Gründen förderte sie in ihrem Kampfe um die „Macht des Geistes" den weiteren Verfall, dessen politische Symptome bereits der Erste Weltkrieg, ja die deutschen Kriege von 1866 und 1870 gewesen waren (um weiter nicht zurückzugehen); die Folge des Ersten Weltkriegs war der Zweite, die weitere Folge wird, von zwei, drei Weltmächten geführt, vielleicht der Dritte Weltkrieg sein. Daß eher die „Gesellschaften" Geschichte machen – soweit Geschichte machbar ist – als „Männer" (Helden, Führer), haben wir erfahren und wir erfahren es noch täglich. Sie können militante Gesellschaft sein, in Verbindung damit Wissenschafts- und Industriegesellschaft, also Erwerbsgesellschaft in der Natur- und der Parteilandschaft, sogar konventionell religiös (christlich, islamisch und so weiter) – alles Gesellschaften mit beschränkter Haftung und beschränkter Hoffnung, mit beschränktem Wissen und beschränktem Glauben. Wie sollte diesen Mächten und Großmächten, die immer größer werden, so daß sie sich schon selbst nicht mehr gewachsen sind, *ein Einzelner* gewachsen sein? *Er* haftet unbeschränkt, denn er ist jeweils Opfer, und die Opfer zählen nicht, man zählt sie hinterher. Mit dem Einzelnen ist nicht zu rechnen, individuum est ineffabile.

„Jeder Mensch ist ein Abgrund; es schwindelt einem, wenn man hinabsieht", sagte Woyzeck. Wie sollte denn das Sein auch seinen Abgrund öffnen, wenn nicht in je dem Menschen, der hinabsieht? Schüttet *man* ihn zu, schüttet *er* ihn zu, dann ist die Welt in Ordnung. Wird er aufgedeckt, dann durch einen Menschen, der denkt, der philosophiert. Das geniert die anderen wie ihn selbst, und es gibt Ärgernis. Ist das die Ausdrucksform der Ohnmacht des „bewußt Ungeborgenen" im Zeitalter der Macht, der Mächte und Gemächte, dann ist es ein Symptom für die Situation des Menschen überhaupt – seine „einzige Möglichkeit". Gab ihm ein Gott, zu denken und zu sagen, was er leidet, wenn andere in ihrer Qual verstummen, so steht er nicht für sich allein, sondern auch für andere ein. Ist Gott selbst der Grund und Abgrund, dann ist Gott nicht tot, sondern er lebt, aber *im radikalen kritischen Gespräch*, falls es nicht verboten wird. Existenz und Transzendenz ent-sprechen dann einander, widersprechen auch einander: dialektisch, paradox.

Als im Jahre 1931 Jaspers von Verfall und Möglichkeit des Geistes sprach, fragte wohl mancher – gleich Pilatus (Joh. 18,38): Was ist Wahrheit? – Was ist Geist? Das eben sind die abgründigen Fragen des Menschen, der ein Abgrund ist, und sie werden nicht gestellt, sondern sie stellen sich – wiewohl man sie verdrängen oder beschönigen kann – in Situationen, die „Grenzsituationen" sind, in Zeiten, die als „Endzeiten" erscheinen. Falls man die Zeit errechnen kann, könnte eine Endzeit um das Jahr 1 gewesen sein, dann wieder ums Jahr 1000, die nächste könnte kommen um 2000. Doch sind das nur symbolisch gemeinte Approximationen. Indessen wirft der Aufgang und Untergang der Sonne lange Schatten, und wir verstehen uns auf Schatten, wenn wir den Schatten unseres Todes nicht vergessen, der in unser Leben fällt. Wenn wir nicht sterben müßten, würden wir wahrscheinlich nicht philosophieren. Aber manch einer ist der Unsterblichkeit gewiß und philosophiert doch noch. Der Mensch befindet sich nicht nur mit Gott, sondern auch mit sich in Widerspruch. Gott sei's geklagt! Wir leben in der Angst, der Todes- und der Lebensangst, des Seins bewußt, des Nichts bewußt. Wir wissen nicht, was dieses Sein im Grunde ist, wir wissen auch nicht, was das Nichts im Hintergrunde ist, und doch erfahren wir das Sein als täglich nichtendes. Wir lieben dieses Sein, indem wir an es glauben, auf es hoffen, und haben zugleich Grund und Abgrund, an ihm zu zweifeln, zu verzweifeln, gar das Sein zu hassen. Dennoch kann der Augenblick der Gnade plötzlich wiederkehren, da wir in der Freude trotz der Schmerzen Ja und Amen sagen. Wir haben dieses Sein ja nicht geschaffen, sondern wir *sind* geschaffen: uns *gegeben, aufgegeben.* Es gibt mich nun einmal, vielleicht nur ein Mal.

Neue Maximen, eine neue Taktik der Existenzbehauptung suchen – das war des ‚Sokrates‘ Aufgabe, sein Problem. Er trug deshalb den Spitznamen ‚Sokrates‘, den seine Schüler ihm verliehen hatten, ganz zu Recht, obwohl er, wie er wußte, nur des Sokrates Karikatur sein konnte und der Name ein Symbol. Ähnlich konnte *Kierkegaard* behaupten, unser Christ-sein sei nur Karikatur, dennoch ein Symbol für eine neue Form der Existenz, die noch utopisch sei, doch irgendwo einmal gewesen – gleichsam märchenhaft. Ist ein Denken oder Glauben, das in Wahrheit nirgendwo daheim ist, nicht in Wahrheit „nihilistisch“? Das Stichwort „Nihilismus“ erinnert uns an *Nietzsche* und an dessen Situation in seiner Zeit, der Kierkegaards durchaus verwandt, wenn auch der Weg und Ausweg, den sie suchten, nicht der gleiche war. Was aber geht denn *uns* im Zeitalter der fortschrittlichen Wissenschaft, Wirtschaft, Technik, Politik, im Zeitalter der Kybernetik, in dem ein jeder steuert und gesteuert wird, noch ein Sokrates, ein Kierkegaard, ein Nietzsche an? Ist nach dem „Tode Gottes“, vielleicht auch der Theologie, falls sie nicht innerhalb der Kirche sich noch behauptet, des Nihilismus Angstflut anders einzudämmen als durch mehr Wissenschaft, mehr Wirtschaft, mehr Technik und mehr Politik? Wobei sich dieses Mehr quantitativ versteht, denn die Qualität steht selten nur in Frage. Die Frage nach der Qualität, die Frage nach dem Wesen, nach dem Sinn, verbunden mit der Qual des Fragens, wäre philosophisch-religiös (gleichviel ob pantheistisch, theistisch, atheistisch). Daraus könnte die Erkenntnis wohl entspringen – nennen wir sie Frucht der Angst –, daß zwar Sokrates und ‚Sokrates‘, Kierkegaard und Nietzsche tot sind, nicht aber ihre Fragen. Deshalb tut es not, in der sich noch verschärfenden nihilistischen Situation ihre Fragen neu zu stellen, zu wiederholen, um neue Maximen, eine neue Taktik der Existenzbehauptung zu gewinnen.

,,*Geist* ist das Leben, das selber ins Leben schneidet: an der eignen Qual mehrt sich das eigne Wissen, – wußtet ihr das schon? Und des Geistes Glück ist dies: gesalbt zu sein und durch Tränen geweiht zum Opfertier, – wußtet ihr das schon?‘‘ Also sprach Zarathustra. Und Nietzsche durfte es sagen, weil er selbst sich opferte, – freiwillig als ein freier Geist (nicht ,,Freigeist‘‘) in ,,siebenter Einsamkeit‘‘. Aber sind die Salbung und die Weihe und die ,,salbungsvollen Worte‘‘ herkömmlicherweise nicht den Instituten vorbehalten: dem Staat als Status der Gesellschaft, den Universitäten und Akademien, und least not last der Kirche?

Trotz dem Ernste Zarathustras (der jedoch auch lachen konnte, lachen mußte, um sich zu behaupten) hätte ‚Sokrates‘ die Salbung den Apothekern und den Ärzten überlassen, wie er seinerseits verzichtete auf den geweihten Stand (nicht seine Existenz von Gottes Gnaden). Und Nietzsche hätte ‚Sokrates‘ verstanden, wie dieser ihn verstand, obwohl er nicht zu seinen ,,Jüngern‘‘ zählen konnte, die Nietzsche gar nicht wollte. Weder Kierkegaard noch Nietzsche konnten ,,Jünger‘‘ haben (wie etwa Lehrer Schüler haben), sie waren auf sich selbst gestellt. Solche Denker leben ,,auf ihren eigenen Kredit hin‘‘, bestenfalls von Gott her kreditiert, wenn nicht von ihresgleichen. Wenn sie auch unterrichten, entzünden und entflammen, können sie doch keine Schule machen, zumal die Schule nicht verträgt, daß es in ihr brennt. Kierkegaard und Nietzsche – das waren Feuerköpfe, radikale Denker, nicht Forscher und Gelehrte. Auch manche

Theologen folgten oder folgen ihnen heute offen oder heimlich nach – nicht den Antworten, die sie uns hinterließen, sondern ihren Fragen. Denn die Einsamkeit, in der sie dachten, ist geblieben; nur daß sie noch umgreifender, ergreifender und deutlicher geworden ist. Die Frage, ob Gott tot ist oder lebt, – ob er innerhalb der Kirche oder außerhalb der Kirche lebt, – ob in der Natur oder in der menschlichen Gesellschaft, läßt sich durch Meinungsforschung nicht statistisch lösen, auch nicht, indem man nachzählt, wieviele Mitglieder noch eine Kirche hat und wieviele sonntags in ihr sitzen. In der Frage, ob Gott tot ist oder lebt, – wer er ist und wo er ist, – ist jeder, der ein Mensch ist oder es noch werden will, auf sich selbst gestellt, oder auf das Nichts. Deshalb fragen heute selbst die Theologen, auch dann noch, wenn die Frage streng verboten ist. Eine Kardinal-Frage ist sie vielleicht nicht. Wenn aber mit der Frage, ob Gott tot ist oder lebt (was zugleich heißt: wer er ist) *die Frage nach dem Sinn des Seins und Daseins* sich verbindet, dann treffen sich die Wege der Philosophen und der Theologen (oder Theosophen), gleichviel ob es Irrwege und Abwege sind. Und diese Frage nach dem Sinn stellt heute, wenn nicht schon alltäglich und allstündlich, jedermann, auch wenn Man nicht fragt, scheinbar beruhigt und gesichert durch Arbeit und Geschäfte – wenn nur der Einzelne das Opfer ist, womöglich selbst sich opfert wie einst Nietzsche.

Aber wäre Nietzsches Leiden (griechisch kann es Pathos heißen) nicht einfach damit zu erklären, daß er – was nicht erwiesen ist – an Syphilis erkrankte? Dann wäre Zarathustra widerlegt: sein „Nachtlied" nur Gesang eines Syphilitikers. Zugleich wäre das ein Beispiel dafür, wie so manches schwierige Problem, das Philosophen oder Theologen quält, „rein wissenschaftlich" aufzulösen, „aufzuheben" ist. Jedoch nicht nur die Nacht und das Nachtlied bleibt bestehn, sondern auch des Daseins Leid, allen Fortschritten der Wissenschaft zum Trotz. Und so bleibt die Frage nach dem *Sinn* des Leidens, nach dem Sinn des Lebens und des Todes auch bestehn. Aber darauf wissen manche Positivisten schon die Antwort: die Frage nach dem Sinn hat gar keinen Sinn.

Die Antwort ist sehr schwer. Erstens deshalb, weil einer denken muß, und zweitens deshalb, weil er, „bevor" er denkt, schon leben muß, – ob er den Sinn bejaht oder ihn verneint. Natürlich, ganz natürlich hat jedermann, solang er lebt, noch etwas anderes zu tun als zu philosophieren und zu theologisieren, so daß er gern die Antwort den Müßiggängern oder Sinnverwaltern überläßt. Kann der Grund zu solchen Fragen nicht Hochmut, Übermut, Kleinmut und Schwermut sein? Alle diese „Laster", die des Menschen Existenz zu untergraben scheinen, haben Kierkegaard und Nietzsche in sich vereint – Arm in Arm, ohne daß sie doch einander kannten. Aber gegen diese „Laster" helfen nicht mehr die bewährten Pflaster. „Nacht ist es: nun bricht wie ein Born aus mir mein Verlangen, – nach Rede verlangt mich." Wir müssen gleich Hiob monologisieren und dialogisieren über Leid und Not und Tod, um Freude zu gewinnen. Des Daseins Sinn kann sich nicht offenbaren in der stets kurzsichtigen Praxis, so weit sie immer plant, er ist ihr über-, vorgeordnet. Wie – ist nur durch neues *offenes* Denken zu ermitteln, *durch philosophisch-religiöses Denken* wie von allem Anfang an. Doch ist die Situation des Denkers, der als Opfer einsteht für die Menschlichkeit (oder die Unmenschlichkeit) des Menschen, für Gottes Göttlichkeit, für die Ordnung und Verworrenheit der Welt dazwischen, nicht die gleiche mehr, wie sie es in Jahrhunderten im Grund gewesen ist. Das haben Kierkegaard und Nietzsche (neben anderen) beispielhaft gezeigt, auch weil sie es erlitten und durchlitten haben. Daß sie gescheitert sind, das spricht nicht gegen, sondern für sie. Auch wir werden scheitern. Der Schiffbruch Kierkegaards und Nietzsches liegt ein Jahrhundert hinter uns. Unser eigener steht noch bevor, und im Hinblick darauf ist die Frage, was unbedingt zu retten ist. „Unbedingt" will sagen: nicht dieses oder jenes Ding, sondern das „Ding an sich". Für Kant war das bekanntlich der Bereich, in dem er, jenseits aller Wissenschaft und der Grundlegung der

Wissenschaft, Gott, der Freiheit und Unsterblichkeit noch einen Spielraum lassen mußte. Das ist *des Geistes Spielraum,* der wissenschaftlich nicht mehr zu erkennen und zu berechnen ist, deshalb die Wissenschaften auch nicht interessiert. Kann und darf es aber in dieser unserer Zeit noch etwas geben, das wissenschaftlich und statistisch nicht zu erfassen ist? Ja, eben darauf bezieht sich unsere Frage, was unbedingt zu retten ist: das „Ding an sich", das Unding ist. Das wäre einerseits der Gott, der noch nicht ganz tot ist, und andererseits der Mensch in seiner Freiheit, hoffend auf den Sinn des Seins, das unsterblich ist.

Darüber nachzudenken erfordert *eine eigene Denkart.* Ich kann sie „mythisch" nennen, ich kann sie „mystisch" nennen. Umfassend nenne ich sie philosophisch-religiös, in Offenheit zum Sein, dessen Sinn in Frage steht. Ein Talisman sind Goethes Verse aus der Einleitung zur ‚Farbenlehre‘, wobei er sich beruft auf „den alten Mystiker" (Plotin):

> Wär nicht das Auge sonnenhaft,
> Die Sonne könnt es nie erblicken;
> Läg nicht in uns des Gottes eigne Kraft,
> Wie könnt uns Göttliches entzücken?

Das ist ein Trost- und Zauberspruch, den einer leicht auswendig lernt, aber nicht leicht inwendig.

Das Wesen dieser Denkart ist als *essayistisch* zu bezeichnen, weil unser Dasein, unsere Fragen und die Antworten, die wir gewinnen, stets perspektivisch sind im Hinblick auf das Sein, das absolut ist. *Philosophia perennis, theologia perennis –* das bedeutet: *Gott ist unendliches Gespräch,* das sich ereignet in der Zeit, die wir durch und für ihn haben. Doch kann es sich nur dann ereignen, wenn wir Mut zu unseren Fragen und zu unserer Sprache haben. Wie die Epoche der Systemphilosophie zu Ende ist, so die Epoche der Systemtheologie. Auf sie folgt im *wiederholten* Durchgang durch den Nihilismus die essayistische Philosophie und Theologie als Existenzphilosophie und Existenztheologie. Die Existenz ist nicht abstrakt, sondern geschichtlich in der Zeit. So ist das philosophisch-religiöse Denken im Hinblick auf das Sein, das göttlich ist, auch „biographisch". *Der Weg zur Wahrheit ist persönlich.* Alle Objektivitäten, so streng wissenschaftlich sie auch sind, so stark sie technisch sich verankern, so nützlich sie erscheinen, werden gleichsam aufgelöst in Existenz, die kritisch prüft, indem sie nach *ihrer* Lösung und Erlösung sucht, um, soweit es möglich ist, *in Wahrheit auch zu sein.*

HANS RICHTSCHEID

Gespräche mit ‚Sokrates'

2. Auflage. 250 Seiten. Leinen

Aus den Urteilen:

„Ein philosophisches Buch? Ein dichterisches? Ein eminent dichterisches sogar von der bezwungenen Sprache her, spielerisch im Spiel, ernst im Abstrakten, metaphorisch im Anschaulichen, ein Symposion hoher Art. Die Last der Weisheit auszuhalten, deswegen ist dieses schöne, kluge Buch geschrieben in der melancholischen Heiterkeit des ‚alten Weisen' . . . Man hat seine sprudelnde Freude an diesem hellenisch-klaren, eindringlich schönen Deutsch, das ohne Mätzchen originell ist und bleibt." *Die Tat, Zürich*

„Mir sind nur wenige Bücher begegnet, die so sehr wie dieses die Wirklichkeit des Lebens in seiner Gesamtheit einfangen und die dabei bewußt Hilfe und Maß für eine philosophische Existenz geben wollen. Das Buch ist kostbar durch seine genaue Kenntnis unserer griechisch-lateinisch-christlich-deutschen Vergangenheit, die nicht angelesen, sondern erlebt ist." *Orientierung, Zürich*

„Dieses mit sprachlicher Meisterschaft geschriebene Buch ist mehr als ein Lehrstück existentialistischen Philosophierens, es ist ein aufrüttelnder Versuch, einem vielfach eingeengten Denken das ursprüngliche Wagnis der Freiheit zurückzugeben." *Bücherei und Bildung*

VERLAG C.H. BECK MÜNCHEN

HANS RICHTSCHEID

Das Vermächtnis des ‚Sokrates'

307 Seiten. Leinen

Aus den Urteilen:

„Es ist erstaunlich, wie Richtscheid wiederum, anscheinend spielerisch und zum Teil in die Vergangenheit projizierend, Probleme angeht, die heute zu den entscheidendsten gehören ... Sein zentrales Anliegen ist, das Verhältnis zwischen Mensch und Gott, wie es in der modernen Gottesvorstellung erscheint, abzuklären . . . Dabei blickt er über die gegenwärtige Situation weit hinaus." *Neue Zürcher Zeitung*

„Das Entscheidende bei diesem Buch ist die Form und die geistige Haltung. Die Form ist weltmännisch offen, hier spricht ein gebildeter Humanist, ein Mann, der die abendländische Überlieferung nicht nur durch sein Wissen um die Fakten, sondern durch seine geistige Haltung verkörpert. Es gibt auch dichterische Stellen in diesem Buch; das Beglückende aber ist die Atmosphäre, die es um sich breitet und in die sich der willige Leser ohne Mühe hineingezogen fühlt." *Rhein-Neckar-Zeitung*

„Wohl keiner der philosophischen Schriftsteller unserer Tage dürfte sich so gut auf die geistige Maieutik (Geburtshilfe) verstehen wie der Verfasser dieses Buches, der auf jeder Seite bereit ist, einen Dialog mit seinen ‚aktiven' Lesern zu führen." *Welt am Sonntag*

VERLAG C.H.BECK MÜNCHEN